W0083181

Abi und dann weg

interconnections

Abi und dann weg

Freiwilligendienst, Working Holiday, Praktikum, Reisen

Asien, Australien, Neuseeland, Südsee, USA

Isabella Naujoks

interconnections

Die Autorin

Isabella Naujoks, Jahrgang 1992, reist für ihr Leben gern. Fremde Kulturen ziehen sie magisch an. Mit 15 Jahren zog sie los und führte ein Jahr lang das Leben einer typisch amerikanischen Highschoolschülerin in einem Vorort von Washington, D.C. Wieder zurück kümmerte sie sich um einen türkischen Jungen und arbeitete wieter ehrenamtlich für ihre Austauschorganisation. Vor zwei Jahren wurde das Abi abgelegt, und gleich darauf zog sie mit 18 Jahren acht Monate allein um die Welt. Heute studiert sie Jura in Hamburg.

Wenn sie grad mal nicht das Fernweh packt, macht sie für ihr Leben gerne Fotos, unterhält enge Kontakte zu Ausländern, um ihre Kenntnisse diverser Sprachenzu verbessern, und lebt nach dem Motto "carpe diem". Zu ihren Vorbildern zählt u.a. Tiziano Terzani, der als Spiegel-Reporter jahrelang durch Asien gereist ist. Die Reise hat sie in ihrer Ansicht bestärkt, dass sich Träume verwirklichen lassen.

Impressum

Abi und dann weg
Freiwilligendienst, Working Holiday, Praktikum, Reisen
Asien, Australien, Neuseeland, Südsee, USA
Isabella Naujoks

Umschlagdesign, Anzeigengestaltung: Sonja Münkner

copyright interconnections Freiburg
ISBN 978-3-86040-186-6, ReiseTops Bd Bd 10
2013

interconnections, Schillerstr. 44, 79102 Freiburg
Tel. +49 761 700 650, Fax +49 761 700 688
info@interconnections.de
www.interconnections-verlag.de
www.reisetops.com

Inhaltsverzeichnis

Blick v. Kinderheim, Nepal

interconnections

Studieren ohne Geld

**Ein Wegweiser durch den Förder-
programm- und Stipendiendschungel**

Umfang: 176 Seiten
Format: 14,5 x 20,5 cm
Broschierte Ausgabe
ISBN: 978-3-86040-017-3
Preis: 15,90 €

Ob Auslandsstudium oder Japanpraktikum
für den Managernachwuchs: Wer ein Auslandsstudium als Karrierebaustein ins Auge
fasst, braucht Geld, und wer ein Auslandspraktikum absolvieren möchte,
profunde Informationen.

Internationale Freiwilligendienste

Lernen und Helfen im Ausland
Infos, Adressen, Tipps, Erfahrungsberichte

Umfang: 240 Seiten
Format: 14,5 x 20,5 cm
Broschierte Ausgabe
ISBN: 978-3-86040-182-8
Preis: 15,90 €

FSJ und FÖJ, weltwärts, Kulturweit,
Diakonisches Jahr, ADiA, EFD, MaZ, Friedensdienste, Workcamps
& Wwoofen

www.interconnections.de

www.interconnections.de | Shop

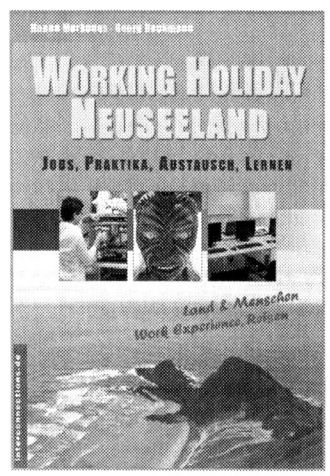

Working Holiday Neuseeland

Jobs, Praktika, Austausch, Lernen

ISBN: 978-3-86040-161-3
Broschierte Ausgabe
Format: 14,5 x 20,5 cm
Umfang: 144 Seiten
Mit Farbfotos
Preis: 15,90 €

Handbuch für alle, die sich ihren Working Holiday-Aufenthalt in Neuseeland selbst organisieren möchten. Wissenswertes zum Arbeitsmarkt, zur Beantragung des Visums, zu Versicherungen etc. Sowie eine genaue Anleitung, was nach Ankunft zu tun ist: Beantragung der Steuernummer und Eröffnung des Bankkontos, ggf. Autokauf, Stellensuche, Reisetipps und vieles mehr.

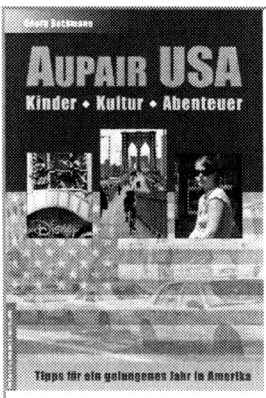

AUPAIR USA
KINDER, KULTUR, ABENTEUER

Tipps für ein gelungenes Jahr in Amerika !

Für Aupairs ist Amerika das Ziel Nummer Eins. Aber wie fange ich die Sache an, wie bereite ich mich vor, mit welcher Organisation, wie ist es bei Problemen, welche Rechte habe ich?

ABI UND DANN WEG

Einleitung

Jeder Mensch hat einen Traum.

Manche möchten sich ein teures Auto kaufen. Oder ein erfolgreicher Musiker werden.
Ich möchte einmal um die Welt reisen.
Das Wort „Weltreise" hatte für mich seit langem einen faszinierenden Klang.
„Weltreise", das klingt nach Abenteuer, fremden Kulturen und Exotik. Palmen, weißen Sandstränden, Chaos und Tempel. Menschen, die anders aussehen, anders sprechen, anders reagieren und anders denken als ich. Kurzum: Alles anders.
Voller Unruhe und Zweifel stellten sich alle möglichen Befürchtungen ein und ich wälzte böse Gedanken. Warum konnte ich mir nicht etwas Einfacheres aussuchen? Mache ich wirklich das Richtige? Was ist, wenn? Wenn mir das alles nicht gefiele? Alles eine große Enttäuschung werden würde? Wenn ich mit den fremden Sprachen nicht klarkäme, einsam und mit Heimeh im Hotelzimmer hocken würde, das Essen verabscheuen oder die hygienischen Bedingungen mir über den Kopf steigen würden? Was, wenn ich mir Malaria einfinge und alleine in einem ganz und gar schrecklichen Kranenhaus auf meine Diagnose wartete?
Schließlich waren die ganzen, langen Wochen voller Visumanträge, Flugsuche und Überzeugungsarbeit nicht umsonst. Während einige meiner Freunde an verschiedenen Unis anfangen, als Au-pair nach England oder Italien gehen oder ein freiwilliges soziales Jahr in Indien ableisten, mache ich mich bereit, von Land zu Land zu reisen. Mit einer gehörigen Portion Ungewissheit, aber auch unglaublich viel Spannung und Vorfreude naht die Abreise. Morgen fliege ich in die Dritte Welt, nach Kathmandu, Nepal.

I now walk into the wild

Okay, vielleicht übertrieben, aber der große Tag ist gekommen. Ein Tag, den ich nie vergessen werde. Die ganzen Monate voller Vorbereitungen stecken in einem dicken Ordner voll wichtiger Papiere, die ganze mühevolle Arbeit wird endlich eingelöst.

Als ziemlich sentimentale Person habe ich eine Menge Vorarbeit geleistet und abends still und heimlich im Bett geweint, ganze Wochen, in denen ich vor Aufregung fast nicht schlafen konnte. Wie immer mache ich mir viel zu viele Sorgen, aber lieber zu viel als zu wenig – so bin ich geistig auf fast jede Situation vorbereitet! Oft überkommen mich Selbstzweifel. Gehe ich nicht viel zu naiv an diese ganze Sache heran? Aber mit Offenheit und Neugier sollte fast alles zu bewältigen sein. Ich erwarte einen Haufen an Erlebnissen in Form von Kulturschocks, wie zum Beispiel das Opferfest in Kathmandu, wo gerade Autos mit Tierblut beschmiert werden. Ich bin gefasst auf Einsamkeit, vielleicht Langeweile, Sehnsucht, weiß, das Montezumas Rache und Übelkeit sicher sind, ferner ein sich Sich-fremdfühlen sowie Stehklos. Am Flughafen von Abu Dhabi, lausche ich arabischen Anweisungen. Neben

mir ein Mann in arabischer Kutte, komplett in Weiß und barfuß. Das macht mich jetzt schon neugierig! Ich will die Welt erkunden, tolle Menschen kennenlernen, Paul Herrmann – meinen Schutzengel – vor Denkmälern fotografieren, auf einem Hügel den „Into-the-Wild Schrei" loslassen und Leben verändern, auch das meine. Für diverse Hilfsprojekte stehen mir 2.900 Euro an Spenden zur Verfügung, die ich bei meinen Einsätzen in Nepal und Kambodscha hoffentlich gut anlegen kann. Ich hoffe auch auf Veränderungen: Mehr Spontaneität, Genießen und Loslassen. Mehr aus mir herausgehen, Lebensfreude und nicht immer einem Erfolgsdruck ausgesetzt sein.

Ganz gleich, welchen Ausgang diese Reise hat: Im Moment ist es die Erfüllung meines Traums. Ich bin glücklich, aufgeregt, nervös und habe auch Angst. Ich hoffe, nichts bereuen zu müssen, aber eine Menge zu lernen und zu erfahren und wirklich über den Tellerrand zu gucken. Dass die positiven die negativen Erfahrungen überwiegen und ich – egal was auch passiert – hinter meiner Entscheidung, diese verrückte Reise mit achtzehn Jahren und alleine zu unternehmen, stehe. Abenteuer – du kannst kommen!

NEPAL

Neues Motto: Heat it, peel it, or don't eat it!

4 Wochen

Ich habe Glück und sitze neben Anita, einer BWL-Studentin aus Hamburg. Ein perfekter Start – die Vorstellung, allein im Hotel in Kathmandu mit Heimweh zu sitzen, kann ich zum Glück streichen. Im Gegensatz dazu bin ich mir noch nicht sicher, was ich von den Nepalesen auf meinem Flug halten soll – sie scheinen unorganisiert, planlos und laut zu sein. Naja, solche gibt es ja auch bei uns. Erstmal heißt es: Die ersten drei Tage wird nicht gemeckert!

Ich weiß fast nichts von meinem ersten Reiseziel. Nepal, das ist klar, hier ist der Mt. Everst zu Hause – der Wohnsitz der steinernen Götter. So nennt man hier zumindest die vielen Achttausender, die das Himalaya-Gebirge schmücken. Warum gerade dieser Eindruck von Nepal dominiert, zeigt der Flug nach Kathmandu. Oh ja, ich sehe es! Zunächst verwechsle ich die weißen Bergsitzen mit den schönen Schäfchenwolken, an denen wir schon die gesamte Zeit vorbeifliegen, doch dann macht mir meine Sitznachbarin klar: Das da ganz hinten sind Berge des Himalaya! Mit der Zeit tauchen immer mehr Riesen aus den Wolken aus; es sieht so aus, als würden die Bergspitzen einfach nur auf den Wolken fliegen. Ihre Höhe kann man sich auch kaum vorstellen – wir fliegen auf ca 10.000 m, und diese Berggipfel sollen nur knapp zwei Kilometer unter mir liegen? Unbegreiflich. Dann macht uns etwas nepalesisches Chaos noch ein Geschenk: Wir sind in der Warteschleife über dem Flughafen, unter uns kreist ein anderes Flugzeug, und unser Pilot dreht Runde um Runde und zeigt uns immer wieder die großen weißen Ungeheuer. Auch der Blick nach unten lohnt: Es breitet sich eine grüne Hügellandschaft aus, durch die sich ein ziemlich schlammiger Fluss schlängelt. Vereinzelt schmücken kleine Häuser die Hügel. Es sieht aus wie eine riesige Modellandschaft – das ist auch der Eindruck, der beim Landen entsteht. Wir überfliegen ein Hochhäusermeer, ab und zu blinzeln ein paar Wellblechdächer durch, und schon drückt der Pilot kräftig auf die Brem-

9

se, damit wir nicht über die Landebahn hinausschießen. Angenehm warme, aber feuchte Luft empfängt uns beim Verlassen des Flugzeugs, doch bevor wir wirklich nepalesischen Boden betreten können, ist noch eine Stunde bei der Visumvergabe auszuharren. Die Rucksäcke haben es zum Glück auch bis nach Kathmandu geschafft, so dass wir endlich den Flughafen verlassen! Draußen umringt uns ein Scharm von Taxifahrern, die alle liebend gerne bei der Hotelwahl behilflich wären. In einer riesigen Wartehalle drücken sich die Menschen die Nase an der Tür platt, um ihre Verwandten auszuspähen. Doch dort steht schon ein Nepalese mit einem Schild in der Hand mit meinem darauf, und führt mich durch die Menge zu meinem Taxifahrer. Halb abgelenkt werde ich von der wunderbaren Szenerie, die sich mir bietet – die Sonne versinkt hinter den Hügeln und taucht das Tal in rotgelbes Licht – und ich bin überrumpelt von den vielen Menschen.

Faszination Kathmandu

Anita und ich werden getrennt, ich werde ins Taxi verfrachtet, und schon steckt der Schildhalter den Kopf durch die Tür: „Trinkgeld! Small Euros!" Ist klar. Da ich keine Lust und keinen Nerv mehr auf Rumdiskutieren habe, drücke ich ihm einen Euro in die Hand, den ich zum Glück als Wechselgeld von der Visumsvergabe habe. Schon geht die Fahrt los. Mein Anschnallgurt geht natürlich nicht, aber wozu auch? Regeln gelten hier eh nicht. Es wird gehupt. Hier hat der Lautere, nicht unbedingt der Stärkere, Vorfahrt: Motor- und Fahrräder schlängeln sich durch, Leute laufen über die Straße; je nach Platz wird mehrspurig gefahren nach dem Motto „Wer zuerst kommt, mahlt zuerst" – und das alles auf der linken Seite! Jetzt muss ich mir das, was uns als Kindern so mühsam beigebracht wurde – erst links, dann rechts, dann wieder links gucken – flugs abgewöhnen, sonst hab ich nicht mehr viel von meiner Reise. Aus dem Taxifenster sehe ich offene Stände, heruntergekommene Häuser, Gemüseläden, Fisch- und Fleischtheken. Auf einem Tisch, fein nebeneinander angeordnet, zwei säuberlich abgehäutete Ziegenköpfe, deren milchig-weiße Augen mich leer anstarren. Ein etwa sechsjähriges Mädchen lächelt mir eingequetscht zwischen Vater (vorne) und Mutter (hinten) von einem Mofa aus zu. Ein gleichaltriger Junge hört im heruntergekommenen Tante-Emma-Laden seines Vaters Michael Jackson. Eine Mutter bugsiert ihre zweijährige Tochter durch das Gewusel, die schwarzen Kajal und eine rote Tikka trägt. Ein buddhistischer Mönch in braunroter Robe schlängelt sich durch das Geschehen. Mit vor Anstrengung rotem Gesicht kämpfen sich Ritschka-Fahrer die Straße hoch. Rinder stehen verträumt vor Läden oder wühlen sich auf Essenssuche durch den Müll. Irgendwann muss ich mein

Fenster schließen, weil vor Staub kein Atmen mehr ist. Streunende Hunde allenthalben, und ich inmitten in einer anderen Welt.

Abends im Hotel gehe ich mit Anita essen; dann sitze ich alleine in meinem Zimmer. Zum Glück gibt es zwei Betten – ich lege die eine Matratze unter die andere, sonst wäre mir das zu hart. Leichte Ernüchterung: Ich weiß nicht recht, was ich mit den Asiaten anfangen soll. Hinter jeder Frage des Taxifahrers wittere ich einen Hinterhalt, einen Versuch, an mein Geld zu gelangen, mich irgendwie übers Ohr zu hauen. Angesteckt von Anitas Vorsicht wische ich alle Sachen im Bad mit Desinfektionsspray ab, sprühe mich sorgfältig mit Mückenspray ein und putze mir mit Trinkwasser die Zähne. Müde von all den Eindrücken bin ich froh, im Hotel zu sein. Die ersten zwei Tage in Nepal dienen der Orientierung.

Ein Hotelmitarbeiter kutschiert mich auf seinem Mofa mit in die Stadt, ein wunderbares Gefühl der Freiheit und des Einheimisch-Seins. Im Straßenwirrwarr suche ich verzweifelt das Reisebüro eines Sympathisanten von „Hands with Hands", der Organisation, mit der ich hier in Nepal arbeite. Ohne Straßennamen und Hausnummern eine Herausforderung, die ich mit viel Fragen und Reden mit Händen und Füßen meistere.

Schnupperkurs in Nepali

Dipendra bucht mir einen Flug nach Pokhara, wo das Kinderheim ist, und organisiert einen Nepali-Kurs für mich: Ein exzellentes Beispiel von nepalesischem Frontal-Unterricht, der mir alleine in dem kleinen, staubigen und alten Klassenzimmer nicht viel mehr bringt als mein Handbuch „Nepali für Anfänger". Ich setze mich gegen die ersten Abzockversuche durch, als auch das Warten in Dipendras Büro in die bezahlte Stadt-Tour mit einberechnet werden soll, und übergehe standhaft die Annäherungsversuche meines zweiundzwanzigjährigen Tourguide, der mir vertraulich zuflüstert, dass er gerne eine Ausländerin heiraten würde. In dem hinduistischen Tempel Pashupatinath, den ich mir zuerst angucke, werden Leichen im Fluss gewaschen und daneben eingeäschert – angewidert wende ich mich ab. Viel mehr als von außer heruntergekommenen Häuser, fremd aussehenden Menschen sowie einem unendliches Gewusel kriege ich von Kathmandu an meinem ersten Tag nicht mit.

Anita und ich gehen abends im Touristenviertel Thamel essen und vergessen die Zeit; in völliger Finsternis verlaufen wir uns in der Innenstadt. Wohlfühlen ist etwas anderes – in Nepal sollte man nach Einbruch der Dunkelheit wirklich nicht mehr unterwegs sein. Wir sind heilfroh, schließlich unser Hotel abseits der üblichen Touristenwege, eine grüne, stille Oase in der lärmenden Hauptstadt, zu erreichen.

Patan, Straßenszene

Am nächsten Tag hänge ich mich einfach dreist an Anita's Tour dran, ausahmsweise spricht der Führer mal ein verständliches Englisch. Wir fahen auf der einzigen Straße Nepals, wo angeblich internationale Vorschriften eingehalten werden, vorbei an Bussen mit Menschen obenauf und den Slums von Kathmandu, deren Einwohnerzahl sich binnen fünfzehn Jahren von 20.000 auf einige Millionen vervielfacht hat. Die Reisebücher sowie auch die Verwaltung kommen bei den Menschenmassen mit den Zahlen einfach nicht hinterher. Das Durchschnittstageseinkommen liegt bei 1,50€, arrangierte Heiraten sind üblich, eine Familie hat durchschnittlich sieben Kinder.

Mönchgesänge begleiten unsere Tour durch die alten Tempelstätten und Stupas von Patan. Genau die Art von Exotik, die ich erhofft habe. Abends vor meinem Flug die erste Panikattacke: Gewitterwarnung im Himalaya. Erst zwei Wochen zuvor ist ein Flugzeug am Mt. Everest zerschellt. So weit weg von zu Hause bin ich leichter aus der Ruhe zu bringen; zum Glück gibt es Internet und Skype: Ein beruhigendes Telefonat mit meinen Eltern, dann bin ich bereit.

Am nächsten Morgen strahlender Sonnenschein. All die Aufregung umsonst. Mein Taxifahrer ist der erste, der sich anschnallt und hat Glücksbringerfiguren auf dem Armaturenbrett. Wieder interessante Einblicke in das nepalische Leben: Essen wird auf dem Boden liegend feilgeboten, Menschen knicken unter der Last, die sie mit einem um die Stirn gebundenen Riemen schleppen, fast ein, die Wellblechdächer werden mit Steinen und Dreck beschwert, damit sie nicht wegfliegen. Im Vergleich mit diesen essentiellen Problemen wirken unsere daheim teils lächerlich.

Der Flughafen: ein weiteres Abenteuer: Mechanische Waagen, keine richtigen Anzeigetafeln und eine Sicherheitskontrolle, die ihren Namen nicht verdient hat. Ich hätte mein Schweizer Taschenmesser gar nicht erst in mein aufgegebenes Gepäck packen müssen. Tausend Touristen hocken fest, einer der gefährlichsten Flughäfen der Welt, das Tor zum Mt. Everest, ist aus Wettergründen geschlossen. Aber ich darf fliegen, vorbei an den traumhaften Wolken und faszinierenden, immer weiter reichenden Bergen von Nepal.

Neue Umgebung, neue Mitbewohner

Erleichterung, als Sarada (die Heimleiterin) trotz anderthalb Stunden Verspätung und ohne Anzeigetafel, welcher Flug wann von wo kommt, mich vor dem dem Flughafengebäude in Empfang nimmt. In einem typisch nepalischen Sarong schließt sie mich in ihre weit ausgebreiteten Arme und ihr kehliges Lachen, das ich für immer in Erinnerung behalten werde, erklingt. Ich fühle mich sofort wohl. Es wird spannend: Ich folge ihr in einem Taxi, während sie per Mofa an den vielen heruntergekommenen Häusern Pokharas vorbeiknattert. Bei jedem Haus frage ich mich – ist es das? Ist es das? Und dann verharren wir vor einem halb türkisgestrichenen Steinhaus mit einer großen, glassplittergespickten Mauer. Angekommen.

Während ich mich durch den für große Europäer viel zu kleinen Eingang zwänge, starren mich schon die ersten neugierigen Gesichter an. Sarad, Saradas Sohn, kommt aus dem Haus gesprungen und textet mich in schwer verständlichem Nepali-Englisch zu, die anderen Kinder neugierig hinterher. Ich betrete „mein" Zimmer, der Essensspeicher in dem Anbau auf dem Dach. Großes Plus: ein PC mit eigenwilligem Internet. Großes Minus: Ich bin nicht allein. Das Wellblech schließt nicht richtig, Vögel benutzen mein Bett als große Toilette, überdies zieht´s. Wen ich später noch kennenlernen werde? Meine zimmereigenen Mäuse!

Zeit zum Erkunden gibt es nicht. Ich schnappe die Tafeln Schokolade, ursprünglich für schwere Zeiten gedacht, und schon finde ich mich umringt von lauter schreienden, gleich aussehenden Kleinkindern mit riesigen, bittenden Augen. Die zwei große Tafeln sind im Nu verputzt. Bei den vielen sich vordrängelnden Hopsern muss ich aufpassen, die Heimmütter nicht zu übersehen, die sich bescheiden zurückhalten. Jedes Kind sagt nach Erhalten der Schokolade seinen Namen – behalten tue ich keinen. Ich bin noch überfordert von den ganzen Eindrücken, als es nun weitergehen soll: Die Kinder meditieren auf Strohmatten, die auf den Steinboden vom Vorbau gelegt werden, eingeleitet von einem Gesang-Geschrei der kleineren Kinder, die absolut nicht stillsitzen wollen. Ein besonders hartnäckiges Mädchen setzt sich sofort auf meinen Schoß und spielt mit meiner Uhr. Sarada zeigt stolz, wie toll ihre Kinder die Nationalhymne singen können, dann bin ich dran: ein deutsches Kinderlied, bitte! Vor lauter Stress fällt mir außer „Alle meine Entchen" nichts ein. Der erste Test ist bestanden. Magenknurren stellt sich ein. Leicht verlegen stelle ich mich hinter die Kinderschar, die ungeduldig in die Küche lugen, aber heute bin ich Ehrengast und bekomme als Erste serviert: Ein großer Haufen Reis aus einem Riesenreiskochtopf, dann ein Schälchen mit Linsensuppe und ein Häufchen unidentifizierbares Gemüse. „Daal bhat", meine Hauptnahrung für die nächsten Wochen. Mir ist das einfach zu scharf, doch die Kinder schlingen ihr Essen mit nichts als ihren Händen als „Besteck" nur so hinunter. Etwas übriglassen kann ich auf keinen Fall. Die Kinder lecken ihre Teller blitzblank; die Kochtöpfe sind ausnahmslos leer. Ein Häufchen Reis pur dient als Geschmacksneutralisierer, dann kommt die nächste Verunsicherung: Das Abspülen, anscheinend per Hand und unter kaltem Wasser. Die hygienischen Bedingungen hier überfordern mich, weil ich das alles nicht einzuschätzen weiß, aber welche Wahl hätte ich schon? Da hilft mir auch „Heat it, peel it or don't eat it" nicht weiter.

Ein Lob der Handwerkskunst

Müde von den vielen Eindrücken stelle ich die tausend Blumensträuße, die mir die Mädchen gepflückt haben, auf meinen Schreibtisch und liege hellwach im Bett. Lauter neue Geräusche: die Büffel geben ein dumpfes Brummen von sich, die Kühe muhen, alles ist so anders. Schlaflos marschiere ich hinunter in das eigentümliche „Badezimmer" mit Stehklo und einem einfachen Wasserhahn wie im Garten als Waschbecken. Ich bin müde und will schnell wieder in mein warmes Bett. Schwungvoll drehe ich den Wasserhahn auf – und reiße ihn aus der Wand! Panisch versuche ich, den Teil, den ich jetzt in der Hand halte, wieder in die Wand zu stopfen, aber ein wohl unentbehrliches Kleinteil hat sich grad im Stehklo verabschiedet. Statt das Wasser zu stoppen, sprühe ich alles über mich, wodurch einfach nicht besser wird. Klatschnass will ich nicht einfach den Wassertank seinem Schicksal überlassen, Wasser ist wie alles andere kostbar, kostbar! So renne ich laut rufend, während alle anderen schon schlafen, durch das dunkle Kinderheim – wo zum Teufeln schlafen denn die Mütter? Und da kommt meine Rettung, lacht mich freundlich aus, zeigt ihre starken Nepali-Muskeln und repariert den Wasserhahn. Er tropft nur noch leicht. Peinlich berührt entschuldige ich mich tausendmal, aber meine Retterin Bishnu scheint nicht sauer zu sein und lacht mich mit ihren gütigen Augen an.

Zwar kann ich jetzt immer noch nicht schlafen, aber ich ziehe mir trockene Sachen an und wache argwöhnisch auf die Geräusche der Nacht. Hunde bellen, fremdartige Vögel zwitschern, die Büffel stöhnen. Das Bett ist zu kurz, meine Füße ragen raus, und ich schlafe auf einem Holzbrett mit zwei Decken als Matratze. Ich schlafe von 5 bis 7.30 Uhr, irgendwann klingelt das Telefon in meinem Zimmer laut und irritierend. Gedämpft durch meine Ohrstöpsel dringt das Rufen der Mütter: Mein erster Tag beginnt.

Müde torkele ich die Treppe hinunter, wo schon die Kinder neugierig auf mich warten. Zum Aufwachen gibt es eine Tasse Milchtee, dann nehmen mich ein paar Mädchen unter ihre Fittiche. Mein erstes Projekt: Namen lernen. Jedes Kind wird zu mir gezerrt und sagt artig Namen und Alter, das ich dann in einem Schulheft notiere, zusammen mit ein paar Notizen zu dem Aussehen des jeweiligen Kindes. Mission impossible: Hinter fast jedem Kind steht „sieht tibetisch aus, kurze Haare, frech". Dann zaubere ich einen weiteren Trumpf hervor, ein paar Spielzeuge – das ruft großes Geschrei hervor, jeder will zuerst und alle denken sich neue Spiele aus, die sie natürlich mit mir spielen wollen. Ich würde mich gerne vervielfachen!

Zum Frühstück um zehn Uhr gibt´s Reis mit Spinat, danach eine Bollywood-Session. Am Computer zeigen mir die Mädchen ihre größten Bollywood-Lieblinge; als ich dann Til Schweiger und Brad Pitt zeige, sind sie wenig begeistert. Angali ist nicht schüchtern, ihre Meinung zu sagen: „They are not nice!" Ich helfe bei den Hausaufgaben, dem Wäscheaufhängen und Geschirrspülen, in der Hocke und mit den bloßen Händen auf dem Innenhof. Mein Rücken macht sich bemerkbar, da ich offensichtlich zum neuen Lieblings-turngerät der Kinder mutiert bin. Meine Kreativität im Spieleerfinden wird auf eine neue Probe gestellt. Ich merke, dass ich im Haushalt überhaupt keine große Hilfe bin. Die Mütter kommen neun Monate des Jahres ohne Freiwillige klar, da bewirke ich jetzt keinen großen Unterschied. Aber die Kinder lieben es, eine Person zu haben, die nur dazu da ist, ihnen Aufmerksamkeit zu schenken.

„Miss, only one plaay!"

Dieser sehnsuchtsvolle Ruf erschallt fast jedes Mal, wenn ich morgens im Halbschlaf die Treppe hinabwanke. Es ist halb sieben morgens, die Kinder sind natürlich schon hellwach, und ich klatsche mir erstmal ein bisschen kaltes Wasser vom Wasserhahn im Innenhof ins Gesicht, um fix einsatzfähig zu werden. Zunächst gibt's jedoch ein Glas Wasser und danach eine Tasse schwarzen Tee mit Milch und anderen Gewürzen, richtig lecker! Dann geht mein Tag los. Rücksichtnehmen ist hier eher fehl am Platz, schließlich bin ich in einem Waisenhaus. Da lernt man schon früh das Motto „Der Stärkere gewinnt". Man merkt deutlich, welche Kinder sich bereits länger im Kinderheim aufhalten und welche erst seit kurzem: Die, die am forderndsten und lautesten sind, leben meist schon seit jungen Jahren hier. So zum Beispiel Safal, „the little monkey". Sobald er kann, klammert er sich an einem fest, umkrallt einem den Hals, so dass man fast keine Luft mehr bekommt, oder zieht einen an den Ohren. Liebe tut weh! Auch die anderen Kinder hängen sich mit Vorliebe an meine Beine oder Arme oder zerren mich an ebendiesen in verschiedene Richtungen, weil sie mir unbedingt etwas zeigen oder mit mir spielen wollen. Dabei immer der Ruf: „Miss, come here!" Natürlich in mannigfachen Spielarten. Und wer dabei am lautesten schreit oder am stärksten zieht, hat meist gewonnen. Die perfekte Strategie gegen Langeweile!

Dann gibt es aber auch wieder ruhige Phasen, in denen die Kinder stur und ausdauernd vor dem Fernseher hocken und sich Bollywood-Filme und Bollywood-Musikvideos angucken. Schade, dass es der Fernseher bis Nepal geschafft hat – mit den Filmen kann ich wirklich gar nichts anfangen, und so ist das für mich Auszeit.

„Zeit" auf Nepali

Ich lerne, die Dinge gemächlich angehen zu lassen. Zeit spielt hier überhaupt keine Rolle; eine Uhr ist überflüssig. Wie bei uns im Mittelalter: Wenn der Hahn kräht, steht man auf. Wenn die Sonne untergeht, ruft das Bett. Man lebt in den Tag hinein und durch ihn hindurch. Am Dienstag war ich zum Beispiel mit Kira, der Mitbegründerin von „Hands with Hands", bei Sarada eingeladen – wir wollten uns ein Stück Land anzugucken, dass Sarada gerne kaufen würde. Kira wollte mich um zehn Uhr abholen, hat mich aber vorgewarnt, dass sie eventuell ein wenig später kommen werde, was auch prompt der Fall war. Und bei Sarada ging es natürlich nicht so wie bei uns, nämlich los aufs

Ziel und schnurstracks Richtung Land zur Inaugenscheinnahme, sondern erstmal hieß es, sich hinzusetzen, Tee zu trinken und gemütlich zu frühstücken. Insgesamt hat sich durch diese Lebensart der Ausflug, der bei uns vielleicht eine Stunde gedauert hätte, über knapp drei oder vier Stunden erstreckt.

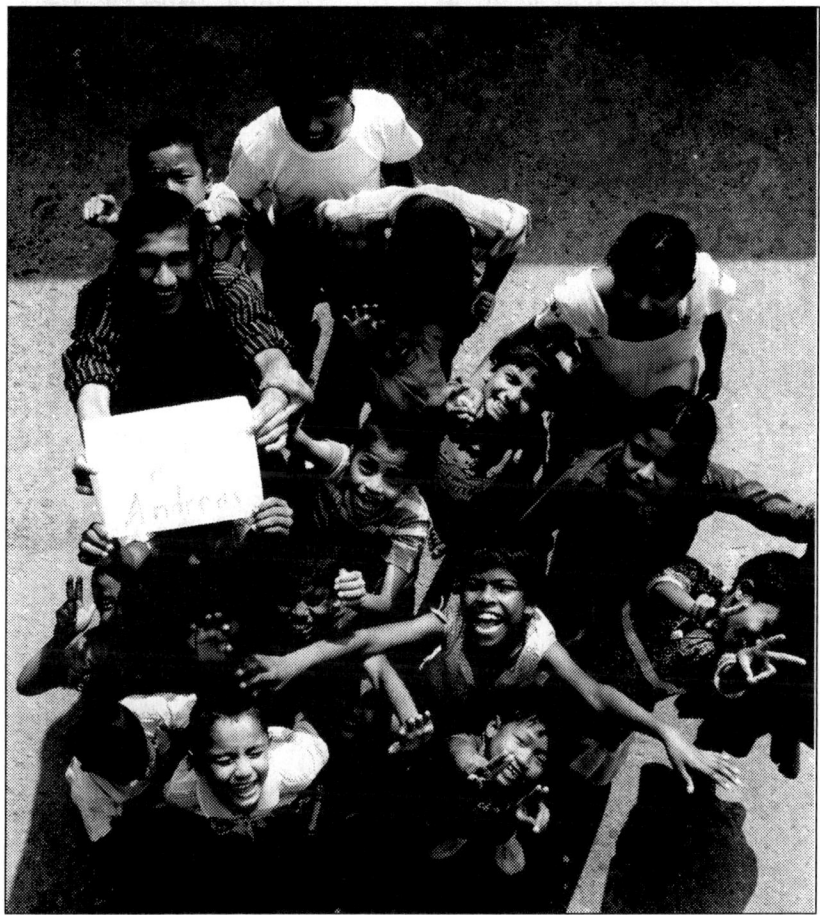

Meine Heimkinder

Das Heim beherbergt fünfundzwanzig Kinder, das Jüngste grade mal fünf Monate, das älteste fünfzehn Jahre alt. Die meisten sind dort untergebracht, weil ihre Eltern sie nicht ernähren können oder misshandeln, aber auch drastischere Fälle sind bekannt. Sakar ist das Ergebnis einer Vergewaltigung, ein Opfer von Inzest: Großvater und Enkelin. Aus Scham vor der Schmach des Dorfes wurde er in einem Käfig im Keller gehalten, bis er entdeckt und ins Heim gebracht wurde. Hier bemerkte man eine Kugel, die sich in seiner Magengegend gebildet hatte. Eine Operation birgt die Lösung zu diesem Rätsel: Ein Klumpen Dreck hatte sich in seinem Magen gebildet, da er offensichtlich nicht genug zu Essen bekommen und aus seinem Käfig heraus den Dreck um sich herum aufgesammelt und in sich hineingestopft hatte.

Einige der Kinder gehören zu den Heimmüttern, die von ihren Männern verlassen oder misshandelt wurden. Anstelle eines Entgelts erhalten sie kostenlosen Unterhalt und Essen im Kinderheim. Sie arbeiten von vier Uhr morgens bis mindestens acht Uhr abends und beschweren sich kein einziges Mal. Oft komme ich mir einfach nur unnütz und unglaublich verwöhnt vor, wenn ich mit den Kindern sitze, spiele und eine der Mütter an mir vorbeihetzt.

Nach knapp zwei Wochen wird das Leben hier zum Alltag, auch wenn mich die nepalesische Kultur immer wieder befremdet. Der Tag beginnt, wie überall in Nepal, mit dem Sonnenaufgang und endet mit dem Sonnenuntergang, so wie bei uns bis weit in die Neuzeit.

Die älteren Jungs helfen beim Melken der Kühe, der Versorgung der Büffel und beim Stallmisten. Ein Teil der Fladen wird zu Kompost, der andere zu Biogas umgewandelt – wobei Sakar, der Älteste, den Mist mit der bloßen Hand umrührt. Zwei- bis dreimal am täglich gibt es hier „Daal Bhat", Reis mit Linsen und verschiedenem, scharfgewürzten Gemüse aus dem heimeigenen Garten. Das Spülen mit den Händen irritiert mich gar nicht mehr, meine anfängliche Unsicherheit wegen der hygienischen Bedingungen ist verflogen. Die Kinder haben im Moment Ferien und verbringen ihre Freizeit mit Spielen und meinem Nepali-Unterricht. Ich werde stückchenweise besser; immerhin kann ich jetzt schon sagen „Ich verstehe nicht". Die Menschen sind größtenteils sehr offen und direkt. So hat mir eine Freundin von Sarada eine Stunde, nachdem sie mich kennengelernt hatte, wobei wir nur über Lächeln kommuniziert hatten, gesagt, dass sie mich möge.

Wäschewaschen für Anfänger

Ich wasche meine Wäsche per Hand, was mich beim ersten Mal ganze zwei schweißtriefende Stunden gekostet hat. Zuerst einmal erklärt mir eine der Mütter, wie genau, was zu tun ist: Erst einweichen, dann einseifen und schrubben, dann mehrmals ausspülen. Das Einweichen ist einfach, auch das Einseifen macht anfangs Spaß, auch wenn ich mir nicht sicher bin, ob ich nicht eher den Boden, auf dem ich wasche, anstatt meine Wäsche sauber mache. Doch das Ausspülen ist das Schwierige! Die Seife will einfach nicht raus (vielleicht habe ich auch einfach zu viel genommen), und das Auswringen und Auswaschen nimmt kein Ende. Langsam sammelt sich jedoch ein beachtlicher Haufen fertiger weißer Wäsche auf dem Abtropfbottich an, bis ich auf einen erschrockenen Schrei höre: „MISS!!!" Aber da ist es schon zu spät, meine Wäsche ist umgekippt und alles auf den Boden gefallen – oder sollte ich sagen, in den Dreck? Also auf in die zweite Runde, denn es ist kaum was von der (fertigen) Wäsche zu retten. Den Teil, der dennoch sauber geworden ist, nimmt Asha zum Aufhänge mit nach oben, aber natürlich fällt ihr auch hier viel runter, auch alles weiß. Also darf ich etwa ein Drittel meiner Wäsche nochmals waschen und bin hinterher im doppelten Sinne „done".

Bollywood-technisch werde ich auch ganz gut eingewiesen und übe fast täglich den typischen nepalesischen Tanz. Immer griffbereit sind eine Rolle Klopapier, eine Taschenlampe und Desinfektionsmittel. Beim Überqueren der Straße lasse ich mich vom Hupen, auf der Straße umherstehenden Kühen und um mich herumsausenden Mofas nicht stören; beim Handeln entferne ich mich, ohne mit der Wimper zu zucken, wenn mir der Preis nicht zusagt: Ich hocke im Schneidersitz mit angewinkelten Armen in der Mitte von Kindern, die mir ein „Ommmm" ins Ohr brüllen, und grüße alle Leute lässig mit einem „Namaste", gefolgt von der typischen Armfaltbewegung mit Kopfnicken. Wenn ich rede, lasse ich die unwichtigen Teile des Satzes weg, all das, was zu Missverständnissen führen könnte: „Would you like to eat?" wird zu „You eat?". Das Einzige, woran ich mich nicht wirklich gewöhnen kann, ist die nepalesische Art, „Ja" zu sagen: Das leichte Kopfwiegen irritiert mich immer wieder. Auch die Freiluftdusche ist weniger für die „riesigen" Europäer gebaut: Während ich mich unter dem kalten Wasser wasche, ragt mein Kopf heraus, zur Belustigung aller auf der Straße vorbeilaufenden Nepalesen. Was soll's! Dafür genieße ich beim Zähneputzen abends auf dem Dach einen fantastischen Sternenhimmel.

Was mich überrascht, ist das Spiele-Repertoire der Kinder! „Der Plumpssack geht um" hat seine eigene nepalische Version, die Klatsch-Spiele sind hier schon alt, und „Schweinchen in der Mitte" hat es auch schon halb um den Globus geschafft. Das Einzige, womit ich punkten konnte und immer noch kann, ist „Hoppe, Hoppe Reiter", „Taxi-Fangen" und „Mau-Mau". Spieleunterrichten ist auch immer eine ziemliche Tortur – zehn auf Nepali durcheinanderschreienden, sich um die Karten kloppenden und miteinander streitenden Kindern – mitunter vier Jahre alt! – dieses Spiel beizubringen, hat mich eine Menge Nerven gekostet. Es hat sich aber gelohnt – nachdem feststand, dass ich die Karten aufbewahren und keiner von ihnen dieses Privileg

bekommen würde, wollen sie morgen wieder spielen. Die Kinder freuen sich
übrigens unglaublich über jede noch so winzige Kleinigkeit; selbst als „nur"
Obst verteilt wurde, kam wirklich jedes Kind mit einem strahlenden Lächeln
aus der Küche gerannt.

Perspektivwechsel

Ich fange an, anders über arrangierte Heiraten zu denken. Sarada ist zum
Beispiel äußerst glücklich in ihrer. Bei den Heiraten in Nepal suchen die
Eltern möglichst passende Partner für ihre Kinder. Hierbei spielt weniger
Geld, als vielmehr Charakter eine Rolle. Solche Heiraten müssen also nicht
immer unter einem schlechten Stern stehen!
Insgesamt gehe ich mit dem Motto „It's not better, it's not worse, it's just
different" durch die Welt. Einige Teile der nepalesischen Kultur stören mich
aber ungemein. Noch vor fünfzehn Jahren hatten unverheiratete Frauen kein
Recht auf die Staatsbürgerschaft. Die Selbstständigkeit, die sich Frauen in
unserer Gesellschaft im Zuge der Industrialisierung langsam erkämpft haben
– auch wenn man die vollkommene Emanzipation auch bei uns in Frage
stellen könnte – blieb hier einfach auf der Strecke. Immer wieder frage ich
mich, woran das liegt, dass die Männer ihre patriachalische Stellung so
konsequent und konstant behalten. Ein Grund könnte die mangelnde Bildung
sein: Die Leute werden hier schlichtweg dumm gehalten. Auf die Idee, dass
man hier unfair behandelt werden könnte, kommen die wenigsten in der
Gesellschaft, auch unter den Frauen nicht: Sie haben sich schlicht an die
Lebensumstände gewöhnt.

Eines Tages verschwindet Saraswati, eine meiner Lieblinge, spurlos. Ich
mache mich auf die Suche. Ein paar der anderen Mädchen führen mich zur
Scheune, wo Saraswati auf einer dünnen Decke, blass und mit roten Ringen
unter den Augen, auf dem Stroh liegt. Sie hat zum ersten Mal ihre Periode,
muss von den Jungen getrennt werden und darf streng genommen nicht
berührt oder besucht werden. Zum Glück lockert Sarada die Regeln ein
wenig so dass Saraswati zumindest in dem Zimmer mit den Mädchen
nächtigen darf. In entlegenen Dörfern in Nepal aber sterben immer wieder
Frauen während ihrer Periode oder nach der Entbindung, weil sie zu früh
beginen zu arbeiten, nicht genug Tageslicht bekommen und nicht genug zu
essen. Eine Frau darf während ihrer Periode nämlich nicht kochen.
In solchen Momenten, in denen ich die nepalesische Kultur weder
verstehe noch respektiere, fehlt es mir sehr, keinen westlichen Ansprechpart-
ner zu haben. Natürlich ist Sarada sehr offen, ich kann mit ihr über vieles

reden (wenn sie mich denn versteht), aber eine westliche Sichtweise hat sie natürlich nicht. Zum Glück ist Kira Kay, die Begründerin der Organisation, während insgesamt zehn Tagen meines Aufenthaltes zu Besuch. Kira ist eine genauso faszinierende Person wie Sarada. Zu ihren Bekannten zählt sie einen Nobelpreisträger; aus Australien kommend, lebt sie im Moment zufälligerweise in Berlin und arbeitet als „Beraterin", fliegt aber jedes Jahr für zwei bis drei Monate nach Nepal, um dort ihre verschiedenen Projekte zu beaufsichtigen. Eines davon ist eine Krankenstation, die ich an einem Tag mit ihr besuche. Hoffentlich werde ich hier nicht ernsthaft krank! Die Behandlungsräume sind verschmutzt, die Liegen schmal und klein, die Ausstattung insgesamt äußerst dürftig. Während unseres Besuchs wird eine Frau mit Ohrenbeschwerden vom Arzt behandelt. Er bittet sie, sich zum Fenster zu wenden, um beim Tageslicht besser in ihr Ohr gucken zu können, denn es gibt keine Lampe.

Kira erklärt mir alles, was man über Nepal wissen muss, erzählt mir von Dingen, von denen ich noch nie gehört hatte, zeigt mir Orte, die ich so nie gesehen hätte.

Laptopbestückte Bergkämme

Wir unternehmen einen kleinen Ausflug nach Kalika, ein Dörfchen in den Bergen. Wir verlassen Pokhara per Taxi – immer wieder ein Erlebnis. Straßen sehen aus wie Einbahnstraßen, da die Autos einfach auf der Seite fahren, auf der es ihnen gerade passt. Schlaglöcher und riesige Kieselsteine säumen die Straßen, die oft am Rand jäh abfallen, so dass man froh ist, nicht kurz zuvor noch etwas zu sich genommen zu haben. Es wird gehupt, als gäbe es kein Morgen mehr. Schwarze Abgaswolken der „local busses", auf denen zusätzlich zu dem Gepäck auf dem Dach noch Menschen sitzen, verpesten die Luft. Irgendwann kommt unser Taxi zu einem quietschenden Halt. Ab jetzt geht's zu Fuß über einen dreckigen, schmalen und steilen Pfad zwanzig Minuten zum Dorf.

In Kalika gibt es die hier typischen Lehmhäuser en masse. Eigentlich gefallen sie mir außerordentlich gut – in einem Lehmorange getüncht, mit Reisstroh gedeckt passen sie perfekt in die Landschaft; auch die Küche besteht nur aus Erde. Wider Erwarten ist alles peinlichst sauber, da die Nepalesen zwei- bis dreimal Mal täglich ihre Bude mit Reisigbesen fegen. Von Kalika aus geht es weiter zu einem 1500 Meter hoch gelegenen Bergkamm mit einer kleinen Hütte – Hotel wäre übertrieben – für Touristen. Die Antenne nebenan versorgt alle umliegenden Dörfer mit Internet, so dass man nicht selten Nepalesen mit Laptop erblickt, die hier, auf einem Berg mitten im Himalaya, im Freien ihre E-Mails abrufen. Ein Wasserzugang liegt 15 Minuten zu Fuß entfernt.

Ein paar Wolken versperren die Aussicht, aber gegen Abend klärt der Himmel auf. Und was für eine Aussicht: Die sinkende Sonne taucht die weißen Gipfel des 7.000-8.000 Meter hoch gelegenen Annapurna-Gebietes in ein rosa Licht, während das Dorf in den Schatten der umliegenden Berge abtaucht. Ich bin überwältigt von der Gewalt und Schönheit der Natur, meinen vielen, tollen und unbeschreiblichen Erlebnissen hier und der Tatsache, meinen Traum verwirklichen zu können. Hoch oben auf 1.500 Metern Höhe erlebe ich den tollsten Sonnenuntergang meines Lebens und weiß nicht wohin mit meinem Glück.

Kira und ich nächtigen in einer einfachen Hütte mit ebendieser phänomenalen Aussicht; um 5.45 Uhr klingelt der Wecker zum Sonnenaufgang. Diesmal eine Enttäuschung: Es nieselt, ist bewölkt, lausig kalt, und in der Ferne sieht man Schnee fallen. Später wagt sich doch noch die Sonne heraus und zaubert einen Regenbogen auf die Berge. Ich bin entzückt.

Ausflug nach Manakamana

Jedes Jahr bringt Kira etwas Geld mit, um mit den Kindern einen Ausflug zu veranstalten. Also reißt mich um fünf Uhr der Wecker aus dem Schlaf; alle sind schon seit Stunden auf den Beinen. Los geht´s nach Manakamana in Gandaki.
Bereits die erste Stunde stellt mich auf eine Gedulds- und Nervenprobe, denn Angali, das Mädchen neben mir, muss mich unbedingt auf jedes einzelne „No Parking"-Schild und noch viel mehr aufmerksam machen. Doch dann geht's los mit „If you're happy and you know it clap your hands" und „I see something that you don't see", und die Fahrt im Schulbus über die Holperpiste nach Gandaki ist nicht mehr ganz so langwierig. Die Huckel katapultieren uns hoch aus unseren Sitzen, ein paar Kinder übergeben sich, aber ich kann auch die Landschaft genießen: Durch die Hügel zieht sich ein türkisfarbener Fluss, Reisfelder wechseln einander ab, und so fahren wir durch so manches Dörfchen. Ein Auto hat es allerdings aus der Kurve gerissen, so dass es auf der Seite am Straßenrand zum Liegen gekommen ist. In gewagten Überholmanövern und unter fortwährendem Gehupe passieren wir riesige Laster und Busse mit Menschen obenauf. Wir bewältigen die

knapp 50 km in drei Stunden, brauchen also doch ein wenig länger als auf der weltberühmten deutschen Autobahn.

Leckere Bergziegen

In Gandaki führt die einzige Seilbahn Nepals zu einer der großen hinduistischen Pilgerstätten auf rund 1100 m Höhe. Was mich zuerst überrascht, stößt mich dann doch ab: Viele Hindus führen eine Ziege an der Leine mit. Man ahnt es: Nicht etwa zum gemütlichen Spaziergang wie mit einem Hund, sondern als Opfergabe. Eigens dazu gibt es auch drei „Ziegengondeln".

An der Endstation angekommen, müssen wir erstmal 15 Minuten Gassen voller Souvenirläden durchqueren, lauter blitzender Schrott, wobei die Kinder mich dezent darauf aufmerksam machen, welches der Spielzeuge sie gerne hätten. Bevor ich mir den Tempel, zu dem die Straße führt, richtig angucken kann, suchen wir schon das Ende der Riesenschlange von Leuten, die den Tempel besuchen wollen. Das liegt einige Stufen und knapp zwei Stunden Wartezeit entfernt. Als ich mich schon frage, ob sich diese Quälerei für diesen kleinen Tempel überhaupt lohne, werde ich schon in seinen Bann gezogen. Ein gewichtiger Mann mit Trillerpfeife achtet penibel darauf, dass die Lücken in der Schlange zum Tempel möglichst rasch geschlossen werden und alle brav hintereinanderstehen. Kurz vor dem Tempel sind vier Nischen mit Abbildungen der Götter, in die man kleine Opfergaben – vorzugsweise Blumen – legt, betet und sich etwas wünscht. Geht dieser Wunsch in Erfüllung, heißt es wieder ab zum Tempel und sich bedanken!

Dann mache auch ich endlich die ersten Schritte im Rundgang um den Tempel. Weihrauch von den umliegenden Kerzen hüllt mich ein, barfuss trete ich auf Reiskörner und glitschig gewordene Blüten, Glockenläuten empfängt mich. Ich lasse mich anstecken und läute an den vielen Glocken, die vollbehängt mit Schnüren sind – ebenfalls Darbietungen. Meine Ohren klingeln noch, als wir an den nächsten Götterbildern vorbeischleichen. Die ganze Prozession bewegt sich äußerst langsam voran, verteilt hier ein paar Blumen, hängt dort ein paar Schnüre auf. Die Ziegen weigern sich oft mitzukommen, als wüssten sie schon, was sie erwartet. Alles ist farbenfroh, laut, und die Luft ist von den ganzen Kerzen verrußt. Zum eigentlichen Tempel habe ich leider keinen Zutritt, denn das Innere Hindus ist vorbehalten. Am Ende des Ganges rät Kira mir, nicht nach rechts zu gucken, aber der Boden unter mir wird verräterisch nass und glitschig und ich kann mir schon denken, was da neben mir passiert.

Was ist der Grund für diese Opfer? Warum müssen Tiere in allen möglichen Religionen sterben, um Götter gnädig zu stimmen, Sühne zu leisten, zu danken? Da ist der Hinduismus leider keine Ausnahme.

Schon bin ich draußen. Gebetsflaggen wehen im Wind, Hindus entzünden das Öl in den Kerzenbehältern, die Gläubigen läuten fröhlich an den Glocken. Immer noch fasziniert lasse ich mir ein Tikka auf die Stirn malen – ich kriege den Segen der Götter, und das für nur fünfzig Rupien! Jetzt gehöre ich endlich vom Aussehen dazu, wenn man mal von der Hautfarbe absieht. Gleich darauf folgt die Fotosession. Müde geworden beginnen die Kleinkinder zu quengeln, ein Zeichen, dass es Zeit für den Aufbruch ist. Ein kurzer Halt zum Essen zeigt mir deutlich, dass es der Umweltschutz noch nicht in das Himalaya-Gebirge geschafft hat: Alle lassen Plastikbecher und Pappteller einfach liegen. Pflichtbewusst sammle ich zumindest die Plastikbecher wieder auf, nur um sie daraufhin den Abhang herunterschmeißen zu müssen, weil es keine Mülltüte gibt. Das schmerzt!

Auf dem Rückweg fahren wir wieder durch Pokhara zum etwas außerhalb gelegenen Kinderheim. Viel Zeit verbringe ich hier in der Stadtmitte nicht, denn dazu ist es mir einfach zu touristisch. Am Ufer des Sees kann man wunderbare tibetische und nepalesische Souvenirs kaufen, sollte sich aber vor den Wanderausrüstungs-Imitaten hüten! Von kleinen Ruderbooten aus bestaunen die Touristen die umliegende Berglandschaft. Pokhara hat schon eine einmalige Lage! Zusätzlich liegt hier auch das Zentrum der „Gurkhas", einer angesehenen Spezialeinheit der Britischen Armee. Hierauf sind die Nepalesen besonders stolz: Die Gurkhas, die das anspruchsvolle Auswahlverfahren überstanden haben – unter anderem vier Kilometer einen Berg mit Steinen auf dem Rücken hochrennen – sind besonders hart im Nehmen.

Tihar

In Nepal scheint fast jeder dritte Tag Feiertag zu sein – ein religiöser natürlich – und so fahren Sarada und ich in meiner dritten Woche in die Stadt, um Lichterketten und Kerzen zu besorgen. Laute indische Musik dröhnt aus den Lautsprechern des Taxis, die unglücklicherweise genau hinter mir angebracht sind. Ich lehne mich vor, damit meine Ohren überleben, wobei der Fahrtwind mir Abgase und Regentropfen ins Gesicht bläst. An meinem Auge ziehen kleine Slums, offene Straßenläden, Busse und Pulks von Motorrädern, sowohl heruntergekommene als auch äußerst farbenfrohe und karierte Häuser, Militärakademien, überladenen Strommasten, Straßenverkäufer und üppig beleuchtete Häuser vorbei. Im Vorbeifahren sehe ich, wie der Strom abermals ausfällt, und die Verkäufer ihre Waren provisorisch im Schein ihrer Taschenlampen anpreisen. Beim Verkehr geht's wie immer drunter und drüber. Die Menschen tragen farbenfrohe Kleidung, und das Taxi weicht unbekümmert den zahlreichen Schlaglöchern aus. Ich genieße es in vollen Zügen!
Am Waisenhaus eine freudestrahlende, aufgeregte Begrüßung. Angali umarmt mich erstmal, froh und aufgedreht, weil wir endlich Lichter für das Darshain-Fest anbringen! Als die Lichterkette hängt, springen die Kleinen kreischend, tanzend und singend umher; alle freuen sich und lassen sich von der Aufregung anstecken. Ich freue mich jetzt schon auf Freitag, den höchsten Tag des Darshain-Festes.

Fünf ganze Tage lang ehren wir, was das Zeug hält. Die Hunde, die Kühe, die Lichtergötter und am Freitag, die Brüder.
Den ganzen Donnerstag über laufen Vorbereitungen, angefangen vom Sammeln von Blüten über das Backen von Nepali Doughnuts bis hin zum vollständigen Dekoration des Hauses mit Kerzen. Aus Reisstrohsträngen und Blüten flechten die Mütter Schmuck fürs Haus. Mit den Kindern fädle ich Blütenketten für das Tihar-Fest am nächsten Tag.
Dieses Fest kann man nicht übersehen. Alle Häuser sind hellerleuchtet; die ganze Nacht über läuft Musik; Menschen tanzen und klatschen. Abends besuchen wir eine kleine Tanzveranstaltung am Ort, wo kleine Mädchen Verrenkungen mit Handgelenken und Hüften vollziehen. Welcome to Bollywood.

Segen ohne Ende

Der Freitag beginnt früh. Um halb sieben morgens machen wir uns auf den Weg zu einem Omshanti-Tempel. Ich habe mir erklären lassen, dass es sich hierbei um eine Art speziellen Abzweig des Hinduismus aus Indien handle. Man glaubt an einen „universellen Gott"; wobei „Shanti" für Frieden steht. Ich betrete also in diesen Raum mit lauter im Schneidersitz hockender Menschen in weißen Gewändern. Die „Priesterin" (mir fällt kein besseres Wort dazu ein) sitzt vorne an ihrem Pult und redet ruhig auf Nepali – für mich nur ein Wirrwarr aus Lauten. Über ihr leuchtet eine rote Kugel, als Symbol für die Tikka, und hinter ihr erstrahlt der Lehrer dieser Überzeugung. Zusammen mit allen Menschen im Raum schneidet sie einen Kuchen an, bevor die Meditation beginnt. Dann geht die eigentliche Zeremonie los: Die Männer treten einer nach dem anderen vor, bekommen die Tikka aufgemalt und Blumenketten umgehängt. Als hervorstechende Weiße im Raum werden Kira und ich als erste Frauen dieser Ehre zuteil; nun haben wir auch eine schmale „Ampel" auf unserer Stirn. Alle sind unglaublich nett, zuvorkommend und texten mich auf Nepali zu – ich verstehe natürlich kein Wort. Draußen bekomme ich noch einen kleinen „Segenteller" mit Nüssen, Banane und Kuchen. Mein Segensspruch lautet:
„Remove the darkness of the mind and the world will be illuminated."

Wieder am Kinderheim angekommen, stellen wir die Essensteller für unser Tihar-Fest zusammen. Auch der Hof wird vorbereitet: In die Mitte malt Asha eine rote Swastika, das Zeichen von Shiva, dem Gott der Zerstörung und damit dem Neuanfang. Auf das rote Zeichen stellt sie eine Karaffe voller Wasser, eine Schüssel voller Blumen, einen Topf mit Reis, bedeckt mit einem Bananenblatt, einem Gabentablett und einige Früchte. Dann tragen wir die fünfundzwanzig Gabenteller hinunter. Sofort entbrennt ein Streit: Teller werden hin- und hergeschoben, jeder sucht sich den besten aus und wird dann von einem anderen zurückgewiesen.

Endlich beginnt die Zeremonie: Alle Mädchen laufen im Kreis um die Jungen herum und träufeln dabei Wasser vor sich her. Nepalesische Musik dringt aus den Laut, als der erste Segen beginnt. Alle Mädchen reihen sich nacheinander um einen der Jungen. Zuerst werden die Haare und die Ohren mit Wasser gewaschen, danach wird Öl auf den Kopf geträufelt. Dann halten einige den Kopf fest, während Asha, das älteste Mädchen, mit einer Palette verschiedener Farben die Tikka auf die Stirn malt. Besonders den Kleinen ist das überhaupt nicht geheuer! Doch als Asha die Blumenkette umlegt, sie füttert und schließlich den Teller überreicht, ist das alles sofort vergessen.

Das Fest soll symbolisieren, wie sich Brüder und Schwestern umeinander kümmern sollen, denn an sich geben auch die Brüder nach Überreichen der Gaben den Frauen ein wenig Geld. Das ist hier im Kinderheim jedoch schwierig; die Mütter verteilen ganz zu Anfang ein paar Rupien, damit die Jungs wenigstens ein bisschen „zurückgeben" können.

Für Kira und mich dauert die ganze Feier nicht sehr lange, denn für uns geht es bald auf zum nächsten Tihar-Fest: Ishman, einer der Sponsoren des Heims, hat uns zu seiner Familienfeier eingeladen. Das ist eine Besonderheit, denn jetzt lernen wir die Festlichkeiten von einer anderen Kaste kennen! Anders als in Indien treten hier die Kastenunterschiede weniger deutlich zutage, aber die Traditionen wechseln trotzdem leicht. Von einem Chetri- bzw. Brahminfest geht es nun also auf zu dem Tihar der Newari, also der Geschäftsleute. Das merkt man schon beim Einsteigen in das Auto – es ist groß und sauber, und Ishman und sein Sohn schnallen sich sogar an.

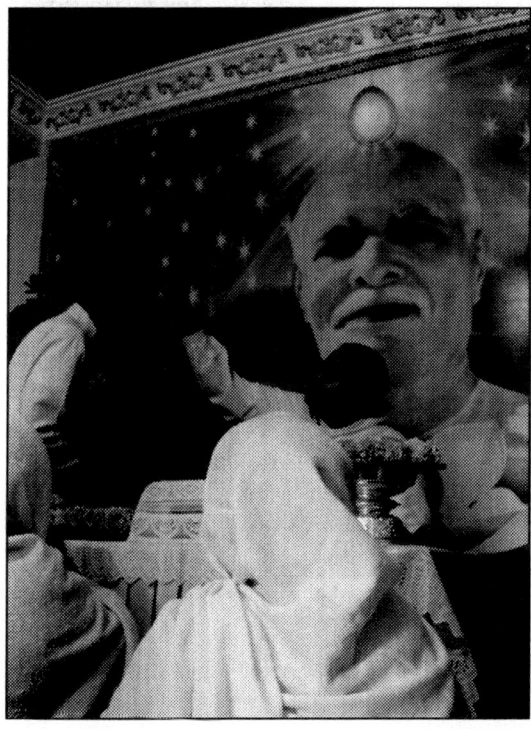

In Ishmans Küche wird einem sofort klar, dass die Feier hier anders abaufen wird. Auf dem Boden sind Reismuster aufgeschüttet, einige Sterne, Kreise, aber auch ein paar Herzen sind dabei. Die Männer nehmen am Rand der Küche Platz, und die Zeremonie beginnt. Zuerst segnen die Frauen die Gaben an die Götter, danach die Reissymbole, und dann die Männer. Alles sieht ziemlich kompliziert aus und folgt strengen Regeln. Auf einem kleinen Tablett sind die Utensilien zur Segnung angeordnet; verschiedene Farben, Öle und Töpfchen mit anderen Gaben. Nachdem die Männer eine Tikka auf die Stirn bekommen haben, wird Joghurt an den Schläfen angebracht – das steht für eine gute Gehirnleistung! Dann werden aus einer Schüssel Blumen und Nüsse auf die traditionellen Nepali-Hüte geschüttet – endlich weiß ich, warum sie so geformt sind, denn so sind es nämlich wunderbare Auffangbehälter! Danach berühren die Schwestern die Knie, Schultern und den Kopf des Bruders erst mit den Händen, dann mit dem Schlüssel zum Safe. So soll sichergestellt werden, dass weiter Geld fließt. Als nächsten Schritt bekommt jeder Mann erst drei Blumenketten, dann eine Kette aus Reispflanzen – zu Ende sehen sie für mich aus wie Paradiesvögel. Zum Schluss ein Gabenteller voller Süßigkeiten für jeden Bruder, von jeder Schwester einen. Besonders bei Ishman mit seinen vier Schwestern, dauert die Prozedur lange, wofür er auch am meisten Süßigkeiten erhält. Nach über einer Stunde Zeremonie werden Kira und ich vorsichtig aus der Küche geleitet, denn jetzt geht das Familienfest los. Wir bekommen eine schmackhafte Mahlzeit – die zarteste Ziege, die ich je gegessen habe – und dann geht es wieder nach Hause.

Ich habe Pokhara noch nie so entvölkert erlebt; alle Geschäfte sind geschlossen, kaum jemand auf der Straße, und die Männer, die man zu Gesicht bekommt, ähneln einander wegen der Tikka und Ketten zum Verwechseln.

Kira verabschiedet sich heute; sie besucht jetzt weitere ihrer Projekte. Ich lasse den Tag ruhig mit den Mädchen ausklingen. Dabei stelle ich ziemliche Fortschritte fest: Erstmal habe ich das Gefühl, dass die älteren Kinder sich in meiner Gegenwart jetzt viel wohler fühlen, aber auch mein Verständnis des Nepali-Englisch verbessert sich, denn schließlich kann ich sogar mit ihnen Stille Post spielen! Rubina hat dabei einen süßen Stille-Post-Spruch: „I like Isabella very much." Es kommt zwar am Ende falsch raus, freut mich aber trotzdem ungemein!

Das Leben ist nicht fair.

Sanam weint, keiner tröstet ihn. Er hat nämlich keine Eltern mehr. Oder wenn er welche hätte, können sie ihn nicht ernähren. Oder sie schlagen ihn. Oder er wird sonstwie misshandelt.

Diese Gedanken schießen mir durch den Kopf, während ich ihn auf meinem Schoß halte. Es ist einfach nicht fair. Diese Kinder haben niemandem etwas angetan, doch das Schicksal hat ihnen etwas angetan. Sie haben keine Eltern, die tröstend auf eine Wunde pusten würden, wenn sie sich das Knie aufgeschrammt haben, die bei den Hausaufgaben helfen könnten, die sie mit einem Gute-Nacht-Kuss zu Bett brächten.

Letzlich muss ihre Lage nicht bedeuten, dass sie ein schlechteres Leben als die anderen Kinder in Nepal hätten. Vielleicht haben sie sogar ein besseres – ein Dach über dem Kopf, täglich zwei warme Mahlzeiten, viele Geschwister und eine liebende Mutter, die aber nicht immer gleichzeitig für alle da sein kann. Das härtet ab – aber muss das jetzt schon sein? Müssen Kinder in diesem Alter schon auf sich selbst gestellt sein? Das ist doch das Schöne am Kindsein, dass ihnen die Sorgen und Ängste abgenommen werden.

Meine Beziehung zu den Kindern wird immer enger; das habe ich deutlich gespürt. Besonders die Kleinen streiten um meine Aufmerkamkeist und einen Platz auf meinem Schoß, aber auch die Älteren besuchen mich in meinem Zimmer und gucken, was ich mache, womit ich mich beschäftige. Heute nach der Meditationsrunde habe ich zum Beispiel eine ausgedehnte Kitzelpartie mit Bushan und Shrijana gehabt. Meine anfängliche körperliche Zurückhaltung im Hinblick auf Läuse oder Krankheiten ist geschwunden. Shristi knabbert liebend gerne an mir rum oder gibt mir einen Eskimo-Kuss. Sushila und Sharmila hängen sich in regelmäßigen Abständen an mich dran, und selbst Sabi und Sushil, die älteren Jungs, fangen an, sich mit mir zu unterhalten. Obwohl 80% der Namen hier mit dem Buchstaben „s" anfangen und sich alle höchst ähnlich sehen, behalte ich die Namen allmählich. Ich bringe Asha und Kusum Deutsch bei und sie mir im Gegenzug nepalesische Lieder, wobei ich mich als ziemlich unfähig erweise. Bushan, mein Sorgenkind, kommt wie von selbst auf mich zu und bittet um Hilfe bei seinen Hausaufgaben. Weil die älteren Kindern den Jüngeren die Hausaufgaben mehr oder weniger vorsagen, hat er, obwohl in der zweiten Klasse, den Unterschied zwischen Plus und Minus noch nicht verstanden, geschweige denn die einfachsten Rechnungen damit. Aber ich habe ihn soweit, dass er zweistellige Zahlen fehlerfrei addieren und subtrahieren kann. Ich merke, dass ich richtig „angekommen" und nicht mehr nur als Gast akzeptiert bin, denn die Mutter fordern mich auch zur Mithilfe auf. Ich bin ein Teil des Teams geworden.

Solche kleinen Dinge machen mein Leben hier lebenswert, trotz aller Unannehmlichkeiten. Ich habe keine richtige Privatsphäre, da mein Zimmer auch als Vorratskammer für das gesamte Essen dient und alle einfach rein- und rausspazieren. Die Mäuse, die sich nachts laut quiekend durch mein Zimmer jagen und über mein Bett huschen, stören mich wirklich. Und immer wieder ist es eine Überwindung, bei fünfzehn Grad Celsius draußen unter die Dusche zu steigen. Immer wieder fällt abends der Strom aus und der PC ist so virenzerfressen, dass ich das Internet nicht benutzen kann. Das und die Maus, die sich durch das Mauskabel knabbert, hindern mich daran, mich nach zwei Wochen bei meinen Eltern zu melden. Die SMS schafft es nicht aus den Bergen heraus. Schließlich öffne ich eine besorgte E-Mail meiner Mutter: „Gib mal bitte ein Lebenszeichen von dir!" Oft bemerke ich, dass mir das Internet nicht die Befriedigung gibt, die ich mir erhoffe. Freunde leben ihr eigenes Leben, schreiben weniger oft als erhofft und verstehen mich nicht. In solchen Momenten zwinge ich mich dazu, auch abends nach unten zu den ganzen Menschen zu gehe, die sich unterhalten, ohne dass ich auch nur ein Wort verstehe, und mich weiter anzustrengen, mich in das nepalische Leben einzugliedern. Meine allabendliche Freizeit, die ich oft allein mit Lesen verbringe, tausche ich immer wieder mit etwas Überwindung gegen eine kleine Anstrengung, mich hier einzugliedern. Und immer wieder werde ich belohnt!

Das beste Mittel gegen Heimweh ist doch immer wieder Ablenkung.

Und nach dem Tihar beginnt auch für die Kinder das wieder „richtige Leben".

Die Schuhe sind geputzt, die Falten im Rock geglättet, das Hemd ist gebügelt, die Schleife ins Haar gepinnt. Das kann nur eins bedeuten: Es geht wieder zurück in die Schule! Die Aufregung ist groß. Alle verlangen noch nach einem Anspitzer, Radiergummi oder einem Bleistift, doch um halb zehn sind sie alle weg. Unglaublich: Es herrscht Ruhe! Ich kann mir erst gar nicht vorstellen, wie ich die Zeit ohne die Kinder rumkriegen soll, aber es geht dann doch erstaunlich gut. Nach einer Stunde Abwasch fahre ich mit Sarada zum Einkaufen in die Stadt. Ich mag diese Frau so sehr; sie sagt, heute sei ein „lovely day" gewesen, da ich mit ihr Einkaufen gefahren sei wie mit einer Freundin.

Ausflug in den Himalaya

Damit mir in der kinderfreien Zeit nicht zu langweilig wird, habe ich eine kleine Wanderung im Annapurna-Gebiet geplant.

Einen Tag vor dem Trek werde ich krank, was ich natürlich zeitlich gut hinbekommen habe. Zum Glück nur eine Erkältung, aber die wird auf der Wanderung natürlich nicht besser. Gleichzeitig verschlechtert sich das Wetter, und ich laufe vier Tage lang (bis auf den Anfang vom ersten Tag) meist durch Nebel, Wolken und Nieselregen. Ärgerlich, weil ich so nur einen flüchtigen Blick auf die hohen Berge erhaschen kann, aber der Nebel hat häufig auch etwas ungemein Mystisches und Fotogenes an sich. Fotogen ist die Landschaft allenthalben. Wir passieren Wasserfälle, durchwandern kahle Rhododendron-Wälder, den Dschungel ... Immer ist etwas Neues zu sehen.

Die Hütten sind in Ordnung, aber karg ausgestattet. Kein Wunder, denn eine Übernachtung kostet auch nur ca 1,20€. Dafür gibt es auch keine Heizung. Als wir auf ca 2900 Metern übernachten und ich in meinem zehn Grad kalten Zimmer zu frösteln beginne, denke ich wehmütig an die Skihütten in den Alpen: Heizung, Sauna, Wärmflasche. Und eine warme Dusche obendrein! Aber die Lodges zwingen einen, die Zeit in den Gemeinschaftsräumen zu verbringen, wo ich viele äußerst interessante Menschen kennenlerne. Ein paar davon sind gute medizinische Berater und geben mir obendrauf noch ein paar Reisetipps für meine nächsten Ziele.

Ich werde zum Meister der Improvisation: Da ich mein eigenes Gepäck schleppe, habe ich so wenig wie möglich eingepackt. Teils sind die Handtücher aber auch einfach zu ekelig zum Benutzen; so wird ein altes T-Shirt zum Handtuch, Socken zu Handschuhen und Plastiktüten zu Duschlatschen. Weiterer Tipp: Die Klamotten für den nächsten Morgen mit ins Bett nehmen, sonst sind sie morgens immer noch abstoßend klamm und kalt.

Der Höhepunkt sollte der Sonnenaufgang von Poon Hill aus sein; also um um fünf Uhr raus aus den Federn – vergebens. Nichts außer Nebel. Wir machen uns nicht mal an den Aufstieg.

Insgesamt lege ich 68 km und 2400 Höhenmeter zurück. Babu, mein Guide, ist ein äußerst angenehmer, aber auch schneller Begleiter. Ich kann mich nicht ganz entscheiden, ob ich wandern mag oder nicht – wahrscheinlich schon, aber das Wetter hat schon so einiges vermiest. Auf jeden Fall ist die Heimkehr ins Kinderheim ein tolles Nachhausekommen – ich habe alle schon vermisst!

Umso trauriger stimmt es mich, dass ich bald schon wieder losziehen muss. Vielleicht auch nicht schlecht – raus aus dieser Bazillenparty. Aber wieder einmal habe ich das Gefühl, wirklich gebraucht zu werden. Ein paar mehr tröstende Arme schaden hier sicherlich nicht.

Abschied

Anfang November wird's langsam kalt. Die Kinder tragen zwar alle eine Mütze, spazieren aber größtenteils in Flip-Flops rum – ob mit oder ohne Socken. In meinem Zimmer zieht's durch die Ritzen zwischen dem meine Füße trotz warmen Schlafsacks vereist.
Wellblechdach und der Wand. Morgens sind die Fenster beschlagen und und meine Füße trotz warmen Schlafsacks vereist.

Nach einer Freiluftdusche bei rund 16 Grad Celsius – höchst erfrischend! – machen Sarada und ich uns an meinem vorletzten Tag auf den Weg, um meine Spenden sinnvoll einzusetzen. Endlich bewegt sich was! Wir kaufen Medizin, Hygieneartikel, Spielzeug, Schulhefte, Messer und Putzzeugs, das Geld wird also gut angelegt. Der Volleyball wird gleich eingesetzt, aber ich mache Sushila für einige Minuten zum unglücklichsten Mädchen der Welt: Sie bekommt beim Geschenkeverteilen keinen Ball ab. Sie will mich nicht mal ansehen, nur mit Mühe überrede ich sie, zu mir auf den Arm zu kommen. Mein Herz blutet, mein Gehirn rattert nach einer Lösung, aber in meinem Zimmer oben habe ich noch nicht mal mehr Schokolade. Ich nehme sie mit hoch, um vielleicht Schmuck oder etwas in der Art zu finden, und prompt verliebt sie sich in ein Spider-Man Stifteetui. Damit kann ich leben, und sie offenbar auch sehr gut: Endlich erstrahlt ihr Gesicht wieder, das Mädchen mit der dreckigsten Kinderlache, die ich kenne. Und auch Bishnu, mit der ich immer mit den stumpfen und kaputten Messern das Gemüse schneide, freut sich. Die ansonsten zurückhaltende 23-Jährige lächelt scheu, als ich ihr das neue Messer überreiche, und schließt mich in ihre Arme. Ein wahres Dankeschön, auch ohne Worte.

Mein letzter Tag im Kinderheim empfängt mich um sechs Uhr morgens mit strahlendem Sonnenschein. Ich mache mich auf den Weg, um ein letztes Mal mit den Kindern zu spielen und Zeit mit ihnen zu verbringen. Safal und

Sushila setzen sich auf meinen Schoß; dann überhäufen mich Saraswati, Angali und Sunita mit Briefen, selbstgemachten Puppen und Armreifen. Beim Frühstück bzw. Mittagessen muss ich an mich halten, um nicht loszuweinen: Angali und Sunita sagen beide, wie traurig sie seien, dass ich sie verlassen würde; Muna besteht darauf, dass ich am Sonntag wiederkommen solle, und alle fragen, wann ich wiederkehren würde und dass ich dann das nächste Mal ein Jahr bleiben sollte. Sushil spielt noch mit ein paar anderen Jungs Volleyball – toll, dass das Geschenk so gut angekommen ist! Doch auch das alles hat ein Ende, und bald machen sich alle auf den Weg zur Schule. Den restlichen Vormittag verbringe ich im Internetcafe. Um ein Uhr werde ich nervös, weil Sarada immer noch nicht fertig ist, denn der Flug geht um drei. Eine andere Mutter, will mir noch einen Abschiedstee machen, ich werde noch nervöser – vertraue aber dann doch darauf, dass die Nepalesen das zeitlich schon irgendwie schaffen. Ohne Tee mache ich mich auf den Weg, dafür habe ich aber eine Tikka und eine Blumenkette (eine „Mala") bekommen. Eine tolle Überraschung! Zack wird alles auf den Roller geladen, ich klemme meinen Riesenrucksack zwischen mich und Sarada, und ein letztes Mal ziehen wir durch Pokhara. Es ist seltsam, denn ich merke, wie ich so manche Ecken wiedererkenne – der Weg, der mir anfangs fremd war, ist auf einmal vertraut. Auch vom Flughafen genießt man einen tollen Blick auf die umliegenden Berge. Ich verspreche Sarada, dass ich sie nie vergessen werde. Wie könnte ich auch! Mit feuchten Augen verabschieden wir uns herzlich, und hier sitze ich, eine Dreiviertelstunde vor Abflug, und noch nicht mal das Check-In hat begonnen.

Ziellos und ungeduldig wandere ich durch den Mini-Flughafen. Mit jedem Schritt klimpern meine unzähligen Armreifen leise, meine weite Nepali-Hose umstreift meine Beine, und die rote Reis-Tikka kitzelt leicht auf meiner Stirn. Zum perfekten Outfit fehlen nur noch die Flip-Flops! Prompt werde ich für einige Minuten zum Anziehungspunkt des Flughafens. Lauter Chinesen kommen auf mich zu, schießen Fotos von und mit mir. Einer kehrt immer wieder zurück und zeigt seinen Mitreisenden begeistert meinen blitzenden Armschmuck.

Zwei Stunden zu spät dürfen wir den Flieger besteigen; ich ergattere einen Sitzplatz auf der linken Seite, am Notausgang, also mit relativ klarem Fenster. Langsam versinkt die Sonne, wirft letzte rote Strahlen auf den Himalaya, der sich in Nepal über 800 Kilometer erstreckt!

Ich kehre Pokhara den Rücken zu, erhasche einen letzten Blick auf den Fishtail-Berg, den ich sonst immer von meinem Fenster aus sehen konnte. Tausend überwältigende Gefühle und Erinnerungen, Gedanken und Erlebnisse durchströmen mich. Ich bin überglücklich und gleichzeitig traurig. Hergekommen bin ich als Deutsche, zurückgeflogen zumindest als Teil-

Nepalesin. Es war eine unglaublich intensive, spannende und einfach tolle Zeit. Sarada und die Kinder werde ich nie vergessen! Ich bin zutiefst dankbar für das, was ich erleben durfte.

Namaste, Nepal

Ich kann kaum glauben, dass es Mitte November ist und ich schon wieder zurück in Kathmandu bin. Ich sitze auf einem Hügel, etwas abseits von Swayambhunath, unter einem Dach von Gebetsfahnen. Ein Affe hat sich gerade zu mir auf die Bank gesellt und hofft auf ein paar Leckereien. Alles ist ruhig und friedlich, vereinzelt laufen ein paar Nepalesen vorbei. Aus weiter Ferne hört man das Hupen, das Bellen von Hunden und den Verkehrslärm Kathmandus; hier das Gekreische von Affen und Raben. Die Großstadt erwacht allmählich.

Früh mache ich mich auf den Weg zum Monkey-Temple, laut Hotelmitarbeiter einmal links, dann nochmal links und dann einfach der Straße folgen. Von wegen! Ich wurschle mich durch ein Gewirr von Straßen, husche durch kleine Seitengässchen, deren Bewohner mich verwundert betrachten. Zwischendurch erhasche ich einen Blick auf Buddhas allsehende Augen, aber die ganze Zeit begleitet mich diese Musik: Ein mystisches Brummen und Klingen. Soldaten ziehen in voller Montur im Leichttrab an mir vorbei, bis sich endlich der Hügel mit dem ältesten Stupa Nepals vor mir erstreckt. Ich erklimme die 231 Stufen zusammen mit vielen Affen, streunenden Hunden und Nepalesen. Schulmädchen strömen mir entgegen, finden mich genauso fremd, komisch und interessant wie ich sie; nur habe ich niemanden zum Anstupsen. Wegen der frühen Stunde bin ich fast die einzige Touristin. Ich gerate in Trauben von betenden Buddhisten und stehe bei ihrem rituellen Rundgang im Uhrzeigersinn um den Stupa im Weg. Ich fühle mich ziemlich fehl am Platz, lausche aber fasziniert dem Gemurmel der Betenden und dem Klingeln von Glocken. Leider habe ich keinen Führer, der mir alles erklären könnte, dafür aber mehr Ruhe und Zeit, die zahllosen Pagoden und kleinen Tempelanlagen zu durchstreifen und die Atmosphäre zu genießen. Gerade durfte ich Affenexkremente von meinem Objektiv wischen, aber hey, that's all part of the fun!

Wieder zurück am Tempel mit dem unaussprechlichen Namen ist der Gebetsrummel schon passé. Vom 1407 Meter hoch gelegenen Stupa ist die Smog-Glocke über der Stadt gut erkennbar. Kurz zurück zum Hotel, Frühstücken und ein Taxi zum nächsten Ziel organisiert: Bodnath mit dem Boudha-Stupa. Der Taxi-Fahrer fragt mit Hinblick auf meine roten Armreifen sofort, ob ich verheiratet sei. Bin ich zwar nicht, aber wenn die roten

Armbänder das anderen Nepalesen signalisiert, ist das sicher nicht übel! Der ausgeprägte Geschäftssinn der Nepalesen macht mir immer weniger aus; ich kann ihn abwimmeln, mir noch mehr von Kathmandu zu zeigen, aber morgen zum Flughafen bringen darf er mich gerne. Nachdem wir uns auch ausführlich über seine Familie unterhalten haben, begleitet er mich nun zum größten Stupa Nepals. Sieht dem anderen ziemlich ähnlich, liegt allerdings nicht auf einem Berg, sondern ist stattdessen umkränzt von tausenden tibetischen Souvenirläden. Kurzer Halt in einem kleinen buddhistischen Kloster ein, in dem ich einmal um das – ich nenne es jetzt einfach mal Glücksrad – herumlaufe. An diesem Stupa steigt Weihrauch in die Luft. Emsige Nepalesen mühen sich ab, die Wände weiß zu halten. Ein kurzer Rundgang, dann ist mein Tagesziel erreicht und ich lasse mich zurück zu meiner kleinen Hotel-Oase kutschieren.

Vom Garten im Hotel Vajra dringt der Lärm von der nahegelegenen Schule herüber. Die Kinder singen dieselben Lieder und spielen dieselben Spiele wie „meine" Kinder, und sofort frage ich mich, was sie wohl grade machen. Traurig denke ich daran, dass meine Zeit in Nepal jetzt schon vergangen ist. Aber ich hatte auch viel Glück, während der Ferien im Kinderheim zu sein; die paar Tage Schulzeit haben mir deutlich gezeigt, dass mir sonst viel Langeweile bevorgestanden hätte.

Morgen mache ich mich auf den Weg zu meiner vielleicht größten Herausforderung. Ich habe mich schon mit vielen Menschen unterhalten, die Kambodscha schwer zu verarbeiten fanden: Prostitution ist an der Tagesordnung, und wohin man guckt, trifft man auf Krüppel aus der Kriegszeit. Phnom-Penh-Besucher, die sich mit der Geschichte des Landes befassen wollen, müssen sich mit dem „Genocide Museum" auseinandersetzen und die „Battlefields" besuchen. Trotz der entsetzlichen jüngeren Vergangenheit sollen die Menschen außerordentlich nett, offen und freundlich sein und die Landschaft dazu traumhaft. Ich erwarte keine ähnlich intensive Zeit wie in Nepal, da ich in einer Schule und nicht in einem Kinderheim arbeiten werde. Das heißt, dass ich nicht den ganzen Tag von Einheimischen umgeben sein werde. Im Gegenteil: In der Schule sind drei andere deutsche Fsj-ler, auf die ich mich schon sehr freue. Vielleicht könnte ich aber eine ähnlich intensive Zeit wie hier in Nepal. auch gar nicht verarbeiten. Wie auch immer: Ich bin neugierig und gespannt, was die nächsten vier Wochen an Überraschungen und Erlebnissen auf Lager haben!

KAMBODSCHA

Bammel vor Kambodscha

4 Wochen

Drei Stunden lang fliege ich am unbeschreiblichen Himalaya-Gebirge entlang. Es wird flacher, eine von vielen Gewässern durchzogenene Landschaft. Als ich in Bangkok lande, fühle ich mich fast wie zu Hause. Alles sehr europäisch! Es gibt funktionierende Anzeigetafeln, Laufbänder, alles ist sauber, ordentlich und verfliest. Außerhalb des Flughafens dann der nächste Schock: Die Autos blinken, wenn sie überholen, sie bleiben auf ihrer Spur, sie hupen nicht. Die Straßen haben keine Schlaglöcher. Eine Nacht habe ich hier und knapp zwei Stunden zum Power-Sightseeing, dann setze ich mich in den nächsten Flieger, nach Phnom Penh.

So kurz vor der Landung wird es mir doch mulmig. Aus Erzählungen hört Kambodscha sich wüster an als Nepal: Malaria und Minen, riesige Klassengrößen und schlagende Lehrer. Ein Haufen Taschendiebe, hohe Kriminalität, mehr Korruption. Wie komme ich mit der schrecklichen Geschichte des Landes klar? Und ist es mir mit nur ein paar Stunden Unterricht nicht viel zu langweilig nach dem Vollzeitjob im Kinderheim? Soweit ich mich erinnern kann, lande ich mit deutlich mehr Herzklopfen als zuvor. Aber natürlich habe ich mir mal wieder zu arg den Kopf zerbrochen. Emilie, eine Amerikanerin, die ich am Gate getroffen habe, und ich warten geduldig auf unser Gepäck und machen uns dann auf den Weg nach draußen. Fast hätte ich nicht den Flughafen verlassen dürfen, denn ich hatte meine gesamten Visumunterlagen, die im Flugzeug auszufüllen waren, weggeschmissen, besaß ich doch mein e-Visum! Einen der Zettel brauchte man wohl doch zum Verlassen des Flughafens. Ups! Aber ein netter Kambodschaner lässt mich dennoch durch. Und die Freundlichkeit ist das Erste, was einem hier auffällt.

Phnom Penh im Ausnahmezustand

Außerhalb des Flughafens wartet schon Thorn auf mich, mein Tuk-Tuk-Fahrer für die nächsten Tage. Strahlend begrüßt er mich und stellt sich vor – „Name like a ross!" Like a ross? Wie ein Pferd? Nein, aaah Rose!! Dorne!! Jetzt hab ich es verstanden und lache mit. Er hievt meinen Rucksack aufs Tuk-Tuk, sichtlich erstaunt über das Gewicht, und los geht es durch die untergehende Sonne in die Stadt. Der Verkehr hier ist nicht halb so wild wie in Nepal, auch wenn die Autos manchmal hupen und sich unzählige Motorräder durch den Verkehr schlängeln. Und sie halten tatsächlich an den Ampeln! Westlich aussehende Läden ziehen an mir vorüber. Ich freue mich schon auf Shopping, und selbst die Apotheken sehen ordentlich aus. Da soll Malaria mal versuchen, bei mir zu landen!! Ich sage gedanklich den Kampf an.

Phnom-Penh, Straßenszene

Nach einer halbstündigen Fahrt komme ich vor meinem wunderschönen, kleinen Hotel an und werde von Freundlichkeit fast überfallen. Drei Mitarbeiter bieten mir nacheinander ihre Dienste: kalte Handtücher, Orangensaft und ein Stuhl, fragen mich nach Namen, Alter und Reise ... Ich bin überrumpelt. Schließlich werde ich zu meinem Zimmer geführt, das durch Sauberkeit und Modernität besticht – ich fühle mich sofort wohl. Einzi-

37

ges Manko: kein Restaurant im Hotel – also noch mal raus ins inzwischen dunkle Phnom Penh!

Die netten Hotelmitarbeiterinnen, ungefähr in meinem Alter, überschlagen sich vor Tipps und Hinweisen, ein Restaurant zu finden, warnen mich aber – da ein arges Gedränge in Phnom Penh herrsche. Naja, sage ich mir, das kann ja nicht zu schwer sein – ein paar Mal abbiegen und dann bin ich schon in der Touristengegend. Zum Glück habe ich Thorn, der mich mehr oder weniger vor mir selbst rettet und mich mit dem Tuk-Tuk zu einem Restaurant befördert, denn die Mädels hatten Recht: Es ist voll, proppenvoll. So viele Menschen! Dann fällt mir ein, dass heute Vollmond zwischen Oktober und November ist, das heißt der Mekong ändert seine Fließrichtung: Es ist Wasserfest! Die Menschen picknicken auf den Wiesen, stehen im Stau vor dem hellerleuchteten Royal Palace und feiern. Ich klammere mich an meinen Rucksack. Gelegentlich stehen wir mit dem Tuk-Tuk minutenlang auf derselben Stelle. Ich hätte mich auf jeden Fall verlaufen!

Im Restaurant wartet das nächste typisch Kambodschanische auf mich: Prostitution. An meinem Nachbartisch sitzen zwei alte, englische Knacker mit zwei jungen, kambodschanischen Mädchen, die übertrieben über die Witze der Männer lachen und Körperkontakt suchen ... abscheulich! Immer wieder muss ich zu ihnen rübergucken, denn die Mädchen tun mir unglaublich leid, aber dann kann ich mich zusammenreißen und versuche, Thorns Englisch zu verstehen. Die Kambodschaner sind fast noch schlechter zu verstehen als die Nepalesen, und das muss man erstmal schaffen!

Mein erstes Wochenende hier verbringe ich damit, Kambodscha kennen. Thorn umschwärmt mich – eine westliche Freundin zu haben, ist wohl die größte denkbare Errungenschaft, die man haben kann. Aus den Geld quellen US-Dollar. Und die „Killing Fields" offenbaren die grausame Geschichte des Landes.

Die Roten Khmer

Am 17. April 1975 marschiert Pol Pot mit den Roten Khmer in Phnom Penh ein und zwangsevakuiert binnen dreier Tage alle großen Städte mit Verweis auf den Vietnam-Krieg. Er will Kambodscha umkrempeln und ab dem „Year Zero", das er einläutet, sogenannten Steinzeitkommunismus betreiben. Die Menschen werden auf „kollektiven Bauernhöfen" ausgebeutet, müssen zwölf Stunden oder mehr am Tag gegen Hungerrationen schuften. Die gebildete Schicht wird systematisch ausgerottet, da Pol Pot, ehemaliger Lehrer, nach einem Bauernvolk strebt. Er verbietet Religion, Handel und Bildung; nur

Kinder unter sechs Jahren dürfen bei ihren Eltern verweilen. Seine Armee besteht aus armen, perspektivlosen und ungebildeten Jungen – zu dieser Zeit leben 80% aller in Armut. Das Versprechen von einem besseren Leben zieht: Das „demokratische Kambodscha", angeführt von den kommunistischen Khmer Rouge, kann gegründet werden.

Schon das Tragen einer Brille, weiche Hände und das Sprechen einer Fremdsprache kann zum Verhängnis und somit zum Tod führen. Meist werden diese „potentiellen Feinde" zuerst in das Gefängnis S-21 in Phnom Penh geschickt, wo unter Folter falsche Geständnisse erpresst werden. Auch Freunde und Verwandte bleiben nicht verschont. In Lastwagen werden die Gefangenen aus dem Gefängnis zum „Killing Field" in Choeung Ek gebracht, mit verbundenen Augen und der Hoffnung, hier in die versprochenen neuen Siedlungen einziehen zu können. Doch die meisten ahnen, was ihnen bevorsteht. Die „Verbrechen gegen den Staat", die sie angeblich begangen hatten, fordern nun ihren Tribut. Zuerst verläßt ein Lastwagen alle zwei bis drei Wochen die Stadt, beladen mit 50-70 Leuten, doch ab 1978 verkehren täglich mehrere – bis zu dreihundert Menschen täglich treffen hier ein. Genau wird festgehalten, wer ankommt und nun in Reihen zu den Henkern, die an den Massengräbern warten, getrieben wird. Das Scheinwerferlicht strahlt grell gegen die Dunkelheit der Nacht an, laute kommunistische und revolutionäre Musik dröhnt aus Lautsprechern, um die Schreie der Gefangenen zu übertönen. Einer nach dem anderen muss sich vor die Gruben knien und auf den Tod warten; mit Hacken, Äxten, Schaufeln und anderen Werkzeugen schlagen die Henker auf die Verurteilten ein, bis sie zumindest halb tot sind, dann werden sie in die Gruben gestoßen. Pistolenkugeln sind zu teuer. Die Chemikalien, die später über die Leichen gestreut werden, stellen sicher, dass auch der Letzte stirbt und der Gestank gedämpft wird. Ungefähr 17.000 Häftlinge sterben hier. Als die Massengräber entdeckt werden, kleben an einem Baum noch Haare, Blutflecken und Überreste vom Gehirn, Beweise, dass selbst Babies nicht verschont werden: Sie werden mit dem Kopf gegen den Stamm geschlagen, bis sie tot sind. Die Mütter werden vor dem Tod vergewaltigt.

Das Pol-Pot-Regime besteht 3 Jahre, 8 Monate und 20 Tage. Am 7. Januar 1979, dem „Tag der Wut", wird es durch Überläufer aus den eigenen Reihen, Widerstandskämpfern und Vietnamesen aufgelöst. Insgesamt werden zwischen ein bis drei Millionen Menschen, knapp ein Vierte der gesamten Bevölkerung, Opfer des Schreckenregimes – die Zahlen sind äußerst umstritten. Über Kambodscha verstreut finden sich rund dreihundert dieser „Killing Fields". Unglaublicherweise konnten sich die führenden Köpfe der Khmer Rouge lange in den Dschungeln Kambodschas verbergen. Pol Pot, „Bruder Nummer Eins", lebte selbst bis ins hohe Alter, hatte Enkel und starb in Freiheit. Seit

2004 gibt es nun Tribunale gegen andere Führungspersönlichkeiten, in Kambodscha übrigens eine hochumstrittene Maßnahme. Viele wollen einfach nicht mehr an die Gräueltaten erinnert werden und würden es in Kauf nehmen, einige Führungspersönlichkeiten unbestraft davonkommen zu lassen. Einer derjenigen, der sich vor Gericht behaupten muss, ist Kaing Guek Eav, auch bekannt als „Duch", der Leiter des Foltergefängnisses Tuol Sleng. Die Anklage: Kriegsverbrechen, Sklaverei, Folter und vorsätzlicher Mord – unter anderem. Im Juli 2010 wird er der Tötung an 14.000 Menschen schuldig gesprochen und zu 35 Jahren Haft verurteilt – im Endeffekt 19, weil er schon so lange sitzt. Er ist der einzige der fünf noch lebenden Vertreter des Pol Pot Regimes, der seine Taten gestanden und Reue gezeigt hat.

Einige Parolen Pol Pot's haben sich mir tief ins Gedächtnis gebrannt: „Lieber versehentlich einen Unschuldigen töten, als versehentlich einen Feind am Leben zu lassen." Und über die Ermordung tausender Babies: „There is no gain in keeping them, and they might take revenge on you." Immer noch kommen aus den Gruben, die vorher voller Leichen waren, Knochenreste und Zähne zum Vorschein. Zwischen den riesigen Löchern auf dem Grundstück sind immer noch Kleidungsfetzen zu sehen. Aus dem riesigen Gedenkstupa in der Mitte des Geländes starren mich mehr als 8.000 Schädel, säuberlich aufgereiht hinter Glas, an. Das Museum hat seinen Ruf als „groteske Touristenattraktion" verdient, denn am Rand einer der Gruben fordert es die Besucher tatsächlich dazu auf, nach Knochen und Zähnen Ausschau zu halten.

Bei Verlassen des Grundstücks fragt Thorn: „Are you scared?" „Scared" nicht, nein. Aber traurig. Und schockiert. Wie kann so etwas passieren? Wie kann man so etwas tun? Überall auf dieser Erde gibt oder gab es Völkermorde, wir bilden da keine Ausnahme. Leider. Letzte derartige Vorkommnisse in Jugoslawien, Mitte der Neunziger, in Europa!

Noch ein Halt, dann habe ist die schwere Kost geschafft. Am Eingang zum S-21, dem Foltergefängnis, strecken mir Krüppel ihre Arm- und Beinstümpfe entgegen oder zeigen auf ihre fehlende Gesichtshälfte. Innen sehe ich Fotostrecken von gefolterten Leichen und tausende Einzelporträts der Gefangenen, oft erst knapp 15 Jahre alt. Alte Eisenbetten stehen in den kahlen Räumen neben Folterwerkzeug, die ehemalige Schule wurde in einen Ort des Schreckens verwandelt. An den Reckstangen, die früher Sportübungen dienten, wurden die Gefangenen an den Händen, die am Rücken zusammengebunden wurden, aufgehängt, bis sie in Ohnmacht fielen; dann wurde der Kopf in kaltes, dreckiges Wasser gesteckt, bis sie ihre „Taten" standen. Lange bleibe ich hier nicht: Es gibt nicht viel zu sehen, und über die Roten Khmer habe ich erstmal genug erfahren.

Gastfreundschaft

Meine netten Hotelmitarbeiterinnen nehmen mich auch mit auf eine kleine Spritztour durch Phnom Penh und laden mich zum Essen ein – gekochte Entenembryos auf der Promenade des Touristenviertels. Aber ich habe mir versprochen, (fast) alles zu probieren, so auch das. Die kleinen Federn und Knochen im Ei sind allerdings wirklich irritierend.

Am Sonntag verabschiede ich mich von dem Luxus und Thorn, mein Tuk-Tuk-Verehrer, bringt mich zum Zentrum von SCAO, meiner Organisation hier in Kambodscha. Wir fahren circa eine Dreiviertelstunde aus Phnom Penh raus und müssen immer wieder nach dem Weg fragen, da außerhalb von Phnom Penh Straßennamen eher ein Fremdwort sind, genauso wie gutasphaltierte Straßen. Nach jeder Biegung frage ich mich, ob hier wohl das Heim sein könne und betrachte neugierig die Umgebung. Endlich langen wir vor dem Kinderheim an. Das Gebäude ist ziemlich offen, das untere Stockwerk geht praktisch in den Hof über, im „Gemeinschaftsraum" dann Bücherregale und eine Art Bambus-Hängematten, an der Wand Fotos der Bilder, angrenzend gleich die „Küche".

Der Empfang verläuft ganz anders als in Nepal: Ich trete ein und werde von Mr. und Mrs. Samith begrüßt – nett, aber im Vergleich zu Sarada eher zurückhaltend. Die Kinder scheinen es überhaupt nicht mitzubekommen, dass jemand Neues da ist. Wir machen es uns auf ein paar Plastikstühlen bequem und betreiten kurz Smalltalk, bevor Mrs. Samith mir eine Infobroschüre über SCAO und Freiwilligenarbeit in die Hand drückt. Ich merke, hier läuft das alles bedeutend professioneller und routinierter ab. Ein Freiwilliger ist hier keine Sensation. Es scheint aber auch ein ständiges Kommen und Gehen zu geben. Mr. Samith erzählt mir von den ganzen Freiwilligen, die augenblicklich mitarbeiten, sicher an die fünfzehn. Darauf darf ich mir kurze Biographien der Kinder, die, zusammen mit Fotos, an der Wand hängen, anschauen. Anders als in Pokhara wird die Tatsache, dass die Kinder teils Waisen sind, mit vollem Bewusstsein behandelt; während ich die Kinder in Nepal nicht darauf hatte ansprechen sollen. Aber eigentlich sind in dem Kinderheim die wenigsten Vollwaisen; viele haben ein Elternteil an den Kampf gegen die Roten Khmer verloren, so dass die Eltern sie nicht mehr ernähren können. Einige Mitbewohner sind schon um die 20 Jahre alt und nutzen hier die Möglichkeit, ein Auskommen zu finden und dann in der Stadt eine Universitätsausbildung zu erhalten. Noch eine Neuigkeit: Es gibt Haustiere, eine Katze und einen Welpen! Das macht für mich den klaren Unterschied und zeigt deutlich, dass die Menschen hier zwar arm, aber weniger arm wie als Nepal sind – dort haben die wenigsten Geld und Futter für Haustiere übrig. Langsam trudeln die nächsten Freiwilligen ein. Wir essen zusammen zu Mittag: Reis mit Gemüse und Huhn, zusammen mit der hier allgegenwärtigen Sojasauce. Wir müssen die Regeln für Freiwillige unterschreiben und unsere Pässe zweck Kopien abgegeben – alles Formalitäten, nach denen in Nepal kein Hahn krähte.

Nächstes Zuhause

In der Dämmerung machen Franzi, eine andere Freiwillige, und ich uns in unserem vollbeladenen Tuk-Tuk auf den Weg zur neuen Schule. Euphorisch schmieden wir schon Pläne für die nächsten Wochen. Wir sausen an überfluteten Reisfeldern vorbei. Im Wasser spiegeln sich die rot untergehende Sonne und im Kontrast dazu schwarz die Palmenblätter. Wunder-, wunderschön! Schon wieder biegen wir von den asphaltierten Wegen auf eine Huckelpiste, ähnlich denen in Nepal, und sind plötzlich von beiden Seiten von Wasser umrahmt. Eine frische, angenehme Brise empfängt uns. Noch einmal abgebogen und schon stehen wir vor dem hohen orangenem Gebäude der neuen Schule. Der Lehrer und seine Frau begrüßen uns herzlich. Wir treten durch das hohe erste Klassenzimmer ein. Vor der Tafel wieder eine Bambusmatte – schlafen da etwa die beiden drauf? Dahinter führt links eine steile Treppe zu unserem Zimmer empor. Zwei Riesenbetten mit dicken Matratzen warten auf uns – ich kann meinen Augen kaum trauen. Wie kleine Kinder freuen wir uns über jeden Haken zum Handtuchaufhängen, das eigene, angrenzende Bad, die tatsächliche Dusche, die zwar über dem Waschbecken angebracht, aber immerhin innen liegt. Als erstes setzten wir uns aufgeregt und glücklich auf unsere Betten, bis die nächste Herausforderung folgt: Aufhängen der riesigen Moskitonetze! Nach dieser Feinstarbeit sieht unser Zimmer ganz anders aus, unsere Betten wie riesige Käfige, aber einmal darin, fühlt man sich wie in einem Himmelbett. Geckos huschen über die Wand, als ich das kleine Kleiderregal einräume, aber ich freue mich diebisch – endlich nicht mehr aus dem Rucksack leben! Auch das Bad kann mit Shampoofläschen, Zahnpasta und Klopapier bestückt werden, denn hier bleibe ich erstmal vier Wochen. Schön. Nur das Bett verlassen bzw. hineinzusteigen wird zu einer Überwindung, denn dann ist jedesmal wieder das Moskitonetz in die Ritzen stecken. Aber damit kann man dann gut leben.

Der Lehrer, dessen Namen ich nicht verstanden habe, tritt ein und murmelt etwas Unverständliches – Khmer? Nein, er sagt tatsächlich „Dinner time!". Ahhh! Nach dem vierten Mal kommt das auch bei mir an. Ausgehun gert von den ganzen Eindrücken finden wir uns unten ein, wo leckeres Essen auf uns wartet: Reis mit Fisch, Hähnchen, Zwiebeln und Sojasauce. Spitze! So einen Berg Fleisch hab ich in den letzten Wochen nicht mehr gegessen! Und der Nachtisch ist schlicht ein Traum: Kalter Reis, in Bananenblättern um eine Banane gewickelt und in Kokosmilch gebadet, richtig kambodschanisch! Und danach noch ein paar fremde, süße Früchte. Bei Tisch ist es ziemlich still. Zu Ende verweilen wir noch ein wenig und unterhalten uns mit großen Pausen dazwischen, denn ich kann den Lehrer kaum verstehen, geschweige denn seine Frau, beherrscht sie doch nur wenige Worte Englisch.

Wir helfen etwas linkisch beim Tischabräumen. Danach führt uns der Lehrer aufs Dach. Wir sind wirklich mitten in einem fünfhundert-Seelen-Dorf gelandet, 22 km von der Stadtmitte Phnom Penhs, jetzt aber in die Stadt eingegliedert. Von beiden Seiten umzingelt uns Wasser – auf einer Seite überflutete Reisfelder, auf der anderen ein See. Am weiten Horizont zucken Blitze, über uns blinken die Sterne. Es ist finster und ich bin schon begierig, alles im Tageslicht in Augenschein nehmen zu können.

Dass zu meinem Geburtstag nichts Besonderes passiert, ist letztlich kein Drama. Woher sollten die ganzen Leute von meinem Geburtstag wissen oder sich groß darum kümmern? Es ist ein Tag wie jeder andere und dann doch wieder nicht, denn es passieren so viele schöne Dinge. Und für mich ist jeder Tag dieser Reise wie ein einziges Geburtstagsgeschenk.

Alles Roger in Kambodscha

Der erste Tag in der Schule beginnt früh. Franzi und ich stehen um halb 6 auf, um mit Imke nach Phnom Penh zu fahren. Doch ... sie verschläft. Auch nicht schlimm, wir schnappen uns unsere Kameras und schlendern durchs Dorf, während die Sonne hinter den Wolken aufsteigt. Die Hütten hier, teils auf Stelzen, sind unglaublich primitiv. Die Menschen frühstücken auf Tischen auf der Straße oder liegen in zwischen den Stelzen befestigten Hängematten. Abgemagerte, weiße Kühe streuen vor den Häusern. Kleine Boote, den venezianischen ähnlich, sind davor festgetäut. Ein paar Fischer sind schon auf dem Wasser. Franzi und ich sind beschäftigt, die ganzen Kinder und anderen Menschen zurückzugrüßen; die Familien hier sind riesig und wir als Weiße noch Exoten.

Nach dem typischen Frühstück – Reis mit Zwiebeln und Ei – helfen Franzi und ich in der ersten Unterrichtsstunde von 1-2 Uhr. Die Kinder grüßen uns allesamt mit einem riesigen Lächeln, sind aber gleichzeitig äußerst schüchtern, gehemmt und zurückhaltend. Sechzig Kleinkinder hocken hier, teils drei bis vier in einer Bank, und brüllen die englischen Wörter nach, die Sovanred, der Lehrer, und später wir an die Tafel malen und schreiben. Weiter geht es mit einer ‚ABC-Klasse', hier wird die Aussprache geübt. Die Kinder hier sind schon älter; nach einer Stunde klappt das englische „g" im Wortzusammenhang einigermaßen. Die Kinder sind süß, malen Bilder von uns, kommen immer wieder zu uns, um Lob für ihre Hefte zu ernten, und winken uns die ganze Zeit zu. Die meisten kambodschanischen Kinder sind unglaublich hübsch, mit großen, neugierigen Augen, kleinen Stupsnasen und vollen Lippen. Aber die Zähne sind ein Gräuel, schon bei den ganz Kleinen halb schwarz. Während des Unterrichts rennen die Kinder immer wieder zur Toilette, die Katze streicht durch den Raum oder der Hund wird gestreichelt. Mit den vollen Klassen und der Unaufmerksamkeit ist das Unterrichten anstrengend. Man muss wirklich seine ganze Energie aufwenden, um die Aufmerksamkeit der Kinder zu fesseln und den Unterricht lustig und spaßig zu gestalten – nicht selten bin ich danach fast heiser und fertig. Auch der Unterricht an sich stellt uns nicht selten vor eine große Herausforderung. Das Englischbuch ist sehr europäisch, die Menschen sind weiß, feiern ihren Geburtstag, fahren in Autos und leben in Häusern ohne Stelzen. Die Kinder können sich darunter oftmals gar nichts vorstellen. Auch die Frage, welche Vokabeln man den Kindern jetzt beibringen solle, ist äußerst schwierig: Etwa die Jahreszeiten, Frühling, Sommer, Herbst und Winter? Auch „Zahnbürste" und „Matratze" sind hier überflüssig; wenn ich ein für uns normales Zimmer mit Betten, Spiegeln und Kleiderschränken an die Tafel male, damit es beschriftet wird, gucken mich die Kinder oft verständnislos an. Die Hitze, das viele Nachdenken, die zahllosen Probleme ermüden. Oft ist es schon um 11 Uhr Zeit für ein kleines Nickerchen.

Hilfloses Improvisieren

Ich bewundere alle Lehrer hier für ihre Geduld – die Arbeit ist unglaublich zäh. Kambodschaner können das Englische einfach nicht aussprechen und zieren sich oft auch, es wenigstens zu versuchen. So habe ich unglaubliche zwanzig Minuten dazu verwandt, eine Neunzehnjährige zu bewegen, das Wort „Barcelona" vorzulesen, ohne die Aussprache vorzugeben. Nervös reibt sie sich die ganze Zeit die feuchten Hände an der Hose ab und dreht sich verlegen lachend zu ihren Mitschülern um – eine Qual! Oftmals zählen die Klassen sechzig Schüler, alle Altersgruppen gemischt: Kleinkinder, Teenager, ja sogar Eltern. Die Englischausbildung in Kambodscha ist einfach nur unzureichend. Theoretisch geht jeder hier zur Schule und in den Englischunterricht. Morgens rattern die ganzen Ladungen von offenen „romos", mit Holzplanken bestückte Anhänger, die von Motorrädern gezogen und als öffentliche Busse fungieren, mit den ganzen Schülern über die Straßen, aber das Ganze hat wenig Erfolg. Viele besuchen erst gar nicht die Schule oder geben nicht acht, sind abgelenkt. Auf dem Weg zur asphaltierten Hauptstraße passieren wir jedes Mal eine Schule. Jedes Mal lehnen sich die Kinder aus den Fenstern und winken uns zu. Sie passen nicht auf, sie lernen nicht und wissen nicht, dass sie sich dadurch eine große Chance im Tourismussektor verbauen. Da greift SCAO ein. Acht Kilometer vor Phnom Penh haben sie das erste Waisenhaus und die erste Schule eröffnet, im letzten Jahr dann diese Schule in Samroang. Hier erhalten die Schüler die Möglichkeit, das Englisch, das sie in der Schule nicht lernen, aufzubessern und so einen Ausweg aus der Armut zu finden. Aber das ist ganz und gar nicht einfach. Ich merke, dass das Projekt noch jung ist.

An einem Tag im Unterricht bemerken Franzi und ich mit Schrecken, dass die Kinder hier oft überhaupt nicht lesen können! Wir schreiben Wörter und malen die entsprechenden Bilder an die Tafel, aber die Kinder wiederholen einfach aufs Geratewohl das, was wir ihnen zuvor sagen. Das hier ist kein Lernen, das ist Auswendiglernen. Oft sitzen wir enttäuscht und müde beim Mittagessen und überlegen uns, wie diese schwierige Aufgabe zu bewerkstelligen sein könnte – Kindern Schreiben beizubringen.

Selbst die Kindergartengruppe ist anstrengend: Es sind einfach viel zu viele Kinder. Wir sind überfordert, wissen überhaupt nicht, was wir mit ihnen anstellen sollen! Generell fehlt im Unterricht die Struktur; es fehlt ein ständiger, guter Khmer-Englisch-Lehrer, die Freiwilligen werden nicht richtig eingeführt. So sind wir ziemlich auf uns allein gestellt. Keiner, der einem beibringt, wie man Kinder etwas wann und wie vermittelt, weder pädagogische noch didaktische Unterstützung. Zum Glück treffen wir uns ein Mal pro Woche mit dem deutschen Gründer der Organisation, um solche Probleme zu besprechen. Überhaupt stammt über die Hälfte der Mitarbeiter aus Deutschland: Sie sind überall!

Nach den Enttäuschungen und immer wiederkehrenden Rückschlägen klatschen Franzi und ich uns jedes Mal ab, wenn es wieder heißt: „Thank God it's Friday!" Flugs die Rucksäcke gepackt und ab per Romo nach Phnom Penh, vorbei an Reisfeldern und Palmen, Pagoden und Mönchen. Ich liebe Phnom Penh mit seinem ganz eigenen Charme: Überall verstecken sich alte Kolonialvillen oder moderne Neubauten genauso wie exquisite Shopping-möglichkeiten, die Stadt ist im Kommen! Doch auch hier gibt es die typischen engen Straßen, die nur Cyclos und Motos passieren, die Reihen von gleich aussehenden Balkonen und die für Asien typisch überladenen Strommasten. Gutgelaunt gibt es Frosch auf die Gabel bzw. auf den Finger, denn Frosch mit Gabel zu essen, ist zu kompliziert. Als nächstes geht es in einen kambod-schanischen Club. Ich fühle mich hier gar nicht wohl: Es läuft Elektromusik, aber auf dem Bildschirm schöne und romantische Videos der Tempelanlage von Siem Reap. Mit zum Publikum gehören äußerst alte weiße Knacker, die von für kambodschanische Verhältnisse spärlich bedeckten Kambodschane-rinnen angetanzt werden und so tun, als fänden sie die Typen ganz toll. Bei jeder Kambodschanerin überlege ich mir, ob sie eine Prostituierte ist; bei jedem Khmer, ob er ein Zuhälter ist. Ich beobachte, wie ein Typ eine kam-bodschanische Frau an den Haaren wegzieht und fast eine Schlägerei mit ihr anfängt. Auch die Backpacker nerven mich nach einer Zeit. Es sind immer dieselben Fragen und dieselben Antworten, keiner sagt irgendwas Originel-les. „Where are you from?" „For how long are you staying here?" „How do you like it?" So geht das in einer Tour weiter. Viele von ihnen waren schon in tausend Städten, haben aber die Länder nicht wirklich gesehen. Sie waren in den Clubs, haben andere Europäer oder Amerikaner oder Australier getrof-fen, gesoffen, rumgemacht, und sind dann weitergezogen. Und sie fühlen sich toll, weil sie angeblich schon so viel gesehen haben. Kultur? Interessiert sie einen Dreck. Mentalität der Leute? Geschichte? Sprache? Ist doch langweilig. Was soll das Ganze? Auch das Verhalten der Prostituierten und der Sextou-rismus ist so gegen jede Tradition der Kambodschaner, dass ich mich hier einfach nicht wohlfühlen kann. Zum Glück hat auch Franzi nach halb vier Uhr genug, so dass wir Imke Bescheid geben. So ganz wohl ist mir auf dem Moto zum Hostel nicht; ich achte genau auf den Weg, weil mir Emilies Gru-selstories von Raubüberfällen auf Touristen nicht aus dem Kopf wollen. End-lich zurück, sinken wir in unsere gemütlich-bequemen Hostelbetten!

Es tut mir richtig gut, von so vielen Gleichaltrigen umgeben zu sein; mir fällt auf, wie sehr mir das doch in Nepal gefehlt hat. Mit Imke und Franzi kann ich über die kulturellen Unterschiede reden, mich über den starken Aberglauben hier lustigmachen und einfach mal dem durchaus auch mal anstrengenden asiatischen Leben entfliehen. Teils finde ich es aber auch schade, dass wir hier unsere kleine deutsche „Insel" haben. Schon früh merke ich, dass meine Erfahrung hier bei Weitem weniger intensiv werden wird als inmitten von Nepalesen in Pokhara.

Die spinnen, die Weißen!

Immer wieder wird mein Highlight das Joggen: Die Landschaft ist schön, meine Musik gut, und ich fühle mich fit. Ich scheuche eine Kuhherde auf: Eine einzelne Kuh trabt furchtsam davon und verharrt dann auf der Straße. Ihr weißes Fell hebt sich kontrastreich vom Braun der Erde ab. Sie hat die Nüstern gebläht und die Augen ängstlich auf mich gerichtet. In Trippelschritten und großem Bogen trapse ich an ihr vorüber, aber sie prescht zurück zu den anderen. Endlich ist mal was los hier im Dorf! Überall gucken mich freundliche, neugierige Augen an; Menschen sehen von ihrem Essen auf, das sie auf der Straße einnehmen, um mir zuzugucken und mich zu grüßen. Manche Hunde knurren. Ich befürchte, dass sie nach meinen Knöcheln schnappen werden, während ich den Schlaglöchern und Unebenheiten ausweiche. Langsam sinkt die Sonne, aber ich habe das Gefühl, ewig weiterlaufen zu können. Ein paar Jungs grüßen mich und traben neben mir her; ich werde schneller, sie werden schneller, die Fahnen an den Stöcken, die sie in den Händen halten, flattern im Gegenwind. Meine Schuhe trommeln auf der Erde, meine Schritte werden immer länger und die Rufe und das Gelächter der Jungs immer leiser. Geschafft. Ich bin wieder an der Schule und dehne mich erstmal auf dem Präsentierteller Innenhof – betreten darf ich das Gebäude mit den Schuhen ja nicht.
Ich stelle mir vor, wie die Khmer in ihren Hütten sitzen und einer großen, blonden Weißen beim Rennen zugucken. Es muss höchst befremdlich wirken: Die meisten Khmer verdienen ihren Lebensunterhalt durch schwere, körperliche Arbeit. Und dann taucht da eine Verrückte im Dorf auf, die trotz der Hitze noch freiwillig ihre so kostbare Energie verbrennt?

Es ist schon komisch, wie sich Gesellschaften verändern. Eben solch ein Jogger wäre auch bei uns noch vor relativ kurzer Zeit, vielleicht einhundert Jahren. als Verrückter abgestempelt worden: Der Großteil des Volkes arbeitete auf dem Land. Wer dick war, war reich. Heute ist das Schönheitsideal schon fast abgemagert, während in Afrika und Asien Menschen verhungern. Heute sitzen wir nur in unseren Büros und an den Schreibtischen fest, müssen uns den körperlichen Ausgleich quasi erzwingen und in Sportstudios sogar erkaufen. Zusätzlich ist „Braun das neue Weiß": Sonnenbräune als ersehntes Merkmal von Urlaub und Entspannung. In Asien will jeder weiß sein, so wie die „reichen" Westler, so wie unsere Könige vor dreihundert Jahren.

Immer wieder stolpern wir über Situationen, wo der Kulturunterschied von Europa bzw. westlichen Gesellschaften zu Kambodscha krass zutage tritt. Morgens wird unsere Portion Eis geliefert; ein Kühlschrank ist von der Anschaffung und vom Unterhalt viel, viel zu teuer. Sovanred kann über diese komische Maschine, den „Roboter", der Geschirr und Wäsche wäscht, nur ungläubig den Kopf schütteln. Unter Müllabfuhr kann er sich gar nichts vorstellen, und wozu braucht man denn bitte eine Mikrowelle? Während ich also auf dem gefliesten Steinboden hocke und mir die braun gefärbte Suppe von meinen verstaubten Sachen, die ich angestrengt versuche zu waschen, über die Füße rinnt, fällt mir auf, welchen Luxus wir daheim doch genießen – und wie wenig wir ihn wertschätzen.

Nicht nur ich und mein Verhalten sind den Khmer fremd, auch sie verwirren mich trotz ihrer freundlichen Art immer wieder. Ein Khmer würde einem lieber einen falschen Rat erteilen, als einzugestehen, dass er keinen Schimmer habe. Nicht selten sitzen wir schon seit einer Dreiviertelstunde im Tuk-Tuk, bis sich einer von uns ein Herz fasst und den Fahrer fragt, ob er überhaupt eine Ahnung habe, wohin er uns hinkutschieren solle. Oft lautet die Antwort: Nein. Hätten wir nicht gefragt, wären wir wohl noch tagelang mit dem Tuk-Tuk durch die Stadt gefahren. Stattdessen konsultieren wir ein paar andere Tuk-Tuk-Fahrer, die eifrig Ratschläge erteilen und auf ihrer Karte nach der gesuchten Straße fahnden. Zwar sind die Straßen hier nummeriert und haben somit einen „Namen", aber die Nummern sind den verschiedenen Straßen zufällig zugeordnet worden, was die Suche immens erschwert. Immerhin besser als in Kathmandu: Da konnte kaum jemand eine Karte lesen, die ohnehin überflüssig waren. Wege werden ständig geändert, die kleineren Straßen gar nicht angezeigt, und die fünf Straßennamen, die es gibt, helfen einem auch nicht groß weiter. Trotz allem beweisen auch die Khmer einen ausgeprägten Geschäftssinn. Selbst beim Joggen wird man gefragt, ob man ein Tuk-Tuk oder Moto benötige. Das T-Shirt „No Tuk-Tuk today, tomorrow or the day after tomorrow!" ist eigentlich Pflicht.

Bettelei und böse Buben

Verzweiflung bestimmt bei vielen das Leben. Ein Bettler streckt uns vom Straßenrand seinen Beinstumpf entgegen und starrt uns eindringlich an. Mir gefällt es nicht, wie sie ihre Verletzungen zur Schau stellen und in Geld ummünzen wollen; allerdings erhalten sie tatsächlich keinerlei Unterstützung vom Staat. Wäre ich in ihrer Lage, so würde ich wahrscheinlich ähnlich handeln. Wie immer der Zwiespalt mit dem Gewissen – von daheim bin ich es gewohnt, dass Bettler in fast allen Fällen eigentlich nicht betteln müssten, aber hier ist es etwas anderes. Auf der anderen Seite gefällt mir dieses „nach Mitleid heischen" nicht, auch wenn sie es definitiv verdient haben. Ständig bin ich hin- und hergerissen zwischen Mitleid und Schuld. Es ist nicht fair, es ist nicht fair. Lange Fingernägel signalisieren angeblich Reichtum, etwas, das sie erreichen können. Sie können aber nicht weiß sein. Es ist nicht fair, dass ich weiß und damit „reich" bin. Das Haupbleichmittel „Skin White", das hier liebend gerne gekauft wird, verschafft einem vielleicht eine Illusion von hellerer Haut, aber nicht das Geld. Morgens fahren LKW-Ladungen voller ungesicherter Fabrikarbeiter die National Road Nr. 5 entlang, ein Zeichen davon, wieviel hier ein Menschenleben wert ist. Nicht viel mehr als bei uns das Vieh. Und wenn ich mir überlege, dass meine digitale Spiegelreflexkamera bei manchen dem Gehalt mehrerer Jahre entspricht, könnte ich ihnen es nicht verübeln, wenn sie sie tatsächlich klauen würden. Ladendiebe samt gestohlener Ware werden auf Foto in den Supermärkten gedemütigt.

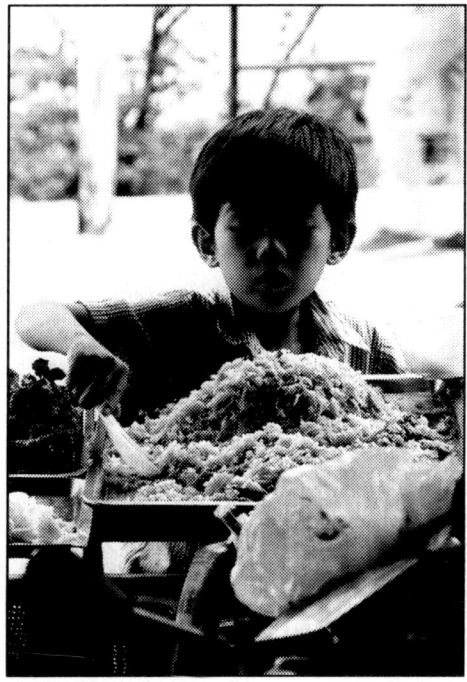

Überfallen werde ich nicht, jedenfalls nicht richtig. Einmal versengte Franzi sich an einem Motorradauspuff das Bein. Als ich mein Wasser raushole, um die Wunde zu kühlen, rennen ein paar kleine Kinder an und schnappen frech eine Wasserflasche aus meinem Rucksack, der lose zwischen meinen Füßen stand. Erst albere ich mit ihnen ein wenig herum und schneide Grimassen. Ein Junge füllt seine Flasche mit meinem Wasser auf und ich überlege, ob ich ihnen die Flasche nicht einfach überlassen solle, vor allem weil einer mir sein Spielzeugauto anbietet. Aber das geht aus erziehungstechnischen Gründen einfach nicht! Ich greife nach der Flasche, da spritzt er mir die Hälfte ins Gesicht, und die Gören attackieren mich regelrecht! Ich schnappe meine Flasche und mache mich auf den Rückweg. Da spüre ich schon kleine Fäuste auf meinem Hintern. Unglaublich, wie frech sie sind, und das mit vier Jahren!

Ansonsten verliebe ich mich in die Art der Khmer. Auf dem Romo haben wir Ehrenplätze, bekommen Reisnachtisch geschenkt und Fotos gezeigt. Einmal trocknet Imke ihre Wäsche auf dem hohen Dach der Schule; ihre Hose segelt hinunter auf die Straße des Nachbarn. Mit einem riesigen Lachen im Gesicht und ihrer Hose um den Kopf gebunden bringt der Khmer sie freudestrahlend zurück. In den Straßenküchen isst man für $1 unglaublich gut, inmitten von Einheimischen, verstohlenem Kichern und neugierigen Blicken.

Die Verständigung ist eine weitere Herausforderung, die zum Lachen reizt. An einem Tag versucht Franzi, uns in Phnom Penh Essen zu besorgen.

Vorab: Wir wollen nur Reis mit Gemüse ordern. Zuerst bringt ihr der Restaurantbesitzer Tintenfisch, dann rohes Gemüse; dann will er ihr alles Fleisch verkaufen, hat angeblich keinen Reis (und das bei einem kambodschanischen Restaurant! unvorstellbar) und schneidet das Gemüse nicht klein. Zu guter Letzt will er Franzi noch Besteck verkaufen, doch die nimmt dann entnervt die Riesenportionen an Fleisch, Gemüse und inzwischen auch Reis – von einem Nachbarrestaurant dazugekauft – und macht sich von dannen.

Wir sind mitten in der Stadt; einen richtigen Platz zum Essen finden wir nicht. Da kommt ein Engel in Gestalt eines Parkplatzaufsehers: Er überlässt uns seinen Parkplatzaufsehertisch mit zwei Stühlen, zaubert aus seiner Schublade sogar noch Klopapier als Servietten und Plastiklöffel für uns hervor, und so sitzen wir jetzt vor einem Krankenhaus und werden von jedem Khmer an- und ausgelacht, der an uns vorbeiläuft. Die Menschen sind so unglaublich nett hier! Nur die Riesenstücke Fleisch können wir nicht mit den Löffeln verputzen und wechseln notgedrungen zu den Fingern als Werkzeug. So wird selbst ein Mittagessen unterhaltsam.

Ein Boot ist im Hafen sicher, aber dafür ist es nicht gebaut.

Voller Vorfreude auf unser Wochenende beobachten wir das Straßenleben, als es vor uns auf einmal laut scheppert, Funken fliegen, Menschen stieben auseinander. Ein Motorrad hat beim Abbiegen ein anderes übersehen, so dass beide zusammenkrachten. Alle gucken; mein Herz rast noch in Gedanken an den Unfall mit drei Toten, den Imke mitbekommen hatte, aber dieser hier scheint weniger schlimm gewesen zu sein: Alle erheben sich sofort, nur ein junger Mann hält sich das Bein. Eine Prellung, gebrochen? Jetzt ist uns beiden weniger wohl beim Gedanken ans Motorradfahren. Franzi und ich setzen uns in den Bus, erleiden das Gedudel und die Schnulzen der Khmer-Musik und erreichen schließlich die Küste. Kep, der Krabbenort von Kambodscha, der nach der lobhudelnden Beschreibung im Lonely Planet doch enttäuscht, und das ruhige Kampot mit einem Hostel gleich am Fluss, durch dessen dünne Sperrholzwände man jedes Wort des Nachbarn versteht. Zudem bietet unser Restaurant, wo wir abends einkehren, noch einen tollen Reisespruch: „Ein Boot ist im Hafen sicher, aber dafür ist es nicht gebaut."

Tourismus-Tücken

Die Sonne steigt gemächlich auf, taucht alles ist in goldenes Licht. Ich strample mich unter meinem Laken und dem Moskitonetz hervor. Eine Kakerlake liegt neben unserem Doppelbett und zappelt verzweifelt, um wieder auf die Beine zu kommen, und ich lasse sie strampeln. Wir frühstücken ausnahmsweise mal Brötchen mit Nutella. Dann stehen wir um acht Uhr an der Straße, um zu unserer gebuchten Tour abgeholt zu werden. Schon unangenehm, wenn man wirklich gar keine Absicherung dafür hat! Das Auto ist verspätet, so dass ich ungeduldig die Reiseagentur anrufe, um sicherzustellen, auch wirklich abgeholt zu werden. Um Viertel nach hält ein Wagen, der Fahrer hüpft heraus und entschuldigt sich vielmals. Macht ja nichts, ist ja nur eine Viertelstunde. Mit etwas Smalltalk steigen wir in das Gespräch ein: „Are you going to Koh Kong?" Nein, die thailändische Insel zu besuchen haben wir nicht vor und auch noch nicht gemacht. Nicht ungewöhnlich, dass die Leute hier fragen, wo man schon überall gewesen sei. Das Auto ist neu; der Fahrer spricht richtig gut Englisch. Ich bin überrascht. Was für eine vielversprechende Tour haben wir denn da gebucht? Er erzählt uns eine Menge Details über die Geschichte Kambodschas, und jetzt verstehe ich endlich auch die letzten Zusammenhänge. Die Geschichte des Fahrers erinnert an die des Mädchens aus „First They Killed My Father": Sein Vater war Unterstützer des Lon Nol Regimes, was schließlich ihm und dem Großteil seiner Familie das Leben gekostet hat. Es ist unglaublich, wie der Fahrer frei heraus von der Ermordung seines Vaters, seiner Mutter, seiner Tante, seines Onkels, seiner Großeltern erzählt. Er selber musste, wie alle anderen, auf dem Feld arbeiten. Wahrscheinlich hat sich seine Familie früh getrennt, um die Verbindung zueinander zu kappen und so sein Leben zu retten.
Auf einmal bimmelt mein Handy, es ist die Frau der Reiseagentur: „Where are you?" Nun, ich bin doch schon im Auto! Ihr Englisch ist durch das Handy

51

schwer verständlich. Mit einem mulmigen Gefühl reiche ich es an unseren Fahrer weiter, der meinen Verdacht bestätigt: Wir hocken im falschen Auto! Anstatt auf dem Weg zum Bokor Nationalpark geht's grade Richtung thailändische Grenze und zur Insel Koh Kong. So etwas ist weder ihm noch uns jemals untergekommen! Aufgeregt ruft er unseren Hostelbesitzer an, der ihm aufgetragen hat, zwei Kunden abzuholen: „I miscollected the customers! I miscollected the customers!" Franzi und ich können nichts als über unsere Dummheit schmunzeln. Lektion gelernt, künftig werden wir uns vor den Einsteigen vergewissern, wohin es geht. Es hat einfach alles so gut gepasst! Ungefähr eine Stunde kreuzen wir durch die Gegend, bis er uns an der Gabelung zum Nationalpark rauslässt, wo unser Minibus schon auf uns wartet – zusammen mit rund einem Dutzend Touristen. Schlechten Gewissens schleiche ich rein und entschuldige mich für die Verspätung, doch die Leute hatten nur zehn Minuten warten müssen und sehen es gelassen, ja fragen uns, wie man es bloß schaffe, ins falsche Auto zu steigen. Das wüssten wir allerdings auch gern.

Wir passieren den Eingang zum Bokor Nationalpark. Unser neuer Guide haut seinen ersten guten Spruch raus: „Open your windows, I need the power!" Also Klimaanlage ausgeschaltet, denn jetzt geht es bergauf.

Der erste Programmpunkt ist eine einstündige Wanderung durch den Dschungel. Ich sollte besser sagen, den „Dschungel". Er erinnert mich eher an einen dicht gewachsenen Wald mit ein paar exotischen Bäumen zwischendrin, inklusive exotische Tiergeräusche, aber ansonsten gibt's wenig zu erleben. Also rauf auf den Berg in der Hitze, ohne irgendein bemerkenswertes Viech zu erspähen, da alle dem Lärm von der Straße, die hier im Moment gebaut wird, entfleuchen. Zur Entschädigung gibt's gute Geschichten von unserem Guide: Auf der Flucht vor den Rote Khmer und auch vor den Amerikanern hat er selber mehrere Jahre im Dschungel gelebt und war Zeuge einer Affenhochzeit. Sein Vater habe ihm auch einen Trick verraten, wie man gut an Honig komme: Bären kniffen beim Honigsammeln ihre Augen zu, um Stiche dort zu vermeiden. Daher solle man sich einfach hinter einen Bären stellen und ihn in die Seite pieksen. Im Glauben, es sei ein Artgenosse, gebe der erste dann angeblich den Honig weiter. Selbst unser Guide zweifelt an der Richtigkeit der Geschichte und hat es nicht probiert, sondern wartet unter dem Stamm, bis Honig herabtropft. Auch zur Rettung vor einem Bären hat er Tricks auf Lager. Einfach den Berg runterrennen und sich hinter einem Baum an die Seite stellen; Bären könnten nicht schnell bergab rennen, versuchten es dann wohl trotzdem und kugelten dann einfach an einem vorbei bis zum Tal. Noch eine interessante Geschichte: In dem Blut unseres Guides fließe Kobragift. Damit er nicht mehr krank werde, habe er ein wenig getrunken, müsse

jetzt aber kräftig Sport treiben und rennen, da das Gift ihn sonst umbringe. Krasser Typ!
Zwar ist die Wanderung langweilig, doch entlohnt der Gipel wir mit einem schönen Blick auf die Küste und die umliegenden Inseln. Wir unterhalten uns auch mit einem äußerst netten polnischen Pärchen, das grade ein Jahr in Vietnam gelebt hat und davon schwärmt.

Minen und andere Gefahren

Weiter zur Bokor Hill Station, einem verlassenen französischen Dörfchen auf der Hügelspitze mit einem atemberaubenden Blick über den Dschungel und aufs Meer, und all das zwischen französischen Kolonialruinen. Leider wird alles hier renoviert. Die Regierung klatscht zwölfstöckige Hotels zwischen die Ruinen, eine Schande. Unser Guide breitet eine Picknickdecke aus, zaubert einen Topf voller Reis und verschiedenes Obst hervor und schon beginnt unser gemütliches Mittags-Picknick. Währenddessen erfahren wir mehr über die Geschichte Kambodschas. Er berichtet viel von seinem eigenen Leben. Im Bürgerkrieg ab 1969 ist sein Vater zu den Roten Khmer gewechselt, während er selber sich aus Furcht vor Angriffen der Amerikaner im Dschungel versteckt gehalten hatte. Als die Roten Khmer dann 1975 das pro-amerikanische Lol Not Regime besiegt haben, wurden er und seine ganze Familie festgenommen. Mit verbundenen Augen. an den Händen gefesselt, erlebt er mit, wie seine ganze Familie einer nach dem anderen mit Werkzeugen und Stöcken umgebracht wurde. Er selber sah nur eine Chance: Die Flucht. Kurz bevor es ihm an den Kragen geht, spurtet er los; verfolgt von nur einem Soldaten, da der andere den Rest bewacht. Aus finanziellen Gründen haben sie keine Pistolen, um ihre Opfer zu töten, und da er schnell rennen kann und sich im Dschungel bereits gut auskennt, kann er sich retten. Zuerst verstehe ich nicht, warum Pol Pot Leute aus seinen eigenen Reihen umbringen ließ, aber er hatte Angst vor einer Revolution dieser trainierten Soldaten und ließ in den letzten Jahren seiner Macht selbst hochrangige Offiziere umbringen – sie wussten zu viel.

Nach ein paar Jahren Versteckspiel läuft unser Guide dann zu den Vietnamesen über, um selber gegen die Khmer Rouge zu kämpfen, und wird dort ein hoher Offizier. Nach Kriegsende hilft er in UN-Truppen, das Land von Minen zu befreien.

Unser Führer erklärt, dass die Bevölkerung Kambodschas nach dem Ende der Schreckensherrschaft in vierzig Jahren von vier auf sechzehn Millionen Menschen gestiegen sei, davon sechs Millionen Zuwanderer aus Vietnam, und dass diese das „Blut der Khmer" verunreinigten. Er verteidigt ferner die

Ermordung hoher Offiziere des Lon Nol Regimes und wertet ihre Tötung als weniger schlimm, da sie ja proamerikanisch gewesen seien (auch wenn er offensichtlich die Ermordung seiner eigenen Familie und die anderer Unschuldigen verurteilt). Der Mann ist hart im Nehmen. Man merkt deutlich die Einflüsse seines Vaters, der ja selber mit den Roten Khmer gekämpft hatte.

Weiter beschwichtigt er uns, dass die Gegend hier minenfrei sei, berichtet dann aber, dass er in der Nähe des Hotels, das hier im Bau sei, zwei Minen entdeckt habe – und das auf einer Strecke, die er mit den Touren gefahren sei! Daran müssen Franzi und ich denken, als wir zusammen mit dem Rest der Gruppe zu den anderen Ruinen stapfen. Wer denkt schon daran, dass ein falscher Schritt den Tod bedeuten könnte, auch wenn der Boden harmlos aussieht? Wir trauen uns erst gar nicht, den Trampelfaden zu dem kleinen Hügel zu folgen, der erneut einen unglaublichen Ausblick beschert, folgen dann aber doch den anderen. Schließlich sind wir heilfroh, wieder asphaltierten Grund zu erreichen. Selbst bei riesigen Touristenattraktionen wie Angkor Wat soll man auf keinen Fall von den markierten Wegen abweichen – die Amerikaner und die Khmer Rouge haben so viele Minen verstreut, dass die Gefahr immer noch präsent ist.

Vollkommen müde von den Eindrücken und dem Gehörten freuen wir uns alle auf den nächsten Stopp: Ein Wasserfall! Dieser entpuppt sich jedoch als kleine Enttäuschung; zwar hoch und breit führt er aber wenig Wasser und endet in einem Steinbett anstatt in einem kleinen Swimmingpool, wie erträumt. Das Wasser, das sich hier ansammelt, ist ekelig braun. Egal, ich habe mich darauf gefreut und will jetzt auch wenigstens unter einem Wasserfall duschen! Als einzige klettere ich zu dem Wasserfall. Überall glitschige Steine; so dass ich höllisch aufpassen muss, nicht auszurutschen. Doch erst einmal unter den ersten Strahlen, vergesse ich das alles: Ein tolles Gefühl. Wasser prasselt von zehn Metern Höhe auf mich herab; ich stehe hinter einem riesigen Vorhang aus Tropfen und Gischt, und mir ist es wurst, dass alle anderen zugucken. Nach und nach durchquere ich den Wasserfall, halte immer wieder meine Hände und mein Gesicht darunter, bis ich das Ende erreiche und wieder runterklettern muss. Ein Deutscher folgt mir auf die drei großen Felsen in der Mitte des dreckig-braunen Pools; er selber hat keine Badeklamotten mit, bereut dies aber zutiefst. Von den Felsen wollen wir ein letztes Mal den Blick auf den Wasserfall genießen. Jetzt sind leider meine Füße auch noch nass. Ich habe noch weniger Halt und muss noch stärker aufpassen. Ich strecke meinen Fuß aus, um zu dem nächsten Felsen zu klettern, als es auf einmal gluckert und ich in dem braunen Wasser verschwinde. Ausgerutscht! Ich hätte nicht gedacht, dass es hier so tief sein könnte. Prustend tauche ich wieder auf, lasse mich von dem anderen Landsmann herausziehen, denn ich finde an den steilen, glitschigen Felsen und in dem tiefen Wasser keinerlei Halt. Braun vor Matsch, mit brennenden Schienbeinen und Armen zurück zum Wasserfall und abgeduscht. Glück gehabt, denn außer ein paar Abschürfungen ist nichts passiert. Der Tag heute schießt aber den Vogel ab: Erst fahren wir fast nach Thailand, und dann stürze ich quasi vom Wasserfall.

Ständiger Gewissensbiss

Tags darauf macht Franzi sich einen gemütlichen Vormittag, während ich mir die Höhlen Kampots angucken fahre. Das Tuk-Tuk biegt schnell von der großen Verkehrsstraße ab und durchquert auf einer roten, unbefestigten Straße kleine Dörfer. Hier spielt sich das typische Landleben ab: Weiße Ochsen ziehen Karren voller Zuckerrohr und Reisstroh; Frauen waschen Wäsche, ernten Gemüse oder kaufen Obst auf einem kleinen Markt; Kinder spielen oder erledigen mit dem Fahrrad Besorgungen. Kurz vor Erreichen der Höhle schließt einer dieser Fahrradfahrer, ein zwölfjähriger Junge im Schlafanzug, mit uns auf und versucht mit 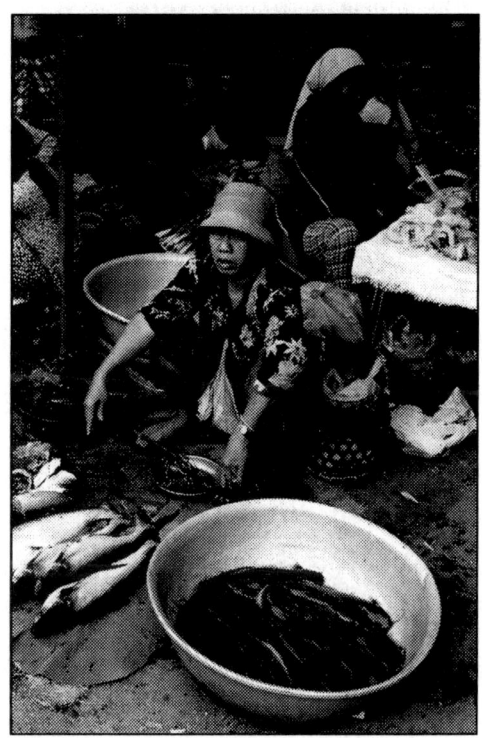 mir im Tuk-Tuk eine Unterhaltung in Gang zu bringen. Natürlich ist er auch derjenige, der mir hinterher die Höhle zeigen will, aber ich habe nichts dagegen. Es ist noch früh, und ich bin die einzige Touristin. Ganze fünf Kinder kommen mit auf meine Tour. Auf meine Frage, warum sie nicht in der Schule sind, antworten sie, ohne mit der Wimper zu zucken: „We go to school in the afternoon." Gegen meine Antwort „Ich glaube euch nicht" protestieren sie wenig nachdrücklich, so dass für mich die Sache klar ist. Die Kleinen sind zwischen acht und vierzehn Jahre alt und sprechen alle gut

Englisch, oft auch ein paar Brocken Französisch und Deutsch. Sie versuchen, mir ein paar Worte auf Khmer beizubringen, aber ohne Aufschreiben geht das bei mir zum einen Ohr rein und zum anderen wieder raus. Nach Erklimmen der 203 Stufen zum Höhleneingang ein überwältigenden Ausblick auf die umliegenden Reisfelder und die Bokor-Berge. Im Inneren ein kleiner Hindu-Tempel, angeblich vor tausendfünfhundert Jahren errichtet. Eine Matratze liegt hier, der Schlafplatz des Ticket-Verkäufers? In der Finsternis leuchten mir zwei Jungs den Weg in die erste Höhle. Es ist dunkel, gepenstisch, eng und rutschig und nach ein paar Minuten Abstiegs habe ich als kleiner Angsthase die Nase voll. Obwohl meine Begleiter allesamt jünger sind als ich und mir versichern, dass ich doch fünf „Bodyguards" um mich herum hätte, will ich nicht tiefer. Von der zweiten Höhle, geräumiger, aber ebenso finster wie die zuvor, klettern wir auch in kleinere Nebenräume. Die Kinder sind süß und zuvorkommend, leuchten den Weg und zeigen mir, wohin ich treten soll; manchmal verstecken sie sich und wollen mich erschrecken, indem sie meine Füße packen und „Cobra!!" rufen. Schlangen gibt es hier nicht, dafür aber Haufen von Fledermäusen und eine riesige Spinne, die sie mir stolz zeigen. Diesmal rutsche ich beim Klettern nicht aus – ich habe ja auch feste Schuhe, die einen guten Halt finden, anstelle von meinen nassen, bloßen Fußsohlen gestern. Die Tour bereitet richtig Spaß. Auch die Kinder haben ihre Freude, spielen mit langen Seilen Tarzan, singen und lachen zusammen. Zu Ende der Tour schenke ich meinem Fahrrad-Kind vom Anfang ein wenig mehr als vom Reiseführer empfohlen, aber der große Junge bittet um mehr. Ich lehne ab, aber auf der gesamten Rückfahrt, und auch jetzt noch, plagt mich mein schlechtes Gewissen: Ich habe im Vergleich zu den Leuten hier unendlich viel Geld, während sie nichts besitzen. Für mich wäre es ein Leichtes gewesen, den Kindern ein bisschen mehr Geld zuzustecken. Aber wir sind auch keine Geldautomaten! Das Geld wäre wahrscheinlich eh nur bei den Eltern gelandet und hätte sie darin bestätigt, ihre Kinder nicht zur Schule zu schicken. Das schlechte Gewissen bleibt. Es ist ein ständiger Begleiter in Asien.

Sie verstehen nicht, dass sie, wenn sie jetzt in ihre Bildung investieren, insgesamt viel mehr verdienen könnten, als wenn sie so früh anfangen zu arbeiten. Ein Junge fragt mich, was ich werden will – ich schäme mich schon fast für meinen Traum, bei der UN zu arbeiten. Er will Tuk-Tuk-Fahrer werden – zwischen seiner und meiner Welt liegen, ja wirklich, Welten. Ich habe so viel mehr Möglichkeiten und Flexibilitäten, ich kenne Dinge und habe Orte gesehen, die er sich noch nicht mal vorstellen kann und vielleicht höchstens von Erzählungen kennt. Trotz allem winken besonders die Kinder mir kontinuierlich zu – reine Freundlichkeit der Menschen, Faszination über mein

Aussehen oder Freude über das Geld, das ich in ihr Land bringe? Ich weiß es nicht und hoffe, es ersteres. Ich weiß aber auch, dass ich hier nie vollständig akzeptiert werden beziehungsweise mich nie vollständig akzeptiert fühlen könnte. Die Einfachheit, mit der ich mich in Frankreich, den USA oder Italien unter das Volk mische, ist hier gänzlich verschwunden. Meine Hautfarbe brandmarkt mich, trennt, stempelt mich ab als reich – Jemand, den jeder Khmer gern zum Freund hätte, aber auch jemand, der Geld und Möglichkeiten hätte, das Leid vieler hier lindern zu können und es trotzdem nicht tut. Bin ich egoistisch, wenn ich den Kindern nicht mehr Geld spendiere? Ich fühle mich als Geldautomat, überlege nach jeder Freundlichkeit eines Khmer, ob er sich dafür ein Trinkgeld erhofft, und kämpfe weiterhin um „Eingeborenenpreise" für mich. Nicht, weil es mir so sehr auf das Geld ankäme, sondern weil ich ein wenig als einer von ihnen anerkannt werden und nicht wegen meines Geldes ausgenutzt werden möchte. Eine schwierige Gradwanderung.

Nervenstrapazen

Im Bus nach Phnom Penh läuft erst Khmer-Comedy; die grellen Stimmen sind selbst durch Ohrstöpsel nicht zu ertragen, so dass ich den Fahrer bitte, es doch leiser zu stellen. Die kitschigen Musiklieder lenken mich dann trotzdem ab: Sehnsuchtsvolle Blicke werden gewechselt, verliebte Pärchen setzten zusammen überglücklich Papierschiffchen in ein geflutetes Reisfeld und gucken ihnen wie stolze Eltern beim Schwimmen zu; Menschen erblinden und sehen wieder, all das schlecht gespielt und von grässlichen Klängen begleitet. Was Khmer wohl von deutschen (Musik-)Videos halten?

Nach der strapaziösen Busfahrt, mit hungrigem Magen und der Großstadthitze nervt mich die Preisfeilscherei. Wir kennen sie doch, also warum immer noch diskutieren? Ich bin heilfroh, endlich auf dem Romo zu sitzen. Jetzt, nach der Kleinstadt merkt man nochmals deutlich den Unterschied zu Phnom Penh: Massen von Menschen, überfüllte Straßen, ein riesiges Gedränge und abgebrühte Tuk-Tuk-Fahrer. Dafür werden wir mit der Nettigkeit auf dem Land belohnt: Wir haben normalerweise noch eine Viertelstunde Wegs von der Hauptstraße zur Schule, jedoch nimmt uns heute eine Kambodschanerin in ihrem Tuk-Tuk mit. An der Schule sind zwei neue Freiwillige, ein Pärchen aus Holland. Die bereiten ein kleines Festmahl. Zum Nachtisch dann – welch Überraschung – Bananen. Nach dem Dutzend Exemplaren, die ich heute verdrückt habe, rühre ich keine mehr an.

Es fühlt sich gut an, wieder „zu Hause" zu sein. Es ist schon schön, nach einer Tour wieder einen Anker zu haben und von bekannten, offenen Arme und mit einer leckeren Mahlzeit empfangen zu werden. In unserem Zimmer ruhen wir gemütlich auf unseren Betten, als Franzi einen fürchterlichen Schrei ausstößt: Ein Riesenkakerlake kriecht unter ihrer Matratze hervor und platziert sich fett auf dem Vorhang! Das schmälert die Freude auf unsere Heimkehr. Mit zusammengebissenen Zähnen fange ich die Kakerlake mit einem Topf ein – mit so einem Vieh im Blickfeld kann man doch nicht einschlafen! – und setzte sie dann draußen ab. Puuh, erste Hürde des Abends geschafft. Aber Franzi will gar nicht wieder in ihr Bett. Wir googeln „Kakerlaken" – sie sind Einzelgänger. Hoffentlich war es keine Lady-Kakerlake, die ihre Eier irgendwo abgelegt hat!

Ausflug nach Kampuchea

Schon seit ein paar Tagen sitze ich an dem Buch „First they killed my Father", doch heute hat es mich so richtig erwischt und auf eine Reise in Kambodschas dunkle und junge Vergangenheit genommen – die Zeit des „Kampuchea".
Die Zeit der Roten Khmer ist unvorstellbar. Die Leute wurden zwangsvertrieben, mussten in kleinen Dörfern leben, wo sie 12-14 Stunden täglich auf dem Land geschuftet haben. Man sollte meinen, so viel landwirtschaftliche Arbeitskraft sollte für genügend Essen sorgen, doch der Reis wurde nach China verscherbelt, um neue Waffen zu besorgen. Von wegen „alle sind gleich" im Kommunismus. Während besonders die Zuwanderer aus den Städten immer dürrer und gespenstischer abmagerten, häufig an Unterernährung verzweifelten und starben, wurde Pol Pot an seinem unbekannten Aufenthaltsort immer fetter. Seine Soldaten genossen ein süßes Leben, hatten keinerlei Mangel an Lebensmitteln, nahmen sich die Mädchen, die sie wollten und brachten ab und zu ein paar arme Schlucker um.

Während ich auf dem Dach sitze und die traurige Geschichte dieses Mädchens lese, wird mir klar, wieviel man nicht weiß. Vor meiner Ankunft in Kambodscha hatte ich überhaupt keinen Schimmer, was hier vor so kurzer Zeit erst passiert war. Ich mag gar nicht daran denken, welch andere grundlegende und wissenswerte Dinge mir noch unbekannt sind. Ich stehe am Geländer und schaue über die Landschaft: Es ist unglaublich, wie rasch sich dieses Land erholt hat. Kein Wunder, dass das Bildungssystem hier so schlecht ist – vor rund 35 Jahren waren Schule und Bildung verboten! Nach den kinder- und männerlosen Jahren ab 1975 wundert es auch nicht, dass die Bevölkerungszahlen jetzt quasi explodieren und die Familien im Durchschnitt sechs Kinder haben. Ich blicke über die kleinen Hütten und frage mich, wie das Leben hier

1975 aussah. Gleichzeitig muss ich daran denken, dass meine Eltern das Pol Pot Regime als Kamboschaner wohl kaum überlebt hätten – meine Mutter wäre in einem Arbeitslager von Teenagern an Unterernährung, Überarbeitung oder Krankheit gestorben. Und mein Vater, als gelehrter junger Mann und potentieller Revolutionär, rasch umgebracht worden – wenn er Glück gehabt hätte und nicht vorher in eines der Foltergefängnisse gesteckt worden wäre. Oder er hätte seine Herkunft verbergen können, erst auf dem Land Zwangsarbeit verrichten und später in der Armee andere Menschen umbringen müssen. Egal, wie man es dreht, das Leben für jedermann bleibt immer gleich schlecht. Die einzige Gruppe, der es vielleicht weniger übel erging, war die ursprüngliche Bevölkerung, die also schon vor dem Einmarsch der Roten Khmer hier ansässig war und Landwirtschaft betrieb.

In den Bauerdörfern war sie höhergestellt als die Neuankömmlinge und bekam zum Beispiel auch mehr Nahrungsmittel. Doch alle älteren Menschen hier waren zu irgendeinem Teil in irgendeiner Form Opfer der Roten Khmer. Niemand blieb von dem Schreckensregime unberührt. Selbst die ehemaligen Dorfbewohner leiden: Sie müssen dabei zusehen, wie ihre Dörfer von ehemaligen Städtlern überflutet werden, die von Verzweiflung übermannt und verrückt werden.

Eintauchen in die Kultur

Ich traue mich kaum, andere Khmer nach der blutigen Vergangenheit zu befragen – langsam begreife ich die Verbrechen des damaligen Regimes. Doch Justus hat wohl schon mit Sovanred darüber geredet. So nehme ich meinen Mut zusammen. Seine Eltern waren allerdings schon vorher Bauern und deswegen weniger betroffen gewesen; allerdings kann seine Mutter immer noch nicht lesen.

Beim Abendessen wird's noch mal richtig interessant. Auch mit Vibal unterhalte ich mich über die Roten Khmer. Er kennt sich gut aus. Sein eigener Vater war im Alter von 12 Jahren einen Monat lang im Gefängnis gewesen, weil er sich unerlaubterweise aus seinem Arbeitslager geschlichen hatte, um seine Eltern in einem anderen Dorf zu besuchen. Vibals Großvater trägt bis heute Narben auf dem Rücken davon, Überbleibsel von Schlägen, weil er angeblich nicht schwer genug gearbeitet habe. Die Menschen hatten nur vier Stunden am Tag Schlaf und waren den restlichen Tag mehr oder weniger bei der Reisernte und -aussaat eingesetzt! Ihre täglichen Hungerportionen würden mir kaum zum Frühstück reichen.

Heute gab es übrigens ganze fünf Mal Reis: Frühstück, Mittagessen, Nachtisch, Snack und Abendessen. Fantastisch!

Wir quetschen Vibal weiter über Kambodscha aus und fragen ihn nach dem Beruf seiner Eltern – wie alle anderen sind auch sie Bauern. Daraufhin befragt Vibal Justus – seine Mutter ist Ärztin, sein Vater Architekt. Vibal ist erstmal erstaunt, dass seine MUTTER Ärztin ist, und mir fällt erneut auf, welch privilegiertes Leben wir doch führen: So viele sind Akademiker! Mit reichlich Stoff zum Nachdenken gehe ich zu Bett.

Kurz darauf ein weiterer Ausflug in die Kultur Kambodschas. Um acht Uhr treffen Justus, Franzi und ich uns mit Vibal und marschieren zur Dorf-Pagode. Erstmal stehen wir ein verloren und ratlos im Innenhof, Vibal sichtlich nervös, weil er uns gerne alles gut zeigen würde. Schließlich erscheint ein alter Freund von ihm, der selber zehn Jahre in der Pagode zugebracht hatte, und zeigt uns das Gelände. Wir erhalten eine kurze Audienz mit dem Ober-Mönch, dann demonstriert Vibal, wie man betet: Jeder entzündet vier Räucherstäbchen, wir falten die Hände und legen sie dann dreimal hintereinander auf den Boden, wünschen uns mit geschlossenen Augen und den Räucherstäbchen in den Händen etwas und stecken diese dann in einen Topf. Mal sehen, ob mich die Götter erhören!

Als nächstes zeigt uns unser Führer den Tempel für besondere Feste. Er erinnert an eine Kirche, mit den Wandbemalungen und dem Art Schrein, genau dort, wo bei uns der Altar wäre. Über allem wacht natürlich Buddha. An Stelle der Zehn Gebote, wie beispielsweise bei uns, ist dessen Leben an den Wänden dargestellt. Er wird nicht als einziger angebetet, sondern ist umringt von einem Haufen anderer Götter.

Vieles, was der Guide erzählt, war mir bekannt: Je nach dem Karma wird man als besserer Mensch oder als Tier geboren; kann allerdings nicht das Geschlecht wechseln.

Selbst im als so friedliebend und gerecht geltenden Buddhismus herrschen Unterdrückung und „Kleinhaltung" der Frauen? Einige Fragen verstehen Vibal und sein Freud jedoch leider nicht, wieder sind wir „lost in translation". Interessant finde ich, dass viele Leute Mönche werden, einfach weil sie kein Geld haben, um bei ihrer Familie zu leben; ähnlich verhält sich das mit den zahlreichen „Kinderheimen" hier: Die Kinder dort sind keine Waisen, aber ihre Eltern haben einfach nicht genug Mittel, um sie zu ernähren oder ihnen den Schulbesuch zu ermöglichen.

Die jüngsten Mönche hier sind fünfzehn Jahre alt, insgesamt dreiundvierzig. Sie stehen alle um drei Uhr morgens auf, beten dann zwei Stunden lang, bevor um sechs Uhr gefrühstückt wird. Die nächste und letzte Mahlzeit des Tages gibt es schon um elf Uhr; danach bis zum Frühstück am Folgetag nichts mehr. Im Laufe des Tages waschen sie sich in einer Art Schwimmbecken beim „Friedhof", ansonsten verbringen sie ihre Freizeit mit Lernen,

Arbeiten und Lesen. Das gesamte Dasein soll dazu dienen, gutes Karma anzusammeln und eine höhere Stufe zu erlangen. Theoretisch dürfen die Mönche auch an den Computer gehen oder Fernsehen gucken, aber nicht ohne Erlaubnis des „chief monk" nicht die Pagode verlassen. Zudem dürfen sie keine Tiere töten, selbst Insekten nicht. Auf meine Frage, wie das denn gehen solle, sagt Vibal in seiner typisch kambodschanischen Art: „They have to walk carefully!" Und das letzte Verbot ist das, Frauen zu berühren. Soll das heißen, dass eine Frau unrein ist? Gerät durch eine Berührung das ganze Lebenswerk eines Mönchs zu Bruch?

Die Mönche sind ungewöhnlich schüchtern, lugen hinter Ecken hervor und immer, wenn ich sie frage, ob ich ein Foto machen darf, verschwinden sie lautlos.

Hinter dem Haupttempel liegt der Friedhof, wo nur besonders hochgestellte Mönche bestattet werden. Andere Verstorbene werden eingeäschert, die Knochen in die tempelartigen Gräber gelegt. Die hochgestellten Kollegen hingegen werden erst zwei bis drei Jahre nach ihrem Tod dem Feuer übergeben. Angeblich ist die Leiche eines Mönches, der immer alle Regeln befolgt hat, auch nach einigen Jahrzehnten immer noch nicht verwest.

Später spaziere ich erneut zur Pagode, um beim Mittagessen der Mönche zuzugucken. Es ist einfach magisch, wie der Vorbeter in dieser fremden Sprache Gebete murmelt und alle Mönche im Chor antworten. Vibals Freund, der uns durch die Pagode geführt hat, gebe ich eine kleine Dankesspende. Er erzählt mir von seinem Leben, unter anderem dass er mit zehn Jahren zur Pagode gekommen sei, weil seine Eltern zu arm waren, um ihn zu ernähren. Zehn Jahre später benutzt er die Pagode immer noch als „Obdachlosenheim". Wahnsinn, wenn man sich überlegt, dass ein ohnehin armes Volk Menschen, die – vermeintlich – ihr ganzes Leben der Religion widmen und keinen richtigen wirtschaftlichen Beitrag leisten, miternähren. Wie immer kann der Glaube Unglaubliches bewegen.

Vibal's Freund würde gerne studieren, habe aber kein Geld, um die Schule, die nach seiner Aussage $1 pro Tag kostet, zu bezahlen. Wenn ich daran denke, dass ich ihm fast sein gesamtes Studium mit dem Verkauf meiner Kamera finanzieren könnte, wird mir fast übel vor schlechtem Gewissen. So ist das immer hier in Kambodscha, zwiegespalten zwischen Schuld und Trotz, Vertrauen in die Menschen und Misstrauen, ob diese Geschichten tatsächlich so stimmen.

Tempelalarm

An meinem vorletzten Wochenende der Höhepunkt eines jeden Kambodscha-Besuches: Der Besuch der Tempelanlage „Angkor Wat". Franzi und ich stapfen durch den Sonnenaufgang zur National Road Nr. 5, wo wir sofort ein Romo ergattern. Wir haben Glück – unseres ist leer und auf der Überholspur. Noch fixer als wir sind allerdings die Wagenladungen voller Fabrikarbeiter, die unsere Klamotten herstellen. Die Wagen sehen aus wie Viehtransporter; man merkt, was ein Arbeiter hier wert ist. Trotzdem lächeln und winken uns alle zu. Nicht auszudenken, was bei einem Unfall passieren könnte, da alle ungesichert auf der nach hinten offenen Ladefläche stehen!

Durch unser schnelles Romo erhalten Franzi und ich die Gelegenheit, den Teil des Central Market mit Lebensmitteln genauestens zu inspizieren. Es wird alles verwendet hier: Hühnerköpfe und -füße, Schweineschwänze und -beine, Innereien. Bei ein paar Ständen will man gar nicht so genau hingucken; das hier ist nichts für Menschen mit schwachem Magen. Hühner werden lebend verkauft, Fische springen aus ihren Bottichen, kämpfen wild zuckend auf dem dreckigen Boden um ihr Überleben, Krebse krabbeln in ihren engen Gefängnissen aufgeregt hin und her. Da ist die Obst- und Gemüseabteilung schon besser, hier ist alles schon tot (außer vielleicht aus Sicht der Veganer). Riesige Stinkfrüchte reihen sich an Bananenstauden, reife und unreife Mangos, lauter fremde Früchte, deren Geschmack wir nicht kennen, oder bekannte Früchte, deren Namen wir vergessen haben. Wir decken uns mit unserer Tagesration an Mangos ein – Bananen kann ich nach der überaus bananenlastigen Rückfahrt aus Kampot immer noch nicht ertragen. Danach probieren wir uns bei einer Backwarenverkäuferin durchs Sortiment – hmmmm! Es gibt sogar eine Art Berliner ohne Marmelade, aber die meisten Teilchen hier sind frittiert und ziemlich fettig. Nach diesem kulinarischen Nirwana ab in den Bus nach Battambang – zum Glück ist der Fernseher hier dezenter!

Gelegentlich hält der Bus mitten auf dem Weg an, um Leute aussteigen zu lassen – die Tuk-Tuk-Fahrer sind dann schon bereit, hasten neben dem Bus her, bis er zum Stehen kommt, um einen Kunden zu schnappen. So einer bringt uns dann letztlich auch zu unserem – haltet euch fest! – HOTEL! Aber kostenlos, und da wollten wir eh hin, ein perfekter Kompromiss. Gerade angekommen, können wir uns nicht entscheiden, was besser ist – faul auf dem Bett zu liegen und ausruhen oder zu essen. Der knurrende Magen siegt, also auf zum Markt, der sich aber als Reinfall im Vergleich zu dem in Phnom

Penh entpuppt. Hier werden wir gleich mehrere Male angebettelt, u.a. von einem blinden Geigenspieler, der von einem süßen zehnjährigen Jungen rumgeführt wird. Ich kann das nicht mehr ertragen! Gestärkt radeln wir durch das im Gegensatz zu Phnom Penh ruhige Battambang. Ein guter Übungseinstieg! Selbst Radfahren ist hier nicht ganz so einfach, weil man seine Augen und Ohren dauernd überall haben muss und Verkehrsregeln sowie Ampeln unbekannt sind. Hier baut man einen Unfall, wenn man stehenbleibt und andere durchlässt – so etwas wird einfach nicht erwartet!

Hindu-Mutti und Bollywood-Barbie

Unsere Tour dauert allerdings nicht lange an, denn bald fällt uns ein Schild ins Auge: Nikon Photo Studio. War da nicht was im Lonely Planet? Und ja, hier kann man tatsächlich traditionelle Khmer Fotos machen! Die Chance lassen wir uns nicht entgehen. Kurz vor Ladenschluss schneien wir rein und müssen erstmal eine Viertelstunde auf unseren Make-Up-Artist und Photographer in einem warten: Ein kleiner Khmer, der bei Bruce Darnell das Laufen gelernt hat, einen Mundschutz trägt, kaum ein Wort Englisch spricht, ungeduldig und anspruchsvoll ist und dauernd mehr oder weniger wohlwollende komische Geräusche ausstößt. Eine Dreiviertelstunde, zehn Schichten Make-Up, zwei Paar falsche Wimpern und mehrere Missverständnisse später sind wir endlich fertig: Franzi, die Hindu-Mutti mit Wasserkrug, und ich, die Bollywood-Barbie, die Werbung für „SkinWhite", das Weißmachhautmittel hier, macht. Wir können uns gar nicht angucken, ohne in Gelächter auszubrechen. A chance in a lifetime!? Unser Mr. Diva ist Perfektionist, justiert jede Falte, rückt an uns herum und drückt uns abwechselnd Wasserkrug, Kranz und falsche Blumen in die Hand. Dann ist der Ausflug nach Plasticworld auch schon vorbei, die falschen Wimpern werden abgerissen. Wir radeln halbgeschminkt zu unserem Hotel zurück, schon ganz gespannt auf die Fotos!

Das Abendessen stärkt uns: Der richtige Markt hat schon zu, also holen wir uns etwas von anderen Ständen und essen – aus Plastiktüten! Das ist auch mal was Neues. Wir bitten eine Khmer, ein Foto von uns auf unserer Bank beim Essen zu schießen. Sie lädt uns dann gleich zu sich auf ihre Sitzmatte vor ihrem Laden ein. Sie ist eine der ersten dicken Kambodschaner, die ich zu Gesicht bekam, aber genauso herzlich und lieb wie die meisten hier. In arg holprigem Englisch erfahren wir, dass sie 39 Jahre alt sei. Beim Schätzen liegt man hier immer daneben, wir hätten ihr höchstens ein Alter von Mitte zwanzig zugebilligt. Sie ist auch nicht verheiratet, besonders hier eigentlich eine Schande. Kein Wunder also, dass sie abends alleine vor ihrem Laden sitzt und auf Gesellschaft hofft. Wir beschließen, ihr unser Foto auszudrucken und morgen zu bringen.

Um von Battambang nach Siem Reap, der Ort von Angkor Wat, zu gelangen, probieren wir eine andere Art der Fortbewegung aus: Das Boot. Auch hier, wie fast überall auf unseren Stationen, treffen wir Leute von vorherigen Unternehmungen wieder – völlig verrückt!

Wir beobachten das Treiben auf dem Fluss: Es wimmelt nur so von Fischerbooten. Manche dümpeln auch in Bottichen und einer Art Töpfen auf dem Wasser herum, Frauen waschen Wäsche oder ihre Kinder. Wenn wir nicht grad lesen, sehen wir von unserem Deck auch ab und zu „Floating Villages"; ganze Dörfer, deren Häuser und sogar Pagoden auf einer Art Floß errichtet sind und sanft im Wasser schaukeln.

Von dieser sanften Bootsfahrt werden wir in Siem Reap aufgeweckt: Ein Schild mit den Worten „Isa Bila" verrät, wer unser Tuk-Tuk-Fahrer ist, und auf geht es in die Schlacht. Von der Sonne ist mein Hirn schon leicht angematscht. Jetzt wird es durch die vielen Schlaglöcher schmerzhaft gegen meine Schädeldecke geschüttelt. Wir sehen zu, wie ein Welpe unter die Räder eines Motorrads kommt und sich jaulend davonschleppt. In der Stadt an sich sind die Straßen zum Glück besser. Alles wirkt arg touristisch, aber es finden sich viele wunderbare kleine Souvenirläden oder Souvenirstände auf dem Markt. Abends ein Treffen bei Emilie, der Amerikanerin von meinem ersten Wochenende, und ein Rundgang durch ihr Viertel. Das Wichtigste: Wir melden uns in einem der teuersten Hotels hier für den Halb-Marathon an und holen unser T-Shirt mit den restlichen Sachen ab. Oh Gott, so viele sportlich aussehende Menschen hier, und wir haben uns wirklich für den Marathon angemeldet? Eingeschüchtert treffen wir Imke am Hotel, die untröstlich ist: Sie hatte am Freitag einen Motorradunfall; weil das Gefährt auf Fischöl ausgerutscht und sie mit kurzer Hose fünf Meter über den Boden geschlittert war. Mit Krücken und Verband kann sie natürlich morgen nicht mitmachen, obwohl sie sich schon so gefreut hat. Nicht fair.
Nach rund vier bis fünf Stunden unruhigen, nervösen Schlafs, unterbrochen von mehrmaligen Anrufen meines Tuk-Tuk-Fahrers, reißt uns der Wecker um Viertel vor fünf aus den Marathon-Albträumen. Bald geht's los! Die Nüsse und Bananen, die ich mir als Frühstück zugelegt habe, kriege ich kaum runter. Mir ist immer noch leicht schlecht. Zusammen mit einem Mexikaner, den Imke auch zufällig von den Joggingtreffs in Phnom Penh kennt, fahren wir nach Angkor Wat. Es ist so voll! Ein richtiger Stau an Tuk-Tuks und Fahrrädern. Lauter sportliche Menschen.

Aufgeben gibt's nicht!

Rote Streifen durchziehen die Wolkendecke, als Franzi und ich uns gestresst auf die Suche nach einer Toilette machen. Natürlich ist hier eine riesige Schlange, und wir müssen rennen, um den Startschuss nicht zu verpassen – wir schaffen es gerade rechtzeitig! Wie geplant, starte ich langsam, nach und nach ziehen die Leute an mir vorüber. Auch Franzi ist nach zwei Minuten weg. Es ist mir egal; mein einziges Ziel heute ist es, ohne Laufen den Halbmarathon zu überstehen. Schließlich beträgt die längste Strecke, die ich je gelaufen bin, zehn Kilometer! Und bei dieser Teilnehmerzahl bin ich zum Glück nie die letzte. Schon nach drei Kilometern frage ich mich, wie ich den Rest überstehen soll. Wir laufen auf den Touristen-Zubringer-Straßen und sehen daher kaum eine Spur von den Tempeln. Am Straßenrand sammeln Kinder Flaschen, welche die Läufer weggeworfen haben. Zum Glück lenkt mich eine Engländerin ab, die in Thailand ansässig ist, und mit der ich mich ein wenig austausche, während die ersten stinkenden und abgasausstoßenden Touristenbusse an uns vorbeirollen. Welch herrlichen Bedingungen!

Die nächsten paar Kilometer werden immer besser; ich lasse die Engländerin hinter mir und lasse mich von den Khmer am Straßenrand anstacheln, die einen anfeuern – ich gebe ganzen Reihen von strahlenden Kindern „high-fives" und lange beschwingt bei Kilometer Zehn an. Hier kommen als neuer Antrieb meine Kopfhörer ins Spiel: Durch meine Ohren fließt Energie in meine Beine, und da ich vorher noch nie die 10km-Grenze überschritten habe, bin ich jetzt guter Dinge, das Ganze bewältigen zu können. Die Hälfte habe ich ja jetzt hinter mir.

Pustekuchen! Wie befürchtet, kommt das Schwierigste nach rund vierzehn Kilometern. Hier können mich selbst die Mönche am Straßenrand, die mir ein „high five" geben (ich dachte, die dürfen keine Frauen berühren?!), nicht aufheitern. Es sind eineinhalb Stunden rum; die ersten sind schon am Ziel. Jetzt noch eine Stunde laufen?

Die Leute am Straßenrand rufen „Come on, come on, come on! Hurry up!" Hurry up? Spinnen die? Eine Schnecke könnte mich grade überholen; ich bin froh, wenn ich überlebe! Wo bleiben bloß die Tempel zum Angucken und Ablenken? Aber ich sehe nur Straße, Straße, Straße und hohe Mauern, bewachsen mit Bäumen, hinter denen sich die Ruinen verbergen. Ab und zu gibt es dann doch was ganz Schönes zu sehen, doch in diesem Stadium kann ich das nicht mehr genießen. Jede neue Kilometermarke, die ich schaffe, ist ein Riesenerfolg. Aber: Ich gebe nicht auf. Und so muntert mich das Schild, das anzeigt, dass es nur noch drei Kilometer sind, so unglaublich auf, dass ich langsam wieder anziehen kann und nach und nach die Leute überhole.

Beschwingt und euphorisch trabe ich die letzten Kilometer entlang und sprinte, begleitet von Anfeuerungsrufen und „Can't Stop" von den Red Hot Chili Peppers nach zwei Stunden und sechsunddreißig Minuten ins Ziel. Keine gute Zeit, aber geschafft ist geschafft! Wahnsinn! Ich bin 21 Kilometer gelaufen! Ich bin zweieinhalb Stunden durchgejoggt! Ich hätte nie im Leben gedacht, dass ich das wirklich bewältigen könnte, et voilà. Geschafft. Und so fertig bin ich gar nicht. Zugegeben, meine Beine sind ziemlich schwammig, puddingartig, und ich würde mich schon gerne mal setzen, aber Puste habe ich noch.

Angkor What?!

Den restlichen Tag über schonen wir uns. Franzi und ich laufen steifbeinig umher und jammern bei jedem Schritt. Abends dann mit Lu, einer deutsch-sprechenden Chinesin, zum Old Market, um ein paar Andenken zu holen. Nach dem Essen und Billiard-Spielen geht´s tanzen! Obwohl sich meine Oberschenkel melden, meine Knie weh tun und auch Franzi breitbeinig wie Quasimodo läuft, lassen wir uns von der guten Stimmung mitreißen. Die Leute tanzen auf den Tischen und Bänken vor dem Lokal; alle sind ausgelassen und genießen das Leben. Bei Einbruch der Dunkelheit kommen auch immer mehr kleine Kinder auf die Straße. Ich habe selten so etwas Fantastisches gesehen. Vier- bis achtjährige Jungen und Mädchen, die sich un-glaublich gut harmonisch bewegen und tanzen können – einfach faszinierend. Sie animieren die Menge, machen Tanzschritte vor, breiten gute Stimmung aus und ... verkaufen Rosen. Natürlich. Allmählich kippt das Bild, die Sache missfällt mir immer mehr. Es ist nachts, die Menschen werden betrunken, Prostituierte tummeln sich unter den Touristen, und die Kinder gehören ins Bett statt unter diese schlechten Einflüsse

Nach unserem erfolgreichen Abend in der Bar „Angkor What?" gucken wir uns jetzt tatsächlich Angkor Wat an. Heute steht der große Umrundungsweg auf dem Plan.

Imke ist vom Toreingang an von der Anlage überzeugt, doch ich bin noch skeptisch. Bis zum ersten richtigen Tempel. Es ist einfach magisch. Inmitten eines Waldes diese Ruine, tausende Jahre alt, von vergangenen Zeiten zeu-gend. Unglaublicherweise sind die meisten der kunstvollen Einkerbungen noch richtig gut erhalten! Wir gucken in jeden Raum, bestaunen jeden Stein und können uns gar nicht losreißen. Die Verzierungen und Details sind herrlich; nicht auszumalen, welch eine mühevolle Arbeit das war. Alleine die erste Tempelbesichtigung erstreckt sich über eineinhalb Stunden, und das bei 36 Grad.

Wir engagieren einen Führer, um endlich mal zu kapieren, was genau wir uns da angucken – der Lonely Planet ist keine große Hilfe. Doch ob der Guide so viel besser ist? Unterhaltsam ist er auf jeden Fall. Er sieht aus wie eine Khmer Version von Winnie Poo, fidelt (auch beim Gehen!!) auf seiner traditionellen Geige namens Tro Ou, nennt Franzi durchgehend „angel", die mit ihrem neuen Hut alle Aufmerksamkeit auf sich zieht, und sagt uns, dass wir so schön seien, dass er uns am liebsten verschlucken würde. Aha. Obwohl angeblich ehemaliger Englischlehrer bleibt er uns doch teils unverständlich. Er sieht seine Hauptaufgabe darin, uns auf die verschiedenen Stellen aufmerksam zu machen, an denen Touristen schon Fotos gemacht haben, und falsche Informationen über Tomb Raider, der hier gedreht wurde, zu verbreiten (seit wann spielt Brad Pitt dain an Angelina Jolie's Seite?). Wenn wir ihn nicht verstehen, schreibt er die Wörter auf seine Hand – in kürzester Zeit ist diese vollgeschrieben, so dass er einfach über die alten Wörter schreibt. Seine Lieblingsgeschichten sind die, wo die „Gangster" Arme und Köpfe diverser Statuen geklaut haben, um sie zu verkaufen. Auch weitere Informationen rattert er auch immer wieder runter. Selbst wenn seine Fidelei nach kürzester Zeit nervt, so ist er trotzdem lustig, und ein paar interessante Einzelheiten kann er uns sogar auch geben.

Nach dem Mittagessen gucken wir uns meine beiden Favoriten an. Zuerst geht´s zum Ta Prohm, den bekannten Tomb Raider Tempel. Er sieht aus wie vom Dschungel verschluckt; alles ist grün. Auf jedem Gebäude riesige Bäume mit Wurzeln, die die Steine umschlingen. Toll und voll. Noch schlimmer: Es gibt eigens für die Touristen angelegte Plattformen, um vor bestimmten Bäumen Fotos zu schießen – Franzi und ich sträuben uns demonstrativ. Dennoch verströmt der Tempel eine ganz besondere Atmosphäre, wirkt halbvergessen im Dschungel und malerisch.

Dann der Höhepunkt eines jeden Siem Reap Besuches: Angkor Wat. Diesmal machen wir nicht kurz nach den Toren halt, sondern drängen uns mit vielen weiteren Besuchern ins Innere. Doch wir sind spät dran und dürfen nicht mehr auf die Türme. Viel Neues aufnehmen nach acht Stunden Besichtigung können wir eh nicht. Deswegen geht´s nach einem kurzen Halt im Hotel wieder nach Siem Reap. Ich mag die Stadt wirklich; es ist so viel zu entdecken, und es ist so viel los! Doch auch ich bin nicht mehr zu allem zu gebrauchen; nur die Straßenküchen können mich wie immer aufheitern. Hier schlägt das „Herz Asiens", das wirkliche Leben, und mit ein wenig Obst als Geschenk können wir den Abend von ein paar kleinen Jungs auch aufheitern. Zum Abschluß radeln wir an unserem letzten Tag nach Angkor Wat und frühstücken wieder auf der Straße. Es bereitet einfach richtig Freude. Wir sind die einzigen Weißen und werden von allen neugierig und lächelnd angeguckt. Aber auf dem Rückweg stellen wir fest, dass unsere Fahrräder von einem Getränkestand-Verkäufer zugeparkt wurden – die ganze Straße ist frei, aber er hält vor unseren Rädern!

Malaria-Alarm

Der Weg ist länger, als vom Tuk-Tuk aus gedacht: Dank fehlender Gangschaltung und niedrigem Sattel benötigen wir fast eine Stunde. Doch wir sind zur perfekten Zeit da: Zwölf Uhr, alle sind beim Mittagessen, alles leer! Gähnend leer. Uns strömen nur Menschenmassen entgegen; keiner folgt uns. Immer wieder muss ich einfach ein Foto von dem Tempel ohne Menschen davor schießen. Wir können unser Glück kaum fassen. Diesmal haben wir eine Menge Zeit mitgebracht, schlendern durch die verschiedenen Räume, gucken uns die Wandverzierungen an, genießen den Ausblick von den Türmen und vertilgen an einem der vier leeren Steinswimmingpools im Tempel eine Mango. Währenddessen werden meine Kopfschmerzen immer heftiger, mir wird immer heißer, und ich werde immer schwächer. Wie soll man bitte bei dieser Hitze feststellen, ob man Fieber hat oder nicht? Franzi hat sich in den Tempel hier verliebt und hört ihre Musik, aber ich kann die Augen kaum offenhalten und mache erstmal ein Nickerchen auf meinem Rucksack. Danach geht´s schon bedeutend besser, aber ich habe fast keine Kraft, aufzustehen. Jetzt muss eine Abkühlung her.

Als hätte der Himmel mich erhört, fängt es an zu tröpfeln. Doch ich kann mich nicht in das Blue Pumpkin setzen; wo man fast bei der Klimaanlage zu frösteln beginnt. Draußen dann ein Mango-Shake. Mir graut es schon vor der Rückfahrt auf dem Fahrrad. Warum müssen wir an dem Tag, an dem es mich so erwischt hat, ausgerechnet Fahrrad fahren? Im Oma-Tempo schleichen wir zurück zum Hotel, wo abwechselnd Fieber und Schüttelfrost einsetzten, dies zusammen mit plötzlich auftretenden starken Kopfschmerzen. Das hört sich verdächtig nach Malaria an. Aufgelöst rufe ich meine Eltern an, suche um Rat. Der Rezeptionist behauptet, früher Arzt gewesen zu sein – in seinem früheren Leben vielleicht? – und will eine Aspirintablette opfern, aber ich nehme lieber eine von meinen. Und dann zur Sicherheit noch eine Malarone, das übliche Malariamedikament. Ich lege mich in ein abgedunkeltes Hotelzimmer. Franzi kümmert sich rührend um mich und bringt mir Essen, als Imke reingeschneit kommt und mit mir sofort zum Krankenhaus will. Nein, geht nicht, wir wollten heute Nacht mit einem Taxi zurück nach Phnom Penh fahren. Ich kann mich nicht entscheiden, ob mir heiß oder kalt ist, packe mich dick ein und quetsche mich zu Franzi und der Israelin auf die Rückbank.

Nach ein paar Stunden eine kurze Pause mitten in der Pampa. Es ist stockfinster, der Taxi-Fahrer spricht kein Englisch, ich habe Fieber und sowieso wirkt alles surreal. Wir stehen kurz um das Auto herum, als ein Motorrad mit drei Khmer heranrollt, eine Runde dreht und dann quietschend bei Imke stehenbleibt. Die wollen die wahrscheinlich mal wieder anquatschen; ich denke mir nichts dabei, bis der Taxi-Fahrer panisch ins Auto steigt und mich mit dringlicher Stimme hereinruft. Überrumpelt folge ich seiner Aufforderung; er gibt Gas, zieht Imke, die mit ihrem Bein sehr langsam ist, rein, die Israeli steigt auch ein, nur Franzi schlendert noch halb verschlafen umher. Jetzt sind wir alle nervös, schreien sie an, doch bitte einzusteigen – trotz allem verstehe ich gar nichts mehr! Der Taxifahrer ist außer sich, atmet schwer und kann sich kaum beruhigen. Durch Zeichensprache und ein paar Brocken Englisch können wir uns zusammenreimen, dass die Khmer ihn hatten zusammenschlagen und uns ausrauben wollten, wenn nicht schlimmer. Die Situation ging so fix vorbei. Ich kann es gar nicht richtig verarbeiten. Die Israelin fängt mit Szenarien an, dass diese jetzt ihre Kumpels weiter südlich anrufen, damit die uns abfangen, aber ich kann mir nicht vorstellen, dass die Kriminalität hier so durchorganisiert ist.

Kambodscha bei Nacht

Langsam geht's mir besser. Ich beobachte die dunkle Straße; kein Zeichen eines erneuten Überfalls. Wir sehen aber, wie ein Khmer einen anderen mit einer Art Peitsche jagt. Manchmal torkeln betrunkene Kambodschaner am Straßenrand entlang. Es ist eine surreale Situation; wir überholen in knappen Überholmanövern bis zum Anschlag gefüllte LKWs oder ausgebaute VW-Busse voller ungesicherter Baumstämme und Reissäcke. Unser junger Fahrer spielt am Lenkrad und benutzt pausenlos abwechselnd Blinker, Hupe und Lichthupe. Oft werden wir von den Scheinwerfern der entgegenkommenden Autos oder der Lastwagen hinter uns im Rückspiegel geblendet; denn Abblenden ist hier unbekannt. Wir kriechen dann langsam vorwärts, weil man wirklich gar nichts mehr außer Licht sieht. Imke und die Israelin machen sich bald einen Jux daraus, die Hup-Blink-Sprache zu entziffern – einmal Lichthupe ist Hallo, zweimal ist wie geht's. Manche sind äußerst gesprächig und lichthupen sich vier- bis fünfmal zu.

Eigentlich sollte der Fahrer uns zu unserer Schule an der National Road Nr. 5 kutschieren, ganz in der Nähe der Road Nr. 6, die wir grade befahren. Doch – er kennt sie nicht! Hier gibt es circa acht „Autobahnen", aber alles, was er kennt, ist die National Road Nr. 6. Als Imke ihm die Route erklären will, schüttelt er nur den Kopf: „Siem Reap – Phnom Penh. Phnom Penh –

Siem Reap. Siem Reap – Phnom Penh." Mehr ist unbekannt. Von dieser Richtung sind wir noch nie gekommen. Wir finden zwar irgendeinen Teil der National Road Nr. 5, aber nicht den Abschnitt mit unserer Schule. Wohl oder übel sind Franzi und ich gezwungen, noch eine Nacht im Guesthouse zu übernachten. Um drei Uhr, nach fast siebenstündiger Fahrt, fallen wir todmüde und froh, endlich angelangt zu sein, ins Bett.

Am nächsten Tag geht es mir schon um einiges besser. Ich glaube nicht mehr, dass die Malaria mich erwischt hat. Andererseits scheint es unwahrscheinlich, aus purer Erschöpfung Schüttelfrost und Fieber eingefangen zu haben, so dass auf Nummer Sicher gehen und einen Bluttest im Krankenhaus machen lassen will. Franzi begleitet mich zum Glück.

Auch hier sieht das Krankenhaus ordentlich aus; ein kleiner Tannenbaum steht in der Ecke, zusammen mit einem Weihnachtsmann auf Plastikschnee. Ich werde gründlich untersucht. Als als die Krankenschwester die Einstichstelle vor dem Blutabnehmen mit einem Desinfektionstuch reinigt, wird es richtig braun – so eine Menge Staub hier! Ich habe viel zu wenig weiße Blutkörperchen, so dass der Arzt Dengue-Fieber vermutet. Oh nein, das muss jetzt nicht sein! Erstaunlicherweise lasse ich mich nicht aus der Ruhe bringen. Also zum Nachweis der erforderliche zweite Bluttest und gleich die Erleichterung: Der Mangel an weißen Blutkörperchen rührt vom Aspirin her, nicht vom Dengue-Fieber.

Erfolg

Zum letzten Mal geht es heute auch zum Unterrichten. Die ständigen Überlegungen und auch meine Spenden haben Erfolg gebracht. Die Kindergartenklasse ist jetzt wirklich eine Kindergartenklasse. Jeden Tag springen 68 Kinder zum ersten Mal in ihrem Leben Springseil, werfen sich gegenseitig mit Bällen ab, durchforsten die verschiedenen Bilderbücher und malen 2D-Stelzenhäuser mit den vielen neuen Buntstiften. Zeit, um die Sorgen ihrer Eltern nicht mitanzusehen. Zeit, um von der Straße wegzukommen. Zeit, Kind zu sein. Von einem Teil meiner im Vorhinein gesammelten Spenden habe ich versucht, neue Englisch-Bücher zu finden, die auch asiengerecht sind. Fast ein Ding der Unmöglichkeit, dafür habe ich aber ein paar kambodschanische Märchenbücher auf Englisch gefunden, damit vielleicht bald mal ein paar Kinder Bücher ausleihen und tatsächlich lesen lernen können.

Nach reichlichen Überlegungen unterziehen wir die verschiedenen Klassen einen Lesetest, mit höchst ernüchternden Ergebnissen. Oftmals können vielleicht zehn Prozent der Kinder gerade annähernd lesen. Diese steckt man dann zusammen eine Klasse, die AABC (Advanced ABC), um Vokabeln und Grammatik zu pauken. Die Kinder, die lesen lernen müssen, sind in der ABC Klasse. Und dann gibt es noch die New Headway Klasse mit den Fortgeschrittenen, die mit dem sehr europäischen Englischbuch arbeiten müssen. Es tut gut zu merken, wie die eigenen Ideen tatsächlich angenommen und umgesetzt werden; ein enormer Vorteil, wenn man einer Organisation angehört, die ein neues Projekt beginnt. Ich habe auch das Gefühl, dass die Kinder so viel eher Fortschritte machen. Gelegentlich klappt das Lesen schon ansatzweise, aber wenn ich sie bitte, verschiedene Buchstaben den Lauten nach zu Wörtern zusammenzufügen, dann doch wieder nicht. Ich sage „sit", sie fügen die Buchstaben (sie haben die Auswahl aus s und h; a, o, u und i; t und b) zu „hob" zusammen. Komplett falsch. Das wird noch eine Arbeit! Aber das kriege ich dann alles auch nicht mehr mit.

Ich bin wirklich traurig zu gehen; zwar ist hier im Moment auch alles anders – Imke ist nicht da, dafür sechzehn Singapurer – aber mit Vibal, Da, Sovandred und Mr. Dean ist es auch so lustig! Auch Sovanred wirkt wirklich traurig, dass ich meinen Weg fortsetze. Alle begleiten mich zu meinem Tuk-Tuk, das mich zu Mr. Samith bringt, und ich werfe ein letztes Mal ein Blick auf unser Dorf, die Leute darin, die mir alle zuwinken, unsere Pagode und die überfluteten Reisfelder linkenhand, die immer deutlicher zum Vorschein kommen. Ich könnte mir nicht vorstellen, hier zwölf Monate zu bleiben, aber zwei bis drei dürften es schon sein, dies vor allem, weil ich in den vier Wochen wirklich viel umhergereist bin und wenig vom Alltag hier hatte. Besonders die letzte Woche war mit anderen Dingen erfüllt.

Weiter durch den dichten Nachmittagsverkehr, den Staub und vorbei an den Slums zum Okay Guesthouse. Ich suche mit Justus, Franzi und Imke das „Tamarind" auf, ein Restaurant, in dem ich schon vorher einmal alleine und einmal mit Franzi getafelt hatte. Doch heute fällt mir erst richtig auf, wie teuer ein Gericht ist – die meisten ganze $5! – und wir alle haben mehr oder weniger Pech mit unserem Essen. Justus bestellt einen Banana-Milkshake OHNE Zitrone, bekommt einen mit; ich hake nachdrücklich nach, ob mein Essen scharf sei, und bekomme daher ein scharfes. Wollte ich doch gar nicht! Am besten sagt man beim Bestellen gar nichts. Dafür ist die Atmosphäre schön. Wir sitzen unter dem bewölkten Sternenhimmel auf der Dachterasse und reden über diverse lustige Ereignisse hier. Es wird langsam kühl; so um die 25 Grad. Da muss man die lange Hosen und dünne Pullover schon mal langsam auspacken.

Ich hole mein Gepäck vom Hostel und schon heißt es Abschiednehmen. Sofort bekomme ich feuchte Augen; es ist unglaublich, wie eng man nach nur einem Monat miteinander befreundet sein kann. Zum Glück wohnen wir nicht weit auseinander und können uns in einem Dreivierteljahr vielleicht schon besuchen! Durch den Vorhang vom Tuk-Tuk sehe ich sie winkend verschwinden, es geht um eine Biegung und dann das letzte Mal durch Phnom Penh.

Neue Heimat

Die Straßen, die ich am Anfang so voller Neugierde in mir aufgesogen habe, sind jetzt bekannt. Hier war ich, dort hab ich das und das gekauft ... Die ganzen Details vom Anfang des Aufenthalts hier verschwimmen, werden normal und fallen nicht mehr auf; mit einem Schmunzeln muss ich daran denken, wie überrascht ich war, als die Autos in ihren Spuren geblieben sind. Kambodscha ist mir inzwischen so vertraut geworden, der Umgang mit den Tuk-Tuk-Fahrern so normal („I give you two Dollars!" – „One?!" – „No." – „Okay!"), das ständige Grüßen und Winken oder Abwimmeln der Moto-Fahrer, die Straßenküchen, Essensstände, vollbeladene Motorräder, Lastwagen, Busse, das Lächeln, die Hautfarbe, „Saksobei" – „Seisabox", die Mönche, es scheint mir, so ziemlich alles. Das Land, in dem es kein Wort für „Danke" und „Tschüss" gibt, wo die Menschen nur lächeln und improvisieren, wo sie nur können.

Doch ich muss auch zugeben, dass ich Kambodscha in einiger Hinsicht gehörig unterschätzt habe – trotz allem ist es nicht so ohne. Der jetzige Premierminister ist wohl so korrupt wie kein anderer Politiker hier und hält sich wie ein Diktator an der Macht. Der Verkehr ist besonders auf Motorrädern verrückt und kann verdammt gefährlich werden; bewaffnete Überfälle auf Touristen sind leider auch nicht ungewöhnlich – wie naiv wir waren, nachts mit einem Taxi nach Phnom Penh zu fahren! Die Menschen betteln, klauen, überfallen; es gibt noch Minen; die Armut und Verzweiflung kann man nicht einschätzen. Noch vor zehn, zwanzig Jahren brachen immer wieder Kämpfe zwischen rivalisierenden Parteien aus, der Bürgerkrieg fand erst 1991 offiziell ein Ende, die Intelligenz ist durch die Roten Khmer fast vollständig ausgelöscht worden. Das Land muss sich erst allmählich von dem ganzen Aderlass und der Verwüstung erholen und stabilisieren. Überraschenderweise hat trotzdem alles gut geklappt – jede Veranstaltung, die wir gebucht hatten, auch ohne eine Bestätigung, wurde eingehalten. Stets wurden wir rechtzeitig abgeholt, auch wenn wir nicht immer gut auf dem Laufenden gehalten wurden. Trotz allem habe ich mich auch nachts ziemlich sicher gefühlt. Aber die Freundlichkeit der Menschen ist schier entwaffnend; es tut so gut, das hektische, fordernde Europa hinter sich zu lassen. Die Landschaft ist flach, ein Kontrastprogramm zu Nepal, aber auf ihre Weise faszinierend. Die Tempel von Angkor Wat sind unglaublich. Das Essen ist spitze. Die Straßenküchen sogen lassen einen sich wie ein Khmer fühlen. Die Khmer-Sprache an sich ist völlig unverständlich. Alles klappt hier auf seine Art, auch ohne Regeln, dafür mit viel Handeln.

Wenn ich jetzt die „normalen" Rucksackreisenden kennenlerne, kann ich mir so eine Art von Reisen gar nicht mehr vorstellen. Ja, man lernt von den Tuk-Tuk-Fahrern und Guides einiges über das Leben und die Geschichte hier, aber es kann die allabendlichen Gespräche über Waschmaschinen, Geister und Zukunftspläne mit Khmer nicht ersetzen. Es tut auch einfach so unglaublich gut, nach einer langen Reise mit offenen Armen, einem Lachen und einer helfenden Hand empfangen zu werden und erstmal ein paar Tage in seinem „Zuhause" auszuruhen, ganz abgesehen von dem Unterricht hier, der mir zu Ende hin immer mehr Freude bereitet hat. Und das Beste: Ich habe mitgewirkt, die Schulstruktur mitverändert, vielleicht sogar verbessert, und den Kindern tatsächlich etwas beigebracht. Auch wenn es nur ein Tropfen auf dem heißen Stein war.

Flussleben

VIETNAM

Ankunft!

4 Wochen

Das Leben ist anders hier in Vietnam. Das Gefühl stellt sich ein, nach und nach das Niveau zu steigern – hier sind die Straßen „noch" sauberer als in Kambodscha, die Autos fahren „noch" ordentlicher. Ich vermisse die Tuk-Tuks. So nah am Flughafen ist mir fast alles einen Deut zu ordentlich und zu westlich; selbst die Schrift hier kann man lesen, weil die Buchstaben lateinisch sind und nur hier und da ein paar ungewohnte Akzente die Schriftzeichen verschönern.

An Vietnam habe ich überhaupt keine Erwartungen, überhaupt keine Vorstellungen über das Land. Nicht nur für meine Eltern bedeutet es Urlaub, auch für mich; ich brauche ein paar Tage, um zur Ruhe zu kommen, meine Eindrücke zu verarbeiten und Kraft für Neues zu sammeln. Aber ich bin noch nie so unvorbereitet in ein Land gereist – vielleicht war es in Nepal genauso, nur da hab ich mich nicht so gefühlt.

Meine Vorahnung wird bestätigt: Die Leute hier sind anders als in Kambodscha. Zwar auch nett, aber sie lächeln nicht die ganze Zeit, grüßen mich oder interagieren sonst wie mit mir – abgesehen von ein paar Moto-Fah. Auch das Geld hier ist noch schrecklicher als in Kambodscha; ich laufe mit riesigen Scheinen rum, denn ein Dollar sind umgerechnet rund 21.000 Vietnam Dong. Da wird die Umrechnung noch komplizierter!

Per hakenbewehrtem Stahlseil wird mein Gepäck vor mir in der Mitte des Trep hochgezogen, zu meinem Schrecken bis in den letzten, sicher siebten, Stock. Kein Aufzug. Meine Wanderschuhe musste ich – wie in allen Hotels hier in Asien – auch unten lassen. Erstmal unter die Dusche und dann wieder mit knurrendem Magen raus, Wasser und ein etwas Gebäck holen. Aber dann reicht es mir auch. Ich hab keine Kraft mehr heute und schließlich in einer Woche noch genug Zeit, die Stadt hier kennenzulernen. Jetzt grade habe ich mich in Kambodscha so gut eingelebt, kenne einige Teile von Phnom Penh wie meine Westentasche, und schon heißt es wieder, sich umzugewöhnen.

Doch das Obst kommt mir bekannt vor, genauso wie das Gebäck, nur die Ratten, die am Marktstand am Obst knabbern, sind neu.

Eine schlaflose Nacht später ist es endlich soweit, heute sehe ich meines Eltern wieder! Anflüge von Aufregung überkommen mich; ich bin schon gespannt, wie wir uns verstehen, wie sie mich und meinen „neuen" Stil finden, ob ich mich überhaupt verändert habe.

Durch das Verkehrschaos geht´s unter viel Aufregung zum Flughafen. In meinem Kopf male ich mir Szenarien aus, wie ich meine Eltern am Gate wieder in die Arme schließe, als wir endlich da sind, ich den Rucksack aufsetze und mich auf den Weg zum Einchecken mache. Überraschend läuft auf einmal meine Mutter auf mich zu. Mein Vater sitzt auf einer Wartebank und isst einen Apfel. Ich hätte sie gar nicht vor dem Flughafen erwartet, aber hier sind sie auf einmal – Freudentränen fließen. Wir checken ein, warten auf den Flug und tauschen erste Neuigkeiten aus. Sofort ist alles wieder wie beim Alten. Ich merke, was ich vermisst habe, was mich genervt hat Und vor allem: Dass ich inzwischen auch alles ohne Eltern regeln könnte.

Da, wo der Pfeffer wächst...

... ist es traumhaft schön!

Eine entspannte Woche verbringe ich auf Phu Quoc, einer vietnamesischen Insel im Golf von Thailand vor der Küste Kambodschas.

Die Insel ist paradiesisch. Wir übernachten in einem schönen Hotel im Kolonialstil gleich am Meer und können eine Woche lang einfach ausspannen. Etwas Eingewöhnungszeit brauchen wir allerdings alle – ich, weil ich plötzlich zu den Menschen, mit denen ich mich unterhalte, hoch – statt runtergucken muss; meine Eltern, die sich erst an die „asiatischen Bedingungen" gewöhnen müssen. Mir fallen der Dreck und das Heruntergekommene, Schäbige, gar nicht mehr auf; meine Mutter kommt auf dem Weg zum Hotel jedoch aus dem „Wahnsinn-Sagen" nicht mehr heraus. Schwierig, mir vorzustellen, wie es ist, das alles mit „europäischen Augen" zu sehen. Ich habe auch Problemchen, wieder Gabel und Messer zu gebrauchen; in welcher Hand hält man noch mal was, und wie schneidet und wie zur Hölle isst man damit? Europäisch geht es weiter: Meine Mutter bringt Klamotten mit! Endlich mal nicht immer nur dasselbe anziehen. Und das Frühstücksbüffet erfüllt ein heißen Verlangen: Es gibt Käse. Nach zwei Monaten ohne jetzt mal wieder etwas Käse auf die Gabel. Ich bin wunschlos glücklich. Aber auch jetzt schon stellen meine Mutter und ich fest, welch Probleme ich in Amerika haben werde: Der Überfluss, der Luxus, die Ignoranz.

Und ein leises Heimweh, eine Sehnsucht, nach Kambodscha bleibt. Wo bleibt das versprochene exzellente vietnamesische Essen? Auch die entwaffnende Freundlichkeit der Khmer fehlt hier einfach, ganz zu schweigen von den Menschen, die ich in Phnom Penh hinter mir gelassen habe.

An einem Abend gehen wir in einem Straßenrestaurant essen, wo ich einen richtigen Glücksmoment habe. Ein kleiner Junge läuft umher und verkauft irgendwelche Tickets; ich schlage meiner Mutter vor, ihm doch unser angebrochenes Baguette anzubieten. Sie hält ihm den Teller hin; unsicher und zögerlich nimmt er das Brot entgegen, langsam breitet sich ein Lächeln auf seinem Gesicht auf, bis es erhellt ist und er sich strahlend von dannen stiehlt, bevor wir es uns anders überlegen und ihm das Baguette wieder wegnehmen. Schon diese kleine Geste hat ihm den Abend gerettet und mich äußerst glücklich gemacht.

Die Tage vergehen hier wie im Flug, auch wenn wir gar nicht viel unternehmen.

Schlafen. Baden. Essen. Schwimmen. Sonnenbaden. Fast von einem Sonnenschirm erschlagen werden. Spazieren gehen. Baden. Essen. Schlafen.

Durchs Verkehrschaos

Wir mieten Fahrräder vom Hotel; erst geht es über eine richtig gut asphaltierte Straße, die zu einer Schotterpiste mutiert und sich schließlich in eine rote Staubstrecke verwandelt. Rechts ein traumhafter Blick – Palmen, weißer Sandstrand und türkisblaues Meer, gesprenkelt von ein paar Wellblechhütten. Links weitere dieser Häuser, mal ein wenig Dschungel, mal ein wenig See. Dann mieten wir uns zwei Roller, um über die Insel zu brausen. Aber die Navigation wird auch hier zur Herausforderung. Nirgends Schilder, die Karte ist zu ungenau, und auf einmal finden wir uns mitten auf einem riesigen Markt wieder. Mofas schlängeln sich durch das Gedränge, Frauen mit Reishut warten geduldig auf Kundschaft, andere nehmen ihr Schicksal selber in die Hand und sprechen vor allem Weiße an. Gänse und Hühner, auf einem Käfig angebunden, erwarten geduldig ihr Schicksal. Das Fleisch wird zum Teil auf Pappe auf dem Boden verkauft, lebendige Fische zappeln in ihren Gefäßen und kämpfen in dem flachen Wasser um ihr Leben. Nichts für Tierschützer.

Trotzdem ist hier ein Stopp, um alles genau zu betrachten, zwingend notwendig: Wie auch in Kambodscha schlägt das Herz Asiens auf dem Markt.

Weiter über Huckelpiste, rote Erde oder Schotter, vorbei auch an den Propa-
gandalautsprechern und Parteigebäuden, aus denen Musik erschallt, an dem
verdreckten Hafen, den kleinen Läden, die sich auf Kochherde oder Ventila-
toren spezialisiert haben. Hier und da nehmen wir mal eine Abzweigung, nur
um festzustellen, in einer Sackgasse gelandet zu sein. Nur James Bond bräch-
te es fertig, mit seinem Motorrad über die Stege zu springen und so den Was-
serzulauf zu überqueren. Endlich nähern wir uns dem Meer. Obstpicknick an
einem kleinen Restaurant am Strand und eine ergebnislose Suche zur Nord-
spitze der Insel. Jeder schickt uns in eine andere Richtung, wenn sie uns verstehen oder glauben, uns verstanden zu haben. Straßenschilder führen an
Orte, die auf unserer Karte fehlen. Ohnhin schaut alles gleich aus. Nur ein
Ort, an dem wir kurz halten, sticht besonders durch seine „Dreckigkeit" ins
Auge, hier holt Mama sich erstmal einen Kulturschock. Mir fällt das alles
schon gar nicht mehr so auf.
Mein Vater bringt mir das Rollerfahren bei. Auf dem Hinweg knattere ich
vorsichtig mit gemütlichen 20 km/h die gutasphaltierte Straße entlang, doch
zurück gebe ich richtig Gas: Mit 60 km/h braust die Landschaft an mir
vorbei; der Wind bläst mir frisch ins Gesicht. Rollerfahren macht wirklich
Spaß. Doch man muss ständig des Unvorhersehbaren eingedenk sein: ein
Hund, der mitten auf der Straße liegt; eine Kuh, die von meinem beständigen
Hupen unbeirrt gemächlich die Straße überquert; Schwarzfahrer, die mal
eben meine Spur mitbenutzen müssen; eine Frau, die auf ihrem Fahrrad sper-
rige Bambusstangen befördert; riesige Busse oder große Autos, die sich
gleichzeitig vor und hinter mir vorbeischieben. Die Liste ist endlos, doch ich
kann mich sogar durch den dörflichen Straßenverkehr schlängeln, ohne einen
Unfall zu bauen.

An einem Tag fahren wir zu einem der angepriesenen Strände hier. Die
Suche nach dem Weg ist eine Herausforderung – auf den verschiedenen
Karten kommen Straßen neu hinzu oder verändern ihren Verlauf – wo sind
wir denn nur? Die „asphaltierte" Straße besteht auch zu großen Teilen aus
Schutt, Sand oder roter Erde. Doch die Strapazen des Weges werden wirklich
belohnt: Der Strand ist wunderschön, mit wunderbar festem, weißen Sand,
türkisblauem Meer und einzelnen Palmen. Das Beste: Die Insel ist vom
Fremdenverkehr noch ziemlich unbeleckt, so dass hier auch weniger
Gedränge und touristisches Treiben herrschen. Mein Vater und ich spielen
mit ein paar Jungen Fußball am Strand, von denen einer sogar ein BVB-
Trikot trägt. So klein ist die Welt!
Bedauernd verlassen wir am Montag die Insel und fliegen Richtung Ho-Chi-
Minh-Stadt.

Millionenstadt

Meinen ersten Eindruck, dass der Verkehr hier in Saigon langweilig ist, muss ich zurücknehmen. Es ist völlig verrückt. Eine Straßeüberquerung wird zu einer Herausforderung. Wer stehenbleibt, verliert. Unendliche Massen an Motorrädern schlängeln sich durch den dichten Verkehr; mit Kindern vorne, hinten, in der Mitte; auf Korbstühlen hinter das Lenkrad geklemmt, mit Mundschutz, Nikolausmantel oder Sonnenbrille. Zu zweit, zu dritt, zu viert, zu fünft.

Saigon beeindruckt mit seinen unglaublichen Gegensätzen. Während eine Frau vor Louis Vitton bettelt, bauen sich vietnamesische Mädchen vor ihr auf, ihr Elend ignorierend, um ein Foto zu schießen. Die typisch asiatischen Straßenrestaurants stehen vor edlen westlichen Lokalen; vor der Oper sitzen Krüppel und hoffen auf ein paar Dong; in den Läden blitzt weihnachtliches Dekor, doch bei genauem Hingucken erblickt man in der einen oder anderen Ecke noch ein (chinesisches) Geisterhaus – einen kleinen Tempel oder Altar für die Geister, die durch den Bau des Geschäfts verdrängt wurden. Ein nagelneuer Mercedes steht neben Massen teils heruntergekommener Motorräder. Alles blinkt und blitzt, überall Menschen, die Autos und Motorräder hupen, es ist laut und voll. New-York-feeling. Die Mall ist ein Kühlschrank; draußen herrschen tropische Temperaturen. In einen Parfümladen fragt mein Vater: „Do you have Chanel?" Die Antwort: „I don't know." Wie kann man das in einem Parfümladen nicht wissen?

Die Menschen hier kopieren den westlichen Lebensstil, machen fanatische Fotos von den Ladenfronten, laufen mit den neusten Handys, dem Statussymbol der Asiaten, umher, aber trotzdem ist alles nur Tünche. Überall sind Hotels; teils sogar gleichen Namens, denn ein Copyright existiert nicht. Wer Pech hat, wird vom Taxifahrer zum falschen Hotel gebracht und merkt es noch nicht einmal. Drinnen blitzen die Kronleuchter und der Marmor; im Untergeschoss sieht man den heruntergekommen Keller voller Müll. Alles nur Fassade. Aber eine faszinierende Fassade.

Und noch etwas äußerst Faszinierendes: Die Währung. Jedes Mal ziehen wir mehrere Millionen Dong von den Geldautomaten; 21.000 Dong sind ca $1. Mein Vater zahlt für ein Bier 25.000 Stipper. Da überlegt man sich jede Investition zweimal; besonders meine Mutter kommt mit den ganzen Nullen nicht klar und gibt schon mal versehentlich das Zehnfache des Beabsichtigten an Trinkgeld. „Das ist ja wie eine Telefonnummer, mit Vorwahl aus Deutschland!" Wir sind uns einig: Drei Nullen könnte man wirklich mal kürzen, aber einen Vorteil gibt es: Wir sind alle Multi-Milliardäre!

Vietnam: Kitsch, Karaoke, Aberglaube

Nach der Hektik und dem Trubel von Saigon heißt es: Auf ins Mekong-Delta. Das heißt erstmal zwei Stunden Autofahrt, raus aus dem quirligen und rummeligen Saigon, rein ins ruhigere, aber auch durchaus auch rummelige Flachland. Hier wimmelt es auch nur so von Zweirädern, selbst wenn der Unterschied zu den abgetrennten, durchaus achtspurigen Motorradspuren in Saigon erheblich ist. Unser Guide ist mir gleich sympathisch. Als wir von unseren Eindrücken berichten und dass alle Vietnamesen so schlank seien, widerspricht er: „There are more and more happy Buddahs!"

Ausflug

Wir beginnen unsere Öko-Tour mit einer kleinen Fahrradtour über eine Insel. Unser Tourguide legt ein flottes Tempo vor. Wir hecheln über die Schotterpisten mit viel zu kleinen Fahrrädern hinterher, durch dichte Palmenwälder, Bananenstaudenalleen, vorbei an anderen vietnamesischen Radfahrern, die grunzende und quiekende Riesenschweine auf einem eigens dafür angefertigten Transporter hinterherziehen, knalligen Fotos von Hochzeitspärchen, die ihre frische Vermählung im Dorf bekanntgeben, und überraschenderweise

79

immer wieder kleinen Kirchen. Dies ist leider der einzige Teil des heutigen Tages, den wir unbehelligt von anderen Touristen genießen können. Ab da geht es erst richtig los.

Touriprogramm

Nach dem Genuss von Honigtee, wo wir original vietnamesischer, also schrecklich quietschender Musik lauschen durften, zuckeln wir nun per Pferdefuhrwerk durch die Ortschaften – wie gefühlte tausend Touristen nach uns. Tierisch geht es weiter – ich bekomme eine Schlange um den Hals gelegt. Sie ist furchterregend muskulös; so dass ich mit der einen Hand versuche, den Kopf festzuhalten. Doch sie beweist ihren eigenen Willen, so dass ich froh bin, als mir ihr Herrchen mich von ihr befreit. Mit der asiatischen Spielart einer venezianischen Gondel geht´s weiter. Hier macht es nichts aus, wenn Gondeln aneinanderecken, solange sie nicht untergehen. Die Kokosnuss-Süßigkeitenfabrik haut keinen von uns vom Hocker, da der Beigeschmack von Durian, einer Stinkfrucht, herrührt. Zum Mittagessen werden gleich fünf Gänge aufgetischt – genau die gleichen wie bei Scharen anderer Touris. Die Toiletten haben Milchglastüren, die man fast abknutscht, wenn man auf der Toilette sitzt. Und diebstahlsichere Seifenspender gibt es auch! Wir werden wieder zu unserem Taxi geschifft, damit dann zum nächsten Ort, und endlich, endlich zu unserem Hotel.

Das Hotel ist klasse – mit Gecko-Notrufnummer und einem romantischen Boots-Taxiservice! Nach dem Abendessen geht es auf den Night Market mit billigem Schrott, wo die Händler zusammen mit den Polizisten vor Computerspielen hocken. Hochkonzentrierte Arbeit!

Pünktlich wie die Bahn steht unser Tourguide am nächsten Morgen auf der Matte. So schippern wir mit dem Schiff zum „Floating Market". Lauter Boote tummeln sich auf dem Mekong. An langen Masten baumelt jeweils ein Exemplar ihrer Ware auf, um anzuzeigen, was sie feilbieten. Ganze Bootsladungen voll von Ananas, Melonen, Kartoffeln ... Alles, was das Herz begehrt. Paarweise werfen sich Händler und Kunden ihre Ware zu; hier kaufen die Mittelhändler, die diese Ware dann auf dem Markt verhökern. Ein Haufen Touristen ist da, dennoch wirkt die ganze Szenerie noch authentisch und fasziniert.

Die anschließende Autofahrt läßt uns Zeit, die Gegend zu betrachten und unseren Führer über Vietnam auszuquetschen. Hier eine kleine Zusammenfassung meiner neu erworbenen Kenntnisse:

Es sterben mehr Menschen durch herabfallende Kokosnüsse als durch Haiattacken. Das Rätsel, warum so viele einen Mundschutz tragen, wird auch gelöst: Zwar hilft es auch gegen die starke Verschmutzung hier, doch hauptsächlich dient er zur Erfüllung des Schönheitsideals: Weiße Haut. Auch deswegen sind viele Frauen auf den Motorrädern fast gänzlich verhüllt und tragen Handschuhe!

Traum in Wellblech

Vietnam zählt bei neunzig Millionen Einwohnern siebenundzwanzig Millionen Motorräder! Das durchschnittliche Jahresgehalt liegt bei zwei- bis dreitausend Dollar. Täglich sterben 25-35 Menschen in Unfällen. Im Jahr fallen zwei- bis dreitausend Menschen den leider noch zahlreich herumliegenden Bomben und Minen zum Opfer. Man schätzt, dass Vietnam rund 300 Jahre brauchen wird, um minen- und bombenfrei zu werden. Jeder Ort hat Heldendenkmäler und -friedhöfe aus dem Vietnam-Krieg. Riesige Militärakademien beherrschen oft das Straßenbild. Die öffentlichen Gebäude sind meist blitzblank und renoviert, die Wohnhäuser dagegen heruntergekommen. Oft fällt es schwer, sich vorzustellen, wie Menschen dort leben. Hingegen sind wir auch an einigen luxuriösen Villen vorbeigekommen – in einem davon wohnte die Mutter des Generalsekretärs. Natürlich! Doch den Menschen macht das nichts aus, sie stören sich keineswegs daran, dass die hohen Parteimitglieder und Regierungsbeamten ein Leben in Saus und Braus führen, während sie fast nichts besitzen. Sie leben in einem, wie meine Mutter sagt, „Traum aus Wellblech". Das Leben hier ist so eintönig und langweilig. Den ganzen Tag nur fischen, fischen, fischen. Oder Gemüse anbauen. Kein Wunder, dass in jedem Haus oder Zimmer, in das man nachts hereingucken kann, der Fernseher läuft. Der Bildungsstand scheint gleich Null zu sein – zwar herrscht Schulpflicht, doch sind auch Schulgebühren fällig. Wer sie sich nicht leisten kann, schickt seine Kinder folglich nicht zur Schule. Punkt, aus, Basta. Ansonsten sonst müssen halt fünf Jahre Grundausbildung reichen.
Aus riesigen Lautsprechern dröhnen dreimal täglich die Nachrichten des nationalen Parteiradiosenders durch die Dörfer – kurz gesagt, Propaganda. Man darf sich nicht aussuchen, welche Informationen man gerne hätte und welche nicht – hier werden einem die Informationen, falsch oder wahr, ohrengerecht geliefert.

Betonung und andere Besonderheiten

Dann weiht unser Guide uns in die Kunst des Vietnamesischen ein. Fünf Mal das Wort „Ma", mal in tiefer, hoher, mittlerer, mal in wechselnder Tonlage –

man sagt damit Pferd, Reissätzling, Mama, Geist, und aber. Ich höre überhaupt keinen Unterschied. Unter Vietnamesen gibt es wohl keine Missverständnisse, wohl aber, wenn Touristen versuchen Vietnamesisch zu sprechen – so hat schon so manch einer zum Taxifahrer gesagt: „Können Sie mich zum Penis fahren?"

Da lasse ich das Sprechen lieber. Ich kann meinen Mund sowieso nicht um die Laute formen, und vergesse prompt alles außer „Danke", das sich anhört wie „Come On" auf Sächsisch.

Erlebnisreich geht es heute weiter mit der Krokodilfarm. 300.000 Tiere quetschen sich hier auf engstem Raum; die vier bis siebenjährigen werden nach China und Europa verkauft, wo Fleisch oder Leder weiterverarbeitet werden. Ein Krokodil bringt ca 600€ ein. Es passiert auch schon mal, dass die Echsen einander zur Fütterungszeit beim Streit um das Fressen umbringen.

Sowieso komme ich das eine oder andere Mal mit dem „Tierschutz" in Vietnam nicht klar. Verkäufer bieten Ratten und Eichhörnchen in engen Käfigen zum Verkauf an; am Straßenrand werden Würstchen aus Hunden verkauft; auch hier essen sie Gänseembryonen; es gibt Hahnenkämpfe, wobei den Hähnen Rasierklingen an die Füße gebunden werden – ein blutiger und oft tödlich endender Kampf.

Im Restaurant verzichten wir dann auf Krokodilfleisch, aber die unzähligen Kellner haben eh anderes vor. Wie ein Bienenschwarm umlagern sie uns und füllen unseren Tisch mit Tellern voller unbekannter Gerichte. Das Personalaufgebot ist unglaublich – die knapp zehn Kellner sitzen die meiste Zeit untätig herum, fingern an ihren Handys oder stehen nebeneinander und mit offenem Mund vor dem Fernseher – selbst die Zwanzigjährigen lachen hier lauthals über Tom & Jerry!

Der Fairness halber ist zuzugeben, dass es auch hochgebildete und intelligente Vietnamesen gibt. Unser Guide ist ein gutes Beispiel hierfür, er beeindruckt uns mit umfassenden Kenntnissen: Er kennt die zehn ersten Verbände der Bundesliga, weiß, dass vor Angela Merkel Gerhard Schröder Bundeskanzler war, benennt Rösler richtigerweise als ehemaligen Gesundheitsminister und erzählt von der Siesta-Weltmeisterschaft in Spanien: Gewinner war ein junger Spanier, der von den zwanzig Minuten Wettbewerbszeit beeindruckende 17 1/2 Minuten im Tiefschlaf verbracht hat. Respekt! Mit Regimekritik hält er sich allerdings äußerst zurück. Kann ich ihm nicht verübeln – zu Hause werden wir darauf getrimmt, ständig alles und jeden, insbesondere die Regierung, zu hinterfragen und kritisieren. Hier steht jeder, der das wagen würde, mit einem Bein im Gefängnis. Da würde ich auch an mich halten.

Nach langer Fahrt sind wir sind froh, gegen Abend wieder ins Freie zu dürfen. Diesmal halten wir an einem Nationalpark voller Mangroven. Lauter

Bäume stehen eng beieinander im Wasser, das vollkommen von grüner Grütze verdeckt ist; Lotusblümen und Seerosenblättern bieten den Vögeln eine gute Lauf- und Ausruhbasis. Überall raschelt und zwitschert es, Flügel schlagen, das Paddel plätschert im Wasser. Die Sonne geht unter, die weißen Vogelschwärme heben sich gegen den sich verdunkelnden Himmel ab, in weiter Ferne das Gebirge zur Grenze nach Kambodscha. Meine „Heimat" – wie sehr geht mein Herz auf, immer dann, wenn wir eine kambodschanische Pagode mit Khmer Inschrift passieren.

Ein anderer Lebensstil

Auf dem Nachhauseweg kann man in jedes hellerleuchtete Haus der Vietnamesen gucken; Hütten, die bei Tageslicht unbewohnbar erscheinen, beweisen jetzt, nun das Gegenteil. Aus jedem Eingang strahlt ein Fernseher; Menschen entzünden Räucherstäbchen an den Altären, stellen Opfergaben bereit und essen zu Abend. Welch ein Leben! Alles geht um neun zu Bett und steht gegen fünf oder sechs Uhr auf. Es wundert mich nicht, dass jeder hier einen Fernseher hat – was besitzen sie sonst? Die mangelnde Bildung bietet auch keinen guten Gesprächs- und Diskussionsstoff. Deswegen: Lieber beschallen lassen, das Hirn abschalten und die Muskeln vom langen Tag ausruhen lassen. Immer noch nicht klar komme ich mit der Art, wie (Klein-)Kinder hier befördert werden: Sie klammern sich von hinten an ihre Eltern (nicht auszudenken, was passiert, wenn ein Kind loslässt), stehen hinten auf oder vor dem Sitz, werden mit einer Hand auf dem Schoß festgehalten, während die andere lenkt, oder sitzen auf einer Art Bambusstuhl vor dem Lenkrad. Äußerst verkehrstauglich. Auch wenn man an die ganzen Regeln bei uns denkt – Beladung von LKW's, Kennzeichnung von Übergrößen mit verschiedenen Farben und und und – wirkt das alles so lächerlich. Hier ist zwar ein Helm Pflicht, doch ob er über einen Hut gezogen noch so ganz seine Pflicht erfüllt und auch gut sitzt, ist eine andere Frage. Die hohe Zahl an Verkehrstoten spiegelt das wahre Leben wieder.
Übrigens: Bleibt ein LKW oder ein Auto auf der Straße liegen, so gibt es kein Warndreieck – die Betroffenen legen als Warnung lediglich ein paar Zweige und Äste auf die Straße vor das Auto. Improvisation ist alles!

Es ist unglaublich, wie viele Fischer im Mekong-Delta unterwegs sind. Wir fahren zu einem „Floating Village", in dessen zweitausend Häuser rund fünftausend Menschen hausen – alle Erwachsenen sind Fischer. Unter den Häusern gibt es Käfige, in denen 50.000 – 100.000 Fische gezüchtet werden! In einigen dieser schwimmenden Dörfer gibt es sogar Schulen und schwimmende Pagoden, also alles, was die Menschen hier zum Leben brauchen. Ein Haus kommt uns entgegen und wird mit einem Schiff gezogen – Umzug leicht gemacht.

Weihnachten auf Vietnamesisch

Nach ein paar interessanten Tagen im Mekong-Delta geht's zurück nach Saigon. Reizüberfluss. Menschen.

Ich merke, dass mir die Asiaten hier schon sehr fremd sind, auch wenn sie anscheinend krampfhaft versuchen, den Westen nachzuahmen. Auf der Hauptstraße drängeln sie sich in Scharen vor der Weihnachtsdekoration der großen Geschäfte, lassen sich mit Weihnachtsmännern fotografieren und dokumentieren sowieso jeden Schritt. Stolze Eltern stecken ihre Kleinen in kuschelig rote Weihnachtskostüme, drapieren sie für ein Weihnachtsfoto, asiatische Mädchen in knappen Kleidern lächeln geziert in die Kamera; man kann nirgendwohin gehen, ohne unfreiwillig als Statist in einem Foto zu dienen. Es läuft nervenschabende, dudelnde Weihnachtsmusik. Motorräder schieben sich durch die Straßen. Überraschenderweise ist eine Überquerung leichter als gedacht; einfach laufen und aufpassen. Nur das Stehenbleiben kann zum Verhängnis werden.

In Saigon ein Besuch eines chinesischen Tempels, der einfach nur fasziniert. Mit den vielen fremden Figuren und Ritualen kann ich gar nichts anfangen, aber zugucken reicht schon. Die Menschen beten und zünden Räucherstäbchen an, opfern Goldfische und Vögel, die vor dem Tempel zum Verkauf angeboten werden, streichen über die verschiedenen Holzfiguren und danach über ihren Kopf, und murmeln leise fremd klingende Gebete. Eine faszinierende Atmosphäre, gestört nur durch die riesigen Reisegruppen, die hier abgeladen werden.

Krieg

Ein Muss: Das Kriegsrestemuseum. Vor dem Gebäude Panzer und Bomber, innen lauter Bilder vom Vietnamkrieg. Die Ausstellung an sich ist unorganisiert und bietet leider weder historische Hintergründe zum Krieg noch die amerikanische Sicht der Dinge, aber die vielen Bilder sind schockierend. Entstellte Menschen mit eingewachsenen Armen oder Beinen, fehlenden Augäpfeln, riesigen Augen, Menschen, die nur krabbeln können, deren Glieder in irritierenden Winkeln abstehen, deren Köpfe, Brustkörbe, Arme und Beine an verschiedenen Stellen riesig angeschwollen sind.

Dazu Bilder von Amerikanern, die stolz Schädel der Vietkong-Soldaten präsentieren, sie lebend aus Hubschraubern stoßen, die in Graben kauern, verletzt versorgt werden, sterben. Wälder aus abgeknickten Baumstämmen, Menschen, die gegen diesen Krieg protestieren. Das Ausmaß an Grausamkeit und Zerstörung lässt sich kaum in Worte fassen. Als die Amerikaner merken, dass sie mit ihrer Kriegsführung gegen die geschickte Vietkong nicht viel ausrichten können, entscheiden sie sich für den Einsatz einer neuen Waffe: Entlaubungsmittel. Bevorzugt Agent Orange. Das Ziel ist es, den Blick frei zu kriegen auf die sich im Dschungel verbergenden Vietkong. Aber das Gift rieselte auch massenhaft auf Felder und Dörfer. Ergebnis: Von den drei Millionen getöteten Vietnamesen sind rund zwei Millionen Zivilisten.

Zur Hochphasen des Krieges benötigen die Amerikaner jährlich bis zu 45 Millionen Liter Herbizide. Der wachsende Bedarf wird gedeckt, unter anderem von einer deutschen Firma. Fünf Jahre lang wird eine Fläche von 2,2 Millionen Hektar mit zehn Millionen Einwohnern systematisch besprüht. Statistisch gesehen bekommt jeder Einwohner fast 16 Liter dioxinhaltiger Säure ab. Dass so was nicht gesund sein kann, sollte eigentlich klar sein. Vergiftungen, Umweltschäden, „Menschenschäden". Die Auswirkungen sind noch immer spürbar. Die Fabrikarbeiter in Deutschland, deren Krebsrate sich verdoppelt und die Selbstmordrate drastisch erhöht hat. Die Vietnamesen und Amerikaner, die unter Appetitlosigkeit, Nierenversagen, Hautkrebs bis zu Chromosonschäden leiden und eben diese Fehlbildungen, wie auf den abschreckenden, grausamen und äußerst

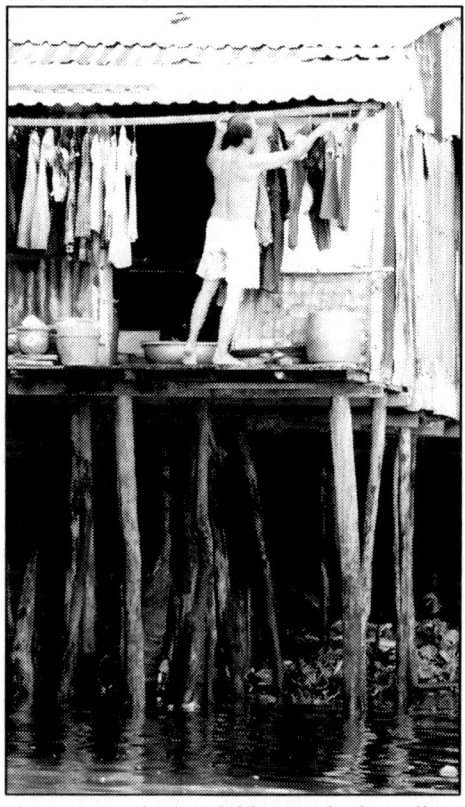

85

bewegenden Fotos im Museum zu sehen. Der Vietnamkrieg ist immer noch allgegenwärtig. Schätzungsweise anderthalb Millionen Vietnamesen sind vergiftet, bis zu vier Millionen von den Spätfolgen – insbesondere den verseuchten Böden – betroffen.

Und wieder ein bisschen Kommerz

So, nun wieder was Erbauliches: Shoppen. Da ist zum Beispiel der Benh-Than-Markt. Endlose enge Gänge von Ständen und das immer wiederkehrende Angebot: Stoffe, billige Markennachahmungen, Opiumpfeifen, Schmuck ... die Auswahl ist schier endlos, auch wenn wiederholend. Wir quetschen uns durch die Menge, weichen Händen von Verkäuferinnen aus, die uns festhalten wollen und immer neue Angebote entgegenstrecken, uns anreden und um Preise feilschen. Kopfschmerzen sind vorprogrammiert; man verspürt überhaupt keine Lust, an irgendeinem Stand zu halten und sich in Ruhe die Sachen anzugucken, denn das – „in Ruhe" – geht gar nicht.

Irgendwann ist eine Pause zwingend, so dass der Friseur um die Ecke zur rechten Zeit kommt. Hier ist es schön sauber, gesittet und europäisch, wenn auch voll. Zum Waschen bekomme ich die beste Massage meines Lebens; der Chef schneidet mir die Haare, die immer kürzer werden. Im Endeffekt ein bisserl zu kurz, fast wie ein richtig asiatischer Bob.

Wir laufen – und verlaufen uns – zurück zum Hotel, denn da ist viel zu gucken. Die Kontraste sind scharf: Teure Mercedes und Audi neben heruntergekommenen, kaum funktionstüchtigen Mofas; schöne französische Villen neben Plattenbauten; knapp bekleidete Mädchen in „Friseursalons"; indische Pagoden, chinesische Tempel, die Notre Dame von Saigon, der sozialistische Wiedervereinigungspalast, Parks und vor allem Müll, Mofas und Menschen. Ich kann gar nicht guten Gewissens durch die Straßen laufen. Jeder geht stoisch seiner Beschäftigung nach, sei es nur Warten auf Kundschaft, was hier einen Großteil des Tages ausmacht.

Emsige Frauen tragen Öfen und Waffeln an einer Stange befestigt auf der Schulter mit sich herum, Kinder strecken mir Postkarten entgegen, ein Mann lässt seine Hose herunter und erledigt sein Geschäft auf der Straße, alte Frauen mit tiefen Falten und gebeugtem Rücken versuchen, Lotterietickets loszuschlagen, ein Bettler zeigt seinen Oberkörper, deformiert durch das Entlaubungsmittel Agent Orange. Vom Alter gebeugt, vom Agent Orange verstümmelt, von der Armut gezeichnet. In fast jedem Geschäft steht auch ein Bett, da sich die Menschen eine zusätzliche Wohnung einfach nicht leisten können. In Kambodscha spannen die Tuk-Tuk-Fahrer eine Hängematte in ihrem Tuk-

Tuk auf, die Motofahrer hier machen es sich nachts einfach auf ihrem Motorrad bequem, wenn man das so nennen kann. Mit enttäuschtem Blick und abgehärteten Augen wenden sich diejenigen ab, deren Angebot ich ausschlage. Das Leben ist schwer. Auch für die Tiere: Auf dem Rücksitz eines Motorrads ist ein kleiner Käfig befestigt, in dem mehrere Hunde übereinander gestapelt und eingezwängt sind. Sie blicken flehend aus traurigen Augen und jaulen, wenn das Motorrad über einen Huckel fährt. Eins ist klar: Ich probiere hier zwar vieles aus, aber keine Hundewurst! Abends gehen wir in einem Seafoodrestaurant essen, wo die Tiere in winzigen Aquarien „frisch für den Teller" gehalten werden, Schildkröten sind auch dabei. Ich sehe, wie ein Kellner einen Aal aus einem Aquarium holt und ihn mit voller Kraft auf den Boden schleudert – tot. Der Red Snapper, der ihm aus der Hand springt, wird kurzerhand mit der Faust auf den Kopf getötet. Hier wird man wirklich zum Vegetarier. Mein Buch „Fliegen ohne Flügel", was ich wirklich nachdrücklich empfehlen kann, hat auch hierzu eine Geschichte: Ein Restaurant in China, wo alle möglichen Tiere in Käfigen in der Mitte des Restaurants stehen und die Besucher sich alles Erdenkliche wüschen können. Hat einer Appetit auf Affenhände, so werden sie dem Affen kurzerhand abgehackt und er lebt solange weiter, bis jemand Lust auf sein Hirn verspürte. Mein Vater kennt dazu eine Story aus China: Oft werden Affen dort lebend die Köpfe aufgespalten, damit man das frische Hirn essen kann.

Menschen können abartig sein.

Weihnachtsstimmung kommt hier in Vietnam keine auf, trotzdem machen wir uns schick und auf den Weg zum Restaurant. Hinter uns ein reiches vietnamesisches Paar. Da bereitet Schenken noch Freude. Voller Vorfreude gucken sie einander zu, übergeben sich euphorisch jeweils ein Geschenk und genießen das Auspacken. Im Kontrastprogramm dazu eine europäische Familie: Zwei Kinder, die nur vor ihrem Gameboy sitzen; überhaupt keine Gespräche.

Zu Fuß im Stau

Der Rückweg beweist, dass Saigon vorher noch nicht am Anschlag gewesen war, denn es scheint, als seien nun alle acht Millionen Einwohner hier in der Innenstadt versammelt. Wieder lauter Kinder in Weihnachtskostümen; die typischen Foto-Orgien; Teenager, die sich mit Schnee aus der Sprühdose besprühen. Ich habe noch nie so viele Menschen auf einem Haufen gesehen; der Straßenverkehr liegt gänzlich lahm.

Aber ein „Geht nicht" gibt's nicht im vietnamesischen Straßenverkehr, und so schieben sich die Mofas unaufhörlich durch die Menschenmasse, Reifen an Reifen bzw. Reifen an Schienbein. Auf der Suche nach einem schönen Lokal, das nicht für eine geschlossene Gesellschaft reserviert ist, begehen wir den Fehler uns hinter dem Rathaus durchzuwurschteln. Die Motorräder, von der Hauptstraße verdrängt und durch Menschen ersetzt, versuchen hier ihr Durchkommen, und verwandeln den Bürgersteig kurzerhand auch in eine Straße. Wir stehen buchstäblich zum ersten Mal in unserem Leben in den ganzen Abgasen als Fußgänger im Stau, quetschen uns an den Mofas vorbei und müssen aufpassen, nicht unsere Beine an den heißen Auspufftöpfen zu verbrennen. Die weihnachtliche Dudelei fällt gehörig auf den Keks, ganz zu schweigen von der Dreistigkeit, einfach den Bürgersteig in Beschlag zu nehmen. Zur Belohnung immerhin ein nettes Lokal, wo der Abend fernab vom Lärm ruhig ausklingt.

In der Hotellobby gebe ich noch ein kleines Weihnachtskonzert auf dem kleinen Flügel, habe aber fast alles schon vergessen – ziemlich niederschmetternd. Auch meine Schokoladenaktion à la Nikolaus läuft schlechter als geplant – ich hatte an die bettelnden Kindern etwas von meiner Milka austeilen wollen. Magischerweise sind alle dieser Kinder von den Straßen verschwunden. Der einzige Bettler, den ich finde, kann mit der Schokolade nicht viel anfangen. Naja, der gute Wille zählt.

Für uns ist der Abend um halb zwölf zu Ende, da wir am nächsten Tag früh nach Mui Ne aufbrechen, doch draußen geht die Party erst richtig los: Technomusik dringt durch die geschlossene Balkontür in unser Zimmer, Menschen jubeln und klatschen. Die Kirchenglocken überschlagen sich fast vor Läuten. Kurz kommt noch der hoteleigene Weihnachtsmann vorbei und bringt uns ein paar verpackte Bonbons. Ein sehr anderes, aber auch schönes Weihnachten.

Tschüss und Auf Wiedersehen, Asien

Die Woche in Mui Ne verläuft unspektakulär. Zeit, letzte Vorkehrungen für meine nächsten Reisen zu treffen und meinen Rucksack mit möglichst viel Sinn zu packen und die restlichen Tage mit meinen Eltern zu genießen. Also am Strand zu ruhen, sofern mal die Sonne schien und man bei Ebbe auch ma weg von unserem steinigen, zubetonieren Strandteil gelangte.

Der letzte Tag im Jahr fällt auf unseren letzten Tag in Mui Ne. Wir fahren zurück nach Saigon. Es ist alles wie immer: Wenn man auf der einspurigen Straße nicht links überholen kann, dann muss es eben rechts auf dem Standstreifen gehen. Dann per Flugzeug nach Hanoi.

Ankunft: Kein gutes Zeichen: Alle erfahrenen Vietnamesen holen ihre dicken Jacken und Mützen raus. Zu Recht: Im Gegensatz zu Saigon ist es hier mit

vierzehn Grad frisch. Das Wetter drückt aufs Temperament: Kaum Gehupe, asiatisch gesehen humane Verkehrsverhältnisse. Neben uns hält ein reicher Chinese im nagelneuen schwarzen Lexus, ich fühle mich in der Dunkelheit wie James Bond auf der Jagd nach der chinesischen Mafia.

Hanoi

Kalter, grauer, diesig. Trotzdem lächeln die Menschen, alles spielt sich auf dem Bürgersteig ab. Alle sind eingepackt, als herrsche tiefster russischer Winter. Kein Wunder – dreieinhalb der hier sechseinhalb Millionen Einwohner fahren Motorrad, da wird es auch mal kalt. Tausend sozialistische Gebäude neben wunderschönen, alten, gelben und typisch französischen Kolonialbauten. Von den immergleichen grauen Balkonen der Massenwohnanstalten flattert die rote Fahne, Hammer und Sichel allenthalben. Das Zentrum für nationale Sicherheit schüchtert ein; erinnert an George Orwell's 1984. Nur die pinken Hochzeiten überschatten den grauen, grausamen Alltag.

Hanoi

Unser Fahrer, nett und neugierig: „You are from Germany? High living standard there." Stimmt. Etwas, dessen wir uns gar nicht bewusst sind. Er bezeichnet die Vietnamesen als faul, weil sie sonntags bis halb acht ausschlafen. Was denkt er denn von den Europäern? Dass wir den ganzen Tag lang arbeiten? Höherer Lebensstandard gleich höherer Arbeitseinsatz? Man kann viel von den Vietnamesen sagen, aber gewiss nicht, dass sie faul seien. Den ganzen Tag Arbeit auf den Feldern, in den Fabriken, auf den Straßen. Es geht hier – für viele, die meisten? – ums Überleben. Jeder geht emsig seiner Beschäftigung nach, mit stoischer Ausdauer, Standhaftigkeit, Trotz.

Unser Hotel ist imposant und schön, aber wir haben wenig davon. Gleich geht es zu einem hübschen kleinen Restaurant: Hinter einer eher hässlichen Fassade verbirgt sich ein schöner Hinterhof mit französischer Villa. Sowohl Essen als auch Ambiente sind perfekt.

Heute ist der letzte Tag in diesem Jahr und am Ufer des Hoan-Kiem-Sees dröhnt Techno- und Housemusik. Ein DJ feuert die größtenteils junge Menge an und in meinen Füßen juckt es. Ich will tanzen!

Wir schlendern um den See herum, es ist voll, wenn auch im Vergleich zu Weihnachten in Saigon öde. Es ist Blumen-Festival: Kitschige Blumengestecke und -arrangements werden von begeisterten Asiaten tausendfach fotografiert und von grimmigen Wächtern in militärgrüner Uniform streng bewacht. Der Tempel in der Mitte des Sees ist in bunten Farben hellerleuchtet, die Uferbäume säumen bunte Lichter. Menschen mit Öfen aus Keksdosen grillen Mais und getrocknete Tintenfische, einem Mann wird aus der Hand gelesen. Der Duft nach Jackfruits, gepaart mit dem von Grillwürstchen, liegt in der Luft. Von weitem höre ich den „Countdown", der auf Englisch runtergezählt wird. Meine Eltern sezten unberührt davon, dass gerade das neue Jahr angebrochen ist, ihren Weg fort. Kein Feuerwerk, keine sich umarmenden Menschen, nur ferner Jubel von der anderen Uferseite. Business goes on as usual.

Das Einzige, woran man merkt, dass heute ein besonderer Tag ist, sind die paar mehr Motorräder als üblich, die zu dieser Stunde unterwegs sind. Ansonsten: Nichts. Zu gerne würde ich das vietnamesische Neujahr mal erleben, oder jetzt die Stimmung in HCMS.

Das neue Jahr beginnt

Die nächsten Propagandaposter werden ausgerollt. Ein Zug rattert vorbei, die Fenster vergittert. Müll wird halbherzig eingesammelt. Die Felder sind penibel bestellt und werden per Gießkanne gewässert. Die Ware wird ordentlich und umsichtig auf das Motorrad geschnallt. Der nächste Arbeitstag kann beginnen.

Mit einem Kleinbus geht's in Richtung Halong-Bucht, dem angeblichen Höhepunkt einer jeden Vietnam-Reise. Wie alle Touristen werden wir an einer Werkstatt abgeladen, wo Körperbehinderte, auch durch Agent Orange, Bilder in Tücher sticken.

Die Halong-Bucht ist magisch, ich fühle mich wie in Avatar. Riesige Kalksteinriesen ragen aus dem Wasser, teils bewaldet, teils kahl, in den verschiedensten Größen und Formen. Dichte Wolken verschlucken die Felsen am Horizont. Wir können nur erahnen, dass es landschaftlich noch ewig so weiter geht.

Unser Boot ist wunderschön, von innen schauen wir herab auf die Vietnamesen, die fischen oder neben uns herpaddeln, um noch ein paar Ketten an den Mann zu bringen.

Mit einem kleinen Boot rudert man uns durch einen schmalen Durchgang in das Innere eines solchen Felsblocks. Eine wunderbare Stille umfängt einen, wenn nicht grade jemand Tierrufe nachahmt oder albern mit dem Kajak gegen eine Felswand dotzt. Auf der nächsten Insel ein kleiner Sandstrand mit Volleyballfeld; die Kälteresistenten gehen sogar schwimmen. Also die 400 Stufen zu einem Aussichtspunkt hochgekraxelt: Felsen, solange die Wolken sie nicht überlagern, und lauter Touristenschiffe mit gesetzten Segeln – ein wunderschöner Anblick. Nicht auszumalen, wie das alles bei blauem Himmel und türkisgrünem Wasser aussehen könnte.

Mit zehn anderen meiner Mitreisenden stehe ich um sieben Uhr morgens auf dem Sonnendeck und fühle mich ziemlich lächerlich. Während die wunderschöne Landschaft an uns vorüberzieht, mühen wir uns mit komplizierten Bewegungsabläufen ab. Der Spanier vor mir wirbelt enthusiastisch mit den Händen durch die Luft und ringt um sein Gleichgewicht, als er auf einem Bein stehen soll: Wir machen Tai Chi, die Morgengymnastik der Vietnamesen.

Den Rest des Tages verbringe ich im Bett – mal wieder krank. Aber es gibt schlimmere Orte, um krank zu sein, zum Beispiel eine Berghütte in Nepal. Ich liege im weichen Bett, während wie auf einer riesigen Leinwand die Kalksteinfelsen an mir vorüberziehen.

Ende der Magie

Nach drei Tagen Rückfahrt nach Hanoi.

Es läuft nicht, wie geplant. Statt, wie erwartet um 15 Uhr, treffen wir um 17 Uhr in Hanoi ein und werden als letzte zu unserem Hotel gebracht. Den Literaturtempel, den ich mir eigentlich angucken wollte, kann ich also schon mal knicken. Auch der nächste Tempel auf dem Programm schließt genau vor meiner Nase seine Pforten. Ich sehe kaum etwas von Hanoi und bin dementsprechend enttäuscht; kurz darauf folgt ein Tief: Wieder alleine weiterreisen, zu einem Kontinent, wo mich keiner erwartet (abgesehen vielleicht von Perry, einem Freund meines Onkels, bei dem ich übernachte), und ich nicht weiß, was kommt. Überhaupt gefällt mir Asien so gut; das ich diese Entspanntheit hier nicht missen möchte, dieses In-den-Tag-hinein-leben. Zur Beruhigung der Nerven aller marchieren wir zu dem für heute ausguckten Restaurant und – Bingo – es ist einfach toll: Eine Garküche in gehobenem Ambiente. In einem Riesenhaus mit Riesengarten werden auf mehreren Etagen Gäste mit den typischen Spezialitäten der hiesigen Garküchen verwöhnt. Als krönenden Abschluss bestellt meine Mutter den Hot Pot Seafood, ein Gericht, das auf allen möglichen Speisekarten prangt, das wir aber noch nie probiert haben. Kurze Zeit später balanciert der Kellner einen Teller herbei: roher Fisch und Meeresfrüchten, Salat und vorgekochte Nudeln samt einem riesigen Topf mit Feuerstelle drüber. Überforderung! Der Kellner muss uns erstmal helfen, das Gericht vorzubereiten, und weil es so üppig ist, helfen mein Vater und ich beim Essen mit. Gerade für meine Mutter geht dieses Experiment nicht gut aus: Alle Leute gucken, als sie mit tränenden Augen, hustend und mit laufender Nase nach Atem ringt. „Scharf!!!", bringt sie grade noch hervor. Die kleinen Stücke Chili in der Suppe hatten es wohl in sich. Ab da sind mein Vater und ich vorsichtiger und fischen unsere Chili-Stücke aus dem Essen, aber meine Mutter ist sich sicher: „Einmal Hot Pot und nie wieder!"

Ich will nicht weg. Mal ganz abgesehen davon, dass ich von jetzt an wieder alleine losziehe, habe ich mich in Asien verliebt. Die Andersartigkeit fasziniert mich; stundenlang könnte ich die Städte und Dörfer durchstreifen, einfach nur beobachten und staunen. Es gibt hier noch so viel, was ich gerne sehen würde; Laos, Malaysia, Singapur, Indonesien ... es geht´endlos weiter. Ich will die entspannte Atmosphäre, die Gelassenheit und die netten Menschen (wobei ich besonders an Kambodscha und auch Nepal denke!!) nicht verlassen.

Die Morgennachrichten schallen aus den Lautsprechen. Wir schlendern ein letztes Mal durch Hanoi. Es ist einfach phantastisch hier. Viele nette Häuschen, in der Altstadt lauter Gässchen, und in jeder ein anderes Warenangebot.

Tausend Schuhe, tausend Farbeimer, es geht ewig so weiter. Überall sind kleine – wortwörtlich – Straßencafés, Menschen schlürfen das morgendliche Pho (Suppe) und wärmen sich an den Teetassen. Frauen schleppen ihre Ware herum und versuchen, ein paar Backwaren an uns zu verscherbeln. Die Stromkabel wirr wie immer, kleine Tempel quetschen sich zwischen die anderen Häuser, und hier und da ein paar ausnehmend schöne Häuser. Ich fotografiere eine alte Frau auf ihrem Balkon, die mir sofort mit breitem Lächeln zuwinkt. Ich winke strahlend zurück – das ist, warum ich Asien liebe. Verzichten kann ich aber auf Gespräche, die ich davor zwischen einem Guide und einem Touristenpaar gehört habe: „You have so much money! I am so poor." Keine Bettler en masse mehr, Menschen, die einem Gliederstumpfe entgegenhalten oder ihre hungrigen Kinder. Natürlich gibt es das daheim auch, aber nicht in solchem Maße und vor allem nicht in einem so von Armut durchtränkten Umfeld.

Meine Eltern begleiten mich zum Flughafen. Nach ein paar schnellen Tränen bin ich – erstmal – wieder alleine. Ich kann gar nicht glauben, dass das erste Drittel meiner Reise – Asien – schon passé ist! Meine wahrscheinlich interessanteste Erfahrung. Ab jetzt ist kulturell weniger zu entdecken; keine schrägen Geschichten über Nachbarn, die von den Geistern gequält werden; keine verrückte Taxifahrt mit Fast-Überfall; kein Kauern über drei Portionen Frühlingsrollen, weil die Bedienung einen falsch verstanden hat. Keine Straßenküchen, quirligen Märkte, Umrechnungen mit wahnwitzig hohen Zahlen. Ab jetzt gibt es keine unbekannten Speisen mehr, keine faszinierenden Traditionen mehr zu bestaunen, deren Sinn ich nicht kapiere. Ab jetzt verstehe ich wahrscheinlich alles, nicht nur sprachlich, sondern auch kulturell. Und das macht mich traurig; einfach nicht mehr so viel entdecken zu können, kein so aufregendes Abenteuer mehr zu erleben. Zwar noch Nervenkitzel, aber kein Nervenzerreißen mehr. Dafür hat der „fünfte Kontinent" sicher auch Riesenvorteile. Ich freue mich schon auf meinen ersten richtigen Salat; endlich wieder Kranwasser trinken, unendlich viel ungeschältes und ungekochtes Obst und Gemüse futtern und das Klopapier das Klo runterspülen zu können, ohne bang sein zu müssen, damit das labile vietnamesische Abflusssystem zu sprengen. Ferner: ohne größere Schwierigkeiten die Straße überqueren und Dinge erstehen zu können, ohne erst in langwierige Verhandeln eintreten zu müssen, nicht mehr durch die Hautfarbe „diskriminiert" zu werden und stattdessen voll integriert und akzeptiert zu sein, micht mehr als „reich" abgestempelt und nicht mehr übers Ohr gehauen zu werden, einfach – ein Stück Bekanntheit im Neuland.

AUSTRALIEN, SYDNEY

Was für ein Leben!

Eine Woche
Am Donnerstag, den 05.01., treffe ich auf dem fünften Kontinent ein. Erstmal ist alles anders: Die Menschen meist weiß, alles sauber, Regeln über Verhalten und Einfuhr – ich schmuggle erstmal ein Paket Erdnüsse mit ein, weil mir das zu umständlich ist, bei der „nut-section" der Zoll-Karte anzugeben. Ungewohnte Über-Bürokratie. Alles so geordnet und sauber, die Menschen sind unglaublich nett und hilfsbereit, und beim Check-In für meinen Flug nach Sydney – ich bin in Melbourne gelandet – treffe ich schon auf den ersten Typen, der mit Surfboard eincheckt. Ich kann nur in Australien sein.

Wir fliegen über endlose Weiten und Flachland, hie und da ein spärliches Farmleben. Wir nähern uns immer mehr der Westküste, bis wir in der „Perle Australiens" landen. Sydney. Früher als geplant landen wir, schneller als gedacht, bekomme ich mein Gepäck, aber der Shuttle, den Perry mir bestellt hat, kommt nicht. Nach einer Stunde gerate ich allmählich ins Schwitzen, bis mein Fahrer auftaucht und mich in die Stadt fährt. Unterschied zu Asien: Hier wartet der Kunde, da wartet der Fahrer.

Hier ist alles so geordnet und sauber. Der Straßenverkehr verwirrt mich wegen des Linksverkehrs. Nicht, dass ich das in Nepal und Thailand nicht erlebt hätte, aber da war eh alles so verrückt und ungeordnet, dass mich das gar nicht gestört hat. Jetzt sitze ich in dem gekühlten Shuttle, höre endlich wieder Musik, die ich kenne, und sauge begierig alles auf. Ich weiß gar nicht, was ich jetzt von Australien halten soll – viel anders als in Amerika wirkt das hier nicht. Dabei war Asien war so schön, etwas Außergewöhnliches, exotisch und errregend. Doch endlich, endlich erfasse ich, dass ich in Sydney bin, in Sydney!, und langsam breitet sich ein Lächeln auf meinem Gesicht aus.

Über die Harbour Bridge, einen ersten Blick auf die Oper erhaschen, geht es weiter nach Norden, einen Hügel hinauf, und schon stehe ich vor dem Haus, das ich mir vorher bei GoogleEarth schon mal angeguckt habe. Ein

durchgeschwitzter Junge hastet an mir vorbei die Einfahrt hinauf. Ich habe überhaupt keinen Schimmer, wer oder was mich jetzt hier erwartet. Unsicher steige ich die Stufen hinauf – wo ist denn hier bloß der Eingang? – und klingle. Der Junge öffnet. Verwirrung auf beiden Seiten. „Are you Perry?" Das kann ja gar nicht sein, Perry ist ja schließlich ein Freund von meinem Onkel, und der ist jetzt wirklich keine zwanzig Jahre alt. Nein, er ist Schwede, und Perry ist nicht da, aber meine Ankunft wurde schon angekündigt, so dass er mir erstmal das Haus zeigt. Victor ist zweiundzwanzig Jahre, richtig nett und grade eine Stunde lang den Hügel hinaufgelaufen, weil er letzte Nacht in Bondi Beach auf einer Party war, weder Geld noch Handy mehr besitzt und seine schwedischen Freunde mit dem Campervan verloren hat. Welcome to Sydney, Baby! Bald darauf schneit Naoko, Perry's Frau, mit zwei Kindern und ihrer Mutter herein. Dass Perry Kinder hat, wusste ich vorher auch nicht, aber Chintaro (Junge, fünf) und Hanako (Mädchen, zwei Jahre alt) sind unglaublich süß. Und Naoko erst – die japanische Freundlichkeit in Person, dazu eine einnehmende Ausstrahlung und äußerst hübsch. Auch, wenn ich hier keinen Platz für mich habe und meine Sachen gleich im Wohnzimmer, wie ich finde jedem im Weg stehen, fühle ich mich sofort wohl.

Eine multikulturelle Großfamilie

Zur Feier des Tages lädt Perry alle zum Italiener ein. Zusätzlich zu der Familie sind hier nämlich noch zwei weitere Schweden und ein Däne – es ist fast, als befände ich mich in einem Hostel und ein ziemlich verloren dazu – was bloß essen? Reis finde ich nicht auf der Speisekarte. Aber dann, endlich, nach drei Monaten, endlich wieder ein richtiger Salat mit Avokado und Mango!

Ich fühle mich wie in einer Großfamilie; wir brauchen zwei Autos zum Restaurant, und ich fahre mit den Jungs in dem Campervan. Vier Jungs in einem Van gleich Klamotten überall auf dem Boden verstreute und ein beißender Geruch nach Pumakäfig. Die Jungs spielen die ganze Zeit mit den Kleinen, Nakos Mutter sitzt stumm bei uns am Tisch, weil sie kein Englisch spricht, und Perry und ich unterhalten uns über Gott und die Welt. Zum Nachtisch holen wir ein Eis, leihen eine DVD, setzten uns vor den Fernseher und lassen es uns gut gehen. Ich fühle mich fast wie in Amerika und äußerst wohl.

Sydney gefällt auf Anhieb. Gleich am ersten Tag gehe ich joggen, und hier, südlich des Stadtkerns, ist es richtig schön, hügelig, lauter Strände und Buchten, moderne Häuser – etwas an L.A. erinnernd. Naoko setzt mich aus und ich laufe los, aber aufgepasst, auch auf der Promenade herrscht Linksverkehr! Dann zieht das Wasser meine Aufmerksamkeit magisch auf sich. Ich laufe barfuß in der frischen Brise am Strand. Alle hier sind irgendwie aktiv und attraktiv, mit den Kindern oder dem Surfbrett unter dem Arm unterwegs und genießen das Leben. Nach dieser erfrischenden Joggingrunde die nächste Überraschung: Als ich am Zebrastreifen anhalte, um die Autos durchzulassen, bleiben alle Autos stehen – ich bin überrascht, was machen die denn da? Doch dann fällt mir wieder auf, dass ich nicht in Asien bin, und husche beschwingt über die Straße.

Karl, einer der Schweden, nimmt mich mit zum Bondi Beach, dem wohl berühmtesten Strand Sydneys. Also ab in den Campervan und losgefahren, wieder vorbei an der Harbour Bridge und der Oper. Ich verfranse mich mit den Wegweisungen auf seinem schwedischen iPhone, und schon gibt es eine kurze kostenlose Sightseeingtour durch Sydney Downtown. Es ist schon spät und daher wenig los, aber der Strand ist wunderschön, gesäumt von Palmen, einer kleinen Bucht und Häusern drumherum. Eine Frau in rotem Jogginganzug sitzt im Yogasitz vor dem Meer, umgeben von Möwen, wie aus dem Fotokatalog. Nach einem kurzen Spaziergang über den Strand gehen Karl und ich noch etwas trinken. Ich bin etwas gestresst: Es ist schon halb sechs, bald wird´s dunkel, und im Finstern noch nach Hause zu fahren ist ja nicht so gut. Doch die Sonne will nicht untergehen, so dass ich mir in Erinnerung rufe: Du bist nicht in Asien, hier wird es erst so um halb zehn dunkel, und relativ sicher ist es hier nachts auch. Fasziniert gucke ich der Sonne zu, wie sie sich gemächlich verabschiedet, während Karl und ich nach Hause fahren. Im Campervan, mit seiner neuen Stereoanlage, voll aufgedreht, Fensterscheiben runtergelassen, brausen wir die Strände entlang und durch den Linksverkehr – welch ein Leben!

Surfer's Paradise

Endlich mal geht es Surfen! Perry schnallt die Bretter aufs Dach, die Kinder in die Kindersitze. Die Jungs werden vergeblich wachgerüttelt, also los, ab nach Manly. Es ist schon eine Menge los hier, lauter ambitionierte Surfer hocken auf ihrem Brett und warten auf DIE Welle. Ich geselle mich dazu, aber puh, es ist weitaus anstrengender, als es immer ausschaut! Schon die richtige Welle zu erwischen, wird zu einer Herausforderung; das Paddeln erweist sich als richtig anstrengend, und ich befürchte, Leute mit meinem

Brett zu überfahren. Andere Profisurfer geben mir aufmunternd Tipps, und mit Perry's kräftiger Hilfe schaffe ich es, ein paar Wellen im Liegen zu nehmen. Einfach toll! Währenddessen zeigt Perry als gekonnter Surfer, Lifeguard und mehrmaliger Gewinner der Paddeling-Competition Australiens, was er drauf hat. Surfen? Ist doch einfach.

Bondi Beach

Nach einer Dreiviertelstunde wird mir langsam kalt. Perry surft vor zum Strand, während ich auf meine letzte Welle warte. Da ist sie, türmt sich vor mir auf, ich paddle, was das Zeug hält, bin auf der Welle, dann taucht mein Surfboard mit der Spitze ein, katapultiert mich runter und ich finde mich mittendrin, untendrunter. Wo? Es tost und braust, ein paarmal herumgewirbelt, und ich hab keine Ahnung mehr, wo jetzt oben oder unten ist, bin völlig orientierungslos, aber ich hab noch Puste und warte, bis ich von selbst nach oben treibe. Perry ist schon besorgt zur Stelle, weil mein Brett ohne mich aufgetaucht war, aber mir ist nichts passiert. Erst als ich mich später zum Trocknen an den Strand lege, verspüre ich ein leicht schwummriges Gefühl im Kopf. Aber keine Haiattacke, kein Schürfen über den Sand oder Nackenbrechen beim Anstoßen auf dem Grund – all diese Horror-Szenarien zeigt Perry mir auf. Da man hier nicht um seine Existenz kämpfen muss, wird aus so einem Surfunfall schon mal ein größeres Drama als in Asien gemacht.

Ich entdecke ein paar der 110 Strände der Millionenstadt, wir fahren immer wieder durch Häfen und schöne Wohngegenden. Mit zum erfolgreichen Syndeybesuch zählt natürlich das Nachtleben: Ich sitze mit fünf Jungs im

Campervan, der nach Puma duftet. Wir parken den Van in einer Seitenstraße, laufen zu einer Bar in der Nähe, wo ich gefühlte tausend weitere Schweden treffe und mir mehr oder weniger aus Versehen einen Cocktail für satte $15 hole. Die Schweden sind allesamt nett und lustig, sprechen aber leider auch, wie soll es anders sein, oft Schwedisch miteinander. Viel Schwedisch hab ich trotz meines Umfelds nicht gelernt: Hej, Ischlu-Pischlu und „Wie heißt dein Hund?". Hier in der Bar fühle ich mich aber um einiges wohler als in den Clubs Kambodschas: Keine Prostituierten; die Leute machen sich schick, und als Mädchen muss man weniger aufpassen, „freizügig" rumzulaufen. Doch auch hier krabbeln Kakerlaken über die Bänke.

Australisches Lebensgefühl

Einen ganzen Tag lang widme ich mich der Erkundung der Innenstadt von Sydney. Mit der Fähre tuckere ich von Manly Beach zum Circular Quay, bestaune die Kulisse der Stadt, schlendere zur Oper, durch den riesigen Botanic Garden, treffe ein paar Italiener, die mich ein Stück des Weges begleiten wollen, aber nach so viel Alleinreisens funktioniert das grad nicht. Denn das Alleinsein besitzt auch seine Vorzüge: Man kann nach Herzenslust und Laune schalten und walten, wie es einem beliebt, Halt machen und irgend ein Ziel ansteuern, selbst wenn man die absurdesten Umwege nimmt. Und genau das ist jetzt der Fall: Ich bummle bestimmt sechs Stunden durch Sydney, bis Oberschenkel und Füße schmerzen und sich das Gefühl einstellt, genug gesehen zu haben. Und das stimmt: Sydneys Innenstadt mit tausend Shoppingmöglichkeiten, alten Rathäusern und wunderschönen Einkaufsgalerien eingequetscht zwischen den zahllosen Hochhäusern; Darling Harbour mit dem schönen chinesischen Garten und dem eher häßlichen Hafen, und schließlich „The Rocks", mit typisch australischen alten Häuschen und Gassen, dem Planetarium und einen tollen Blick auf die Harbour Bridge. Froh, endlich wieder sitzen zu können, mache ich mich auf zur Fähre, vorbei an den Aborigines, die musizieren, und endlich „nach Hause".

Wie immer, wenn ich irgendwo ankomme, habe ich schon nach meinem ersten Tag das Gefühl, nicht lange genug zu bleiben. Wie immer, war ich erst skeptisch, und jetzt will ich nicht mehr weg. Und doch kommt auch hier der letzte Tag, typisch für Sydney: Schwimmen, in den Wellen surfen und die Sonne genießen. Naoko bereitet zur Feier des Tages Sushi zu. Uns kommen beide fast die Tränen, als wir uns zum Vor-Abschied umarmen. Wieder habe ich ein kleines Zuhause weit weg von zu Hause.

NEUSEELAND NORDINSEL

You gain some, you lose some.

5 Wochen

Willkommen auf neuseeländischem Boden! Nach einem fast vierstündigen Flug (ist es denn immer noch so weit?) merke ich: Hier ist es doch deutlich frischer als in Sydney. Durch die Fenster erblicke ich Hügel und Seen – typisch neuseeländisch. Wie schon am Ticketschalter der Emirates in Sydney angekündigt, stimmt die Reisepassnummer auf meinem Visum nicht, so dass ich ein Weilchen warten muss. Welch ein Glück! Direkt neben mich setzen sich zwei weitere Deutsche mit demselben Problem. Fast sofort kommen wir ins Gespräch, verstehen uns auf Anhieb und marschieren weiter zur Gepäckkontrolle. Verrückt, was die hier alles wissen wollen – ob man in den letzten 28 Tagen in der Natur gewesen sei, joggen oder wandern, ob man mit Tieren zu tun gehabt habe, ob man IRGEND ETWAS an Essen einführe. Wer denken die denn, wer wir seien? Absolute Sportbanausen und Couchpotatoes, die nie an die frische Luft gingen und sich dort bewegten? Trotzig gebe ich nichts an, und auch Kathi und Magnus, meine neugefundenen Leidensgenossen, kommen gut durch.

Abends treffe ich mich trotz einiger Schwierigkeiten mit dem ÖPV mit den beiden – hier muss man doch tatsächlich die Busse heranwinken, selbst wenn man wartend an einer Haltestelle sitzt. Gleich zwei rauschen schlicht an mir vorbei, bis mir ein gütiger Bauarbeiter netterweise erklärt, wie das hier abläuft.

Auckland City erweckt keinen einnehmenden Eindruck. Zwar finden sich ein paar ältere, schöne Häuser, aber ansonsten handelt es sich um eine eher seltsame Mischung DDR-ähnlicher Hochhäuser. Nach einiger Zeit stoßen wir endlich auf einen Riesen-Supermarkt, können uns aber für nichts entscheiden. Durch die Dollar-Preise wirkt alles noch viel teurer. Beute sind schließlich Nudeln mit fertiger Tomaten-Sauce. Uns allen knurrt der Magen gewaltig. Im ACB-Hostel der beiden herrscht eine rammelvolle Enge, so dass lange auf einen Topf zu warten ist. Überhaupt ist der Schuppen eine richtige Massenabsteige, mit versiffter Küche, dazu alles abstoßend unpersönlich. Es bleiben Nudeln übrig. In Ermangelung einer Tupperdose stopfen wir sie in eine Plastikflasche. Magnus nickt am Tisch ein, während Kathi und ich richtig albern vor lauter Müdigkeit sind. Raus aus dem lauten, vollen ABC-Backpackers – da bin ich doch froh, mein Refugium von Hostel zu erreichen, insbesondere, als ich bemerke, dass mein Dreibettzimmer noch frei ist.

Organisation

Damit bin ich die ersten paar Tage vollauf beschäftigt. Erstmal die IRD-Nummer (Steuernummer) beantragen und ein Konto eröffnen, alles bei der Post. Ready, set and (almost) go für travel and work! Und dann das anstrengendste: Autosuche. Hier nach dem Motto: Wer die Wahl hat, hat die Qual. Wir ackern uns durch diverse Broschüren, Ordner und Webseiten, inspizieren eine Backpacker's Carmarket, reden mit tausend Leuten, lassen uns zur Probe in Autos rumkutschieren und strecken uns darin aus. Entscheidend ist dann am Ende doch der Preis unter Berücksichtigung der Zugaben. Endlich ein Angebot, das sich perfekt anhört: Ein Mitsubishi Chariot mit Angel, Schlafsäcken, einem Zelt, Campingkocher, Matratzen und vielen weiteren Utensilien. Inzwischen ist es schon Samstagnachmittag. Keine Werkstatt hat noch auf, um das Ding durchzuprüfen (mechanical check). Keiner von uns kennt sich mit Autos aus. Wir sitzen alle auf glühenden Kohlen, wollen unbedingt Auckland verlassen und sitzen jetzt mindestens noch bis Montag hier fest. Da hilft kein Meckern; es ist nichts zu ändern. Mein Hostel ist schon belegt, aber zum Glück finden wir auf die Schnelle noch eins in der Nähe, auch in einer attraktiven Gegend. Sonntag pilgern wir zum Sonnenuntergang auf den Mount Eden, ein Hügel in der Nähe des Hostels, zu einem Picknick. Kurz vorher hat Michael, unser Autoverkäufer, angerufen, dass er einen anderen Interessenten gefunden habe, der noch mehr zahlen würde ... was beweist, wie nervenschabend die Autosuche ist. Leicht deprimiert versuchen wir, uns nicht den Abend versauen zu lassen. Das gelingt: Der Sonnenuntergang ist unvergesslich. Zurück am Hostel machen wir uns halbherzig noch mal auf Autosuche, bis die erlösende SMS ankommt: Der Interessent ist abgesprungen, jetzt steht uns und dem Chariot nichts mehr im Wege.
Im Nachhinein vermute ich, dass es zu der Zeit überhaupt keinen weiteren Interessenten gab. Ein weiterer Versuch, unser Preisangebot etwas in die Höhe zu treiben, nach dem Motto „Wer bietet mehr?" Das ist alles eine Mafia, wo eine Hand die andere wäscht, und wo arme, leichtgläubige Rucksackreisende freundlich beschwindelt und skrupellos ausgenommen werden.

Das Abenteuer geht los

Wir stiefeln los Richtung Michael, der uns mit dem Auto zu einer Werkstatt fährt. Der „History Check" verläuft zugunsten des Autos, auch in der Werkstatt kommt nicht viel raus: Eventuell einen Reifen wechseln, die Stoßdämpfung, Motorenöl läuft aus, ein Keilriemen ist zu wechseln. Wir entscheiden uns nur für Letzteres – ein Ölleck nachgucken zu lassen ist zwar nicht teuer, aber die Reparatur dann doch, und Michael versichert uns, dass es schon länger nur wenig lecke. Also schwupps, ab zur Post, Fahrzeugpapiere auf Magnus übertragen, Versicherung abschließen und Geld überweisen, per „Online Banking" tausend Kilometer über den Ozean. Dass wir jetzt ein Auto besitzen, können wir noch nicht richtig fassen. Michael kutschiert uns noch zum Hostel, damit wir uns nicht durch den städtischen Linksverkehr quälen müssen, und schon packen wir voller Tatendrang unsere Schatztruhe an Auto aus.

Was da nicht alles so zu finden ist: Salz, Pfeffer und andere Gewürze, Sonnencreme und Shampoo, ein Schlafsack, mehrere Isomatten, Luftmatratzen, Zelte, Campingstühle, -tische und -kocher: Einfach alles. Wir sortieren ein wenig aus, säubern innen so gut es eben ohne Staubsauger geht, und schon werden unsere eigenen Sachen in unser eigenes Auto gequetscht. Wir wischen uns den unsichtbaren Schweiß ab, als alles passt und es so scheint, als passe selbst ein vierter Riesenrucksack noch bequem in den Kofferraum. Denn in einer Woche kommt noch Niklas, ein Freund von Kakü und Magnus. Die nächste Station ist der Supermarkt, wo wir uns Vorräte an Wasser, Reis und Dosenessen zulegen. Schließlich hocken wir uns auf den Parkplatz und überlegen, wohin als erstes. Es wird Karekare. Ich fahre als erste im Linksverkehr; ziemlich ungewohnt. Den Scheibenwischer probiere ich regelmäßig auch gleich unfreiwillig aus, weil ich eigentlich blinken will, aber ansonsten klappt alles.

Gemächlich verlassen wir die Stadt. Die Besiedlung wird dünner, aber die Bewaldung nimmt zu – aber holla. Unsere Straße zieht sich durch enge Kurven, wo manchmal nur 25 km/h erlaubt sind, langsam zur Küste hin, bis unsere Abzweigung auftaucht. Nun steil den Berg hinunter, Gegenverkehr muss man auf der engen Straße rechtzeitig erkennen und passieren lassen, dann noch schnell über eine Einbahnbrücke, und schon treffen wir vor unserem ersten, kleinen Campingplatz ein. Zwei Zelte stehen schon da, aber sie sind leer. Die Aufsicht, bei denen wir eigentlich berappen müssen, ist unauffindbar. Egal, erstmal ab zum Strand – und was für einer! Raue, riesige Felsblöcke und -hügel wechseln sich mit schwarzen Sanddünen ab. Es ist eisig hier, aber dafür auch wunderschön. Wir sind in Neuseeland! Unser zweiter Sonnenuntergang hier ist unspektakulärer, aber dafür am Meer. Wir schlendern zurück zum Auto, improvisieren ein Essen – gebackene Bohnen aus der Dose, aufgewärmt zusammen mit Baguette. Zum Glück helfen die mitcampenden Neuseeländer mit dem Campingkocher uns. Da die Dunkelheit hereingebrochen ist, die Zelte ganz unten verstaut sind und wir sie sowieso noch nie aufgebaut haben, nächtigen wir kurzerhand im Auto. Abenteuer! Ich fühle mich ein wenig wie in Nepal – es wird kalt gespült, und das Klo hat einfach einen Auffangbehälter statt irgendeiner Ableitung, aber es macht Spaß. Ich ergattere die Rückbank und versuche, irgendwie meine Beine unterzukriegen. Kakü schläft auf dem Fahrer- und Magnus auf dem Beifahrersitz. Schlafen ist mächtig übertrieben. Aber wir ruhen, und das in unserem eigenen Wagen!

Lebensretter

Unser erster Morgen im Abenteuer, in der „Wildnis", unabhängig. Die größte Herausforderung ist, sich zu entscheiden, wohin es heute gehen soll – die Entfernungen sind auf der Karte schlecht einzuschätzen, vor allem wegen der unbekannten Straßenbeschaffenheit. Wir wollen zu einem Nationalpark fahren, frühstücken unser gesundes Müsli und putzen uns mitten auf der Grünfläche die Zähne – ein bisschen Hygiene muss ja sein. Wir wurschteln uns durch die Karten und Straßen und sind guter Dinge, als unversehens das Auto beunruhigende Geräusche von sich gibt und das Gas nicht mehr zieht. Voller Bangen halten wir an, es ist, als würde das Auto ab dem vierten Gang nicht mehr automatisch hochschalten oder als gebe man im Leerlauf Gas. aber Was tun? Verloren und hilflos hocken wir an einer Bushaltestelle am Straßenrand und warten darauf, dass der Motor kühlt, um den Ölstand überprüfen zu können. Fragen, die wir uns alle stellen: Was nun? Was haben wir uns da angeschafft?

Nach circa einer Stunde Sorgen und bei mieser, niedergedrückter Stimmung fährt ein Wagen bei uns heran. „You guys all right?" Wissen wir selbst nicht wirklich. Ein Kiwi mit schulterlangen, roten Locken und Piercings samt schwangerer Ehefrau steigt aus und guckt sich unseren Motor an. Er schraubt ein bisschen hier und da herum, schließt die Batterie ab und wieder an, und auf einmal läuft der Motor wieder. Aber eine Spur anders als zuvor klingt er schon. Unter großer Hoffnung machen wir uns wieder auf den Highway, hinter uns unsere Retter, und sind schon guten Mutes, als die Drehzahlanzeige wieder verrückt spielt und sich alles wiederholt. Wieder Warnblinklicht, an die Seite, aussteigen und ratlos vor das Auto stellen. Schließlich übernimmt Dan das Ruder und heizt mit unserem Wagen, soweit immer wieder möglich, bis zur Werkstatt in Helensville. Hier soll unser Guter jetzt also repariert werden – hoffentlich nicht für viel mehr, als wir eh schon verpulvert haben! Wir profitieren wirklich von der neuseeländischen Gastfreundschaft – Dan und Carla nehmen uns mit zu sich nach Hause und bieten uns sogar ein freies Zimmer an, Dan holt ein paar Bier und macht damit gleich die Runde, und das um halb 5 Uhr nachmittags. Aus Höflichkeit können wir natürlich nicht ablehnen. Kurze Zeit später fährt er uns mit seinem riesigen Truck zu den Sanddünen in der Nähe. Die Gegend ist malerisch. Dschungel auf Dünen und das soweit das Auge reicht, aber sein Fahrstil ist mörderisch. Auch, wenn keiner im Auto sitzt, lässt er den Motor an. Wir holpern über die Dünen, dass wir uns wie in einer Achterbahn fühlen. Mit den Worten „I'm gonna get naked" zieht sich Dan die Badehose an und springt in die Fluten, kann aber keinen von uns zum Mitzukommen überreden. „Don't be so German, guys!" Verrückter Typ. Wie genau sind wir noch mal hierhin gekommen?

Papas zauberhafte Tomaten

Zurück am Haus beschäftigen uns die beiden Mädchen, sieben und ein Jahr alt. Hanfpflanzen wachsen gemütlich neben dem Kinderspielplatz; Tyla erklärt uns stolz, dass dies Tomatenpflanzen von ihrem Daddy seien. Überhaupt ist Dan ziemlich verrückt: Er hat riesige Tatoos und zwei Nippelpiercings, geht nass und in Badehose einkaufen und hat seine gesamten fünf Motorräder betrunken zu Schrott gefahren. Selbst seine siebenjährige Tochter besitzt einen Squad. Mit einem kleinen Elektroauto nervt er die Nachbarn und baut ansonsten die größten Katamarane der Welt. Man merkt wirklich, dass das Leben hier äußerst einfach ist; denn außer dem Fernseher, Autos und Alkohol herrscht hier wenig Abwechslung. Welch eine Perspektive für die Menschen hier.

Es ist mal wieder eine Situation, die unglaublich scheint: Zwei Schicksale kreuzen sich zufällig auf dem Highway. Wir bekommen kostenlos einen Homestay und damit eine tiefere Einsicht in das Leben in Neuseeland. Wir sind von unbekannten Kiwis großzügig gerettet worden und sitzen jetzt in einem Zimmer ohne Tür, in einem Haus ohne Spiegel, dem Schicksal sowie dem Geschick und Gehalt unseres Mechanikers ausgeliefert. Ob wir Michael anrufen und unser Geld zurückverlangen werden? Können wir eigentlich nicht, denn schließlich haben wir schon berappt, womit das Risiko ist jetzt auf unserer Seite liegt. Und was zur Hölle haben die Mechaniker im „mechanical check" gemacht, wenn sie das nicht bemerkt haben? Stecken jetzt auch noch die Mechaniker mit dem Verkäufer unter einer Decke? Ich bin heilfroh, nicht alleine und im Nirgendwo auf der Südinsel gestrandet zu sein.

Unsere Haupttätigkeit besteht aus Warten. Warten auf einen erlösenden Anruf aus der Autowerkstatt, aber danach sieht es erstmal nicht aus. Die Mechaniker finden das Problem nicht. Eventuell ist mehr als ein Teil zu reparieren. Herrlich! Wir sitzen alle auf glühenden Kohlen, wollen einfach nur los. Aber diese Reparaturgeschichte, hätten wir keinen Einblick in neuseeländisches Leben gewonnen, so eintönig es auch sein mag. Wir hätten weder unseren verrückten Dan getroffen, noch wären wir mit einem Truck über die Dünen gebraust. Wir hätten weder das neuseeländische Farmleben noch die neuseeländische Gastfreundschaft kennengelernt, weder Wäsche in einer Waschmaschine waschen können, noch in einem Haus mit aufbewahrbaren Lebensmitteln gewohnt. You gain some, you lose some. Das Leben verläuft hier richtig zäh. Nicht viel los. Karla berichtet uns von ihrem Leben: Im Alter von sechzehn Jahren hat sie Dan kennengelernt, ist schwanger geworden, und das war's dann. Jetzt, mit 24 Jahren, ist sie Kindergärtnerin, zweifache Mutter und wieder guter Hoffnung. Ihre jüngere Schwester, sechzehn Jahre alt, ist ebenfalls schwanger aber ohne Mann. Welch perspektiveloses Leben! Schier unvorstellbar. Das Gefühl stellt sich ein, als würden Dan und Karla die Abwechslung, die wir ihnen bieten, sehr genießen. Jedem, mit dem sie reden, erzählen sie: „We picked up some stranded Germans!" Endlich mal was los in dem 2.000 Seelen-Nest!

Nichts los

Im Endeffekt sind wir ganze fünf Tage bei Dan und Karla. Fünf nervenzerreibende Tage, während der wir um unser Auto hoffen und bangen und vor Langeweile nur noch Kniffel spielen. Dan's Mutter hat Pferde und nimmt mich auf einen Ausritt mit. Und Dan und Carla fahren mit uns zur „Goat Island", einem Taucherparadies. Crazy Dan überrascht uns immer wieder: Wir machen einen kurzen Stopp an einem Aussichtspunkt, und, beflügelt von der morgendlichen Portion Rum mit Cola, macht Dan erstmal Purzelbäume den Abhang hinunter. Oder er fährt einfach vom Highway auf irgendeine Ruckelpiste, nur um Abwechslung zu bekommen, auch wenn das heißt, dass wir wieder umdrehen müssen, um die Hauptstraße zu erreichen. Häufig strengt er uns an, wenn er morgens mit voll aufgedrehter Elektro-Musik den Highway entlangbraust oder so lange auf unseren Betten herumspringt, uns kitzelt oder die Nase zuhält, bis wir endgültig wach sind.

Ziemlich bald sind wir ziemlich angenervt, nicht zuletzt, weil die Mechaniker sich nicht melden, wenn sie einen Anruf versprochen hatten. Die Elektriker kommen nicht, die Teile kommen nicht, alles ist lahm, aber wir wollen los! Dann kommt der erlösende Anruf: Das Auto ist bald fertig, und die Reparatur wird wohl nicht zu teuer. Zeit zum Feiern!

Es ist seltsam, sich nach einer Woche solcher Gastfreundschaft zu verabschieden. Dan prophezeit, dass er, wenn er von der Arbeit komme, schlecht gelaunt sein werde, weil seine „Gerbels" nicht mehr da sind. Solche Erfahrungen machen Mut und geben Grund zur Hoffnung in das Gute des Menschen. Karla und Dan waren über alle Maßen gastfreundlich, nett und gesellig Dan und Karla; mit einer selten erfahrenen Selbstverständlichkeit haben sie uns einfach so in ihr Familienleben eingeschlossen.

Mit Hund neben sich, Madison auf ihrem Arm und Tyla vor sich winkt Karla uns zum Abschied. Auch die Nachbarin tritt noch mal aus dem Haus, um sich zu verabschieden. Tyla beginnt zu weinen, und wir sind ehrlich traurig, unser kurzzeitiges Heim zu verlassen. Den ganzen Komfort, das Familienleben, die Tiere, das Zusammensein, die verrückten Aktionen, das neuseeländische Leben lassen wir hinter uns. Dafür aber auch die ungesunde Lebensweise, die zeitweise auftretende Langeweile und die nervige Tyla. Diesmal fährt Kakü und Auckland rückt immer näher – in nur 50 Minuten ist es erreicht. Da sind wir in einer Woche ja weit gekommen. Den Plan zur Erkundung vom Northland mussten wir abblasen. In Auckland treffen wir Niklas, den Freund von Kakü und Magnus, der zum Glück auch richtig nett ist. Wir besprechen grob unsere Reiseplanung, was wirkliche Kompromissfähigkeiten voraussetzt, denn wir bleiben unterschiedlich lange in Neuseeland. Aber alles klappt, ich buche noch meine nächsten Flüge, wir kochen abends zusammen, bringen Kakü und Magnus Doppelkopf bei, und ich freue mich einfach auf die nächsten Wochen.

Zweiter Versuch

Wir alle wissen nicht ganz genau, ob und wie wir dem Wagen trauen können, aber wurscht, es hilft nichts. Wir laden alles ins Auto. Dann ab zum Mechaniker, der den „technical check" durchgeführt hat. Eigentlich bin ich ja ein zurückhaltendes Gemüt, aber im Laufe des Gespräches werde ich richtig sauer. Es klappt: Wir erhalten ganze $150 zurück, und das, obwohl wir mit der Erwartungen hingegangen sind, nur unseren Ärger abbauen zu können.

Gut gelaunt geht es also gen Osten auf die Coromandel Peninsula. Das Auto spielt brav mit, vielleicht auch, wenn wir mit ihm umgehen wie mit einem rohen Ei. Langsam nähern wir uns der Küste: einfach paradiesisch hier. Links türkisblaues Meer, Kiefern, steinige Küsten, rechts dichte Wälder, Hügel, Gras, Schafe, Seen, Kühe. Wir machen Halt und picknicken unseren alten

Nudelauflauf von gestern Abend an einem schönen Strand in Einsamkeit. Unser Auto kann unsere Elektrogeräte laden, wir können einen iPod anschließen, die Fenster öffnen, es fährt, alles perfekt. So ganz trauen wir uns das aber noch nicht zu sagen. Mal sehen, wie lange das Auto durchhält.

Freiheitsgefühl mit Schaufel

Wir halten am Hot Pools Strand und suchen den hiesigen Campingplatz auf, der einen Wucherpreis von $24 verlangt. Dafür kann man ja ins Hostel gehen! Was bringt einem da Camping? Es ist inzwischen schon spät, weil wir uns an der wunderschönen Küste viel Zeit gelassen hatten. Bald geht die Sonne unter, alle sind ziemlich genervt. Wo genau der nächste Zeltplatz liegt und ob er auch wirklich billiger ist, wissen wir nicht, vor allem wollen wir eigentlich hier in der Gegend bleiben. Also versuchen wir, einfach bei einem Bauern auf dem Feld kampieren zu dürfen. Aber überall sind Zäune, es gibt kaum Wiesen ohne Kühe oder sonstiges Vieh drauf. Und von den ersten zwei Heimen, zu denen Kakü und Niklas stiefeln, handeln wir uns auch gleich eine Absage ein. Dabei heißt es doch, die Kiwis seien so nett, offen, gastfreundlich und locker. Ein letztes Mal versuchen wir unser Glück an einer Farm, an der auch ein Schild „Farmstay" hängt – etwas komisch fühle ich mich doch dabei, den Bauern zu fragen, ob wir einfach auf seinem Feld ein Zelt aufschlagen dürften, aber es gibt eine Überraschung: Er bejaht!, und gibt uns noch eine Schaufel mit auf den Weg, für unsere „Notdurft". Mit dieser Trophäe in der Hand marschieren Niklas und ich zum Wagen zurück und fahren durch das gegenüberliegende Tor auf unsere erste, eigene Wiese.

Ein Gefühl grenzenloser Freiheit und Unabhängigkeit überkommt uns, wir galoppieren schreiend über die Wiese und bereiten euphorisch alles für unser erstes Campen vor, unter typischer Rollenverteilung natürlich: Kakü und ich kümmern uns um das Essen, die Jungs um den Zeltaufbau. In Campingstühlen sitzen wir um den Kofferraum, denn es gibt nur drei Campingstühle – also hockt einer im Kofferraum – und genießen unser leckeres Essen. Zur Feier des Tages wollen wir zu viert in dem Drei-Mann-Zelt nächtigen. Allmählich wird's frisch, so dass wir uns warm in unsere Schlafsäcke einmummeln. Kurz vor dem Einnicken geht's abermals in die eisige Kälte nach draußen, den Sternenhimmel bewundern. Legt man den Kopf in den Nacken, so hat man das Gefühl, dass gleich tausend Sterne auf einen herabfielen. Die gesamte Milchstraße ist im Blick. Einfach phantastisch! Wäre es nicht so kalt gewesen, hätte ich dort die ganze Nacht verbringen können. Stattdessen quetschen wir uns langsam, aber sicher ins Zelt. Wir liegen quer, um zu viert hineinzupassen und können dadurch unsere Beine nicht ausstrecken. Alle liegen in der Löffelstellung aneinandergereiht, dreht sich einer um, muss sich der Rest auch umdrehen. Aber für die erste Nacht geht es. Vom Boden trennen uns nur eine Isomatte und eine Plastikplane, von der Umgebung und dem Wind nur eine dünne Zeltwand. Ich bin der Natur so nah wie nie zuvor. Unausgeschlafen, aber doch gut gelaunt stehen wir auf. Die Sonne lacht, wir haben was zu Futtern, gute Laune, Optimismus, und damit alles, was wir brauchen. Abgesehen von Markus' Schnarchern gibt es wohl keinen ruhigeren Ort zum Schlafen.

Das Leben, wie es sein sollte

Die Coromandel Island ist traumhaft schön. Es ist angenehm warm, es ist grün, und man erspäht zwischendurch das Meer, einige Insel, die an die Halong-Bucht erinnern, und weiße Felswände. Das Wasser ist türkisgrün, klar und zieht uns magisch an. Es ist so unglaublich schön, herrlich – ich könnte vor Glücklichsein schreien! Wenn man sich auf den Rücken legt, schaut man in den blauen Himmel und kann sich entspannt treiben lassen, weil es hier so salzig ist. Steht einem der Sinn nach ein wenig Action, dann klettert man auf einen der aus dem Wasser ragenden Felsen und springt die zwei Meter in die Tiefe.

Nach diesem wunderschönen Mittagsprogramm fahren wir zurück zu den „Hot Pools", wo wir uns dann aber doch recht verloren fühlen. Lauter Touristen graben, mit $5-die-Stunde-Schaufeln bewaffnet, verbissen Löcher in die Erde, in der Hoffnung, auf eine heiße Quelle zu stoßen. Und tatsächlich, aus ein paar der hier entstandenen Einbuchtungen strömt heißer Dampf! Wir stehen ziemlich hilflos daneben und buddeln halbherzig mit den Händen im Sand, aber nichts außer kaltem Wasser. Ich befrage eine Neuseeländerin, die uns gleich ein paar Tipps gibt: Einfach mit den Füßen im Sand probegraben! Und tatsächlich, wenn man sich an einer bestimmten Stelle ins Meer stellt und die Zehen in den Sand gräbt, wird´s heiß, aber richtig! Das hält man gar nicht aus. Eine nette Zehenbraterei.

Geduscht wird unter der Stranddusche – wozu braucht man eigentlich einen Campingplatz? – und dann setzen wir unseren Weg fort. Der nächste Bauer wird gesucht und gefunden, und zwar gleich auf Anhieb. Wir wiederholen die Prozedur von letztem Abend, nur, dass Magnus ab jetzt im Auto nächtigt und wir endlich unsere Beine ausstrecken können.

Aufwachen mitten auf einem Riesenfeld. Um uns herum nichts als Gras, Zäune, vereinzelte Bäume und am Horizont ein Fluss. Schon sind wir auf dem Weg nach Hobbings, Ziel für Niklas und Magnus, denn hier sind die Anfangsszenen von „Herr der Ringe" entstanden. Zwischendurch mal heftiges Regengeprassel. Wir fahren durch dichten Nebel, halten kurz an kleinen Wasserfällen und dann in der kleinen Stadt mit einer Pendelbusverbindung nach Hobbings. Während die Jungs ihren Ausflug machen, wälzen wir Reiseführer im Auto. Davon gibt's genug: Drei Lonely Planets, einen Vis-à-Vis, einen Marco Polo, einen Dumont und einen speziell für Herr der Ringe. Es gibt einfach viel zu viel, und dann liegen die Dinge auch noch so weit auseinander! Neuseeland überfordert mich schon leicht. Aber eine grobe Route können wir ausmachen. Dann heißt es mal wieder einzukaufen, bevor wir Richtung Rotorua aufbrechen. Hier stinkt es gewaltig, und zwar nach faulen Eiern – ein Hinweis auf die vielen Geysire und vulkanbedingte Ausdünstungen.

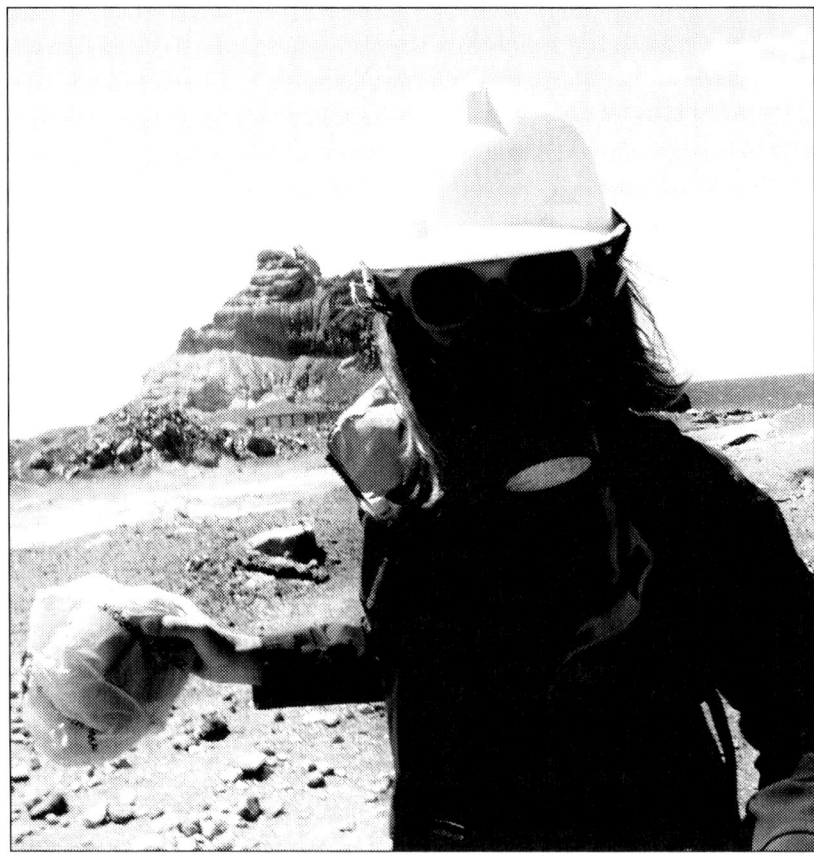

Auf dem Vulkan

Vulkane und Nudisten

Auf der Straße nach Rotorua verheißt ein Schild vielversprechend: „Naturist Campingplace". Naturist? Natürlich? Das hört sich klasse an – in die Natur, das ist doch genau das, was wir wollen. Wir biegen auf den Weg zum Campingplatz ein und langsam beschleichen uns düstere Ahnungen. Naturist, naturist ... heißt das wirklich natürlich? Inwiefern natürlich? Unsere Befürchtungen werden im Büro des Campingplatzes bestätigt: Outings für Nudisten, Nudisten-Campingplätze quer über Neuseeland, Nudistennetzweke werden hier am schwarzen Brett angepriesen. Schnell weg, bevor uns noch die ersten Nackten über den Weg laufen oder wir uns selbst entblößen müssen!

Schließlich ein wunderschöner Campingplatz am See mit einer richtigen Kochstelle und sogar einem Klo, wenn auch nur das übliche Plumpsklo. Ich fange an zu kochen, während die anderen die Zelte aufbauen. Aber es zieht und zieht sich hin! Wieder ist Improvisation gefragt: Magnus hält die Eier fest, während ich sie mit Nadel und Kochlöffel bewaffnet pikse. Dann koche ich sie zusammen mit dem Broccoli, damit das kochende Wasser nicht verschwendet wird. Dann kommt der Versuch, das Nudelwasser zum Kochen zu bringen: Erst gibt die erste Gasflasche ihr Letztes, dann die zweite. Klasse! Wir schmeißen die Nudeln in das halbkochende Wasser und borgen uns von netten holländischen Zeltplatznachbarn einen Kocher. Schließlich gibt´s halbfertige Nudeln mit fettiger Fertigsauce. Der Broccoli ist eindeutig das beste am Essen. Und wieder mal ist es finster und verdammt eisig. Die ganze Kochaktion hat sich sicher über eineinhalb Stunden erstreckt, so dass das Spülen auf den nächsten Morgen verschoben wird. Eine Runde Doppelkopf muss wie üblich sein, aber die Lampe schwingt an unserer Zeltdecke nur so hin und her und spendet auch nur spärlich Licht. Daher geben wir nach ein paar Runden auf. Nachts wird es bärenkalt im Zelt. Trotz mehrerer Lagen Kleidung und Socken schnattern wir alle. Camping? Bedeutet Freiheit. Aber auch Unannehmlichkeiten.

Die Zahl der Hügel und Seen in Neuseeland ist unerschöpflich. Ich strecke den Kopf aus dem Zelt und sehe ebendies: Dunst hängt über dem See, aber die Acht-Uhr-Sonne entschädigt für die kalte Nacht. Es ist richtig schön warm. Da lockt das Wasser des Sees so sehr, dass wir unsere Pläne, einen spülwasserspuckenden Geysir um 9.45 Uhr in Augenschein zu nehmen, über den Haufen werfen und in den See hüpfen. Es ist so belebend und erfrischend. Wir paddeln zur Boje und zurück und fühlen uns einfach wach und euphorisch. So muss das Leben sein!

Dann machen wir uns aber doch auf in das Epizentrum des Gestanks. Schon von weitem grüßen eigentümliche Dampfschleier, die aus dem

Nirgendwo quirlen. Hier kommt das Ganze zum Höhepunkt: Höhlen, aus denen es nur so blubbert und zischt, manche tiefschwarz, andere grellgelb, orange, türkis... Man denke an eine beliebige Neonfarbe, und schon erblickt man sie an einer der Höhlen. Das Wasser ist häufig über 100 Grad Celsius heiß. Je nach Windrichtung steht man in feuchtem, stinkendem Dampf. Auch die umliegende Natur findet den Schwefel, der aus dem Erdinneren dringt, schwerverdaulich, denn viele Bäume sind abgestorben oder haben sich verfärbt. Aber die Natur ist trotz allem wunderschön. Man sieht und hört Vögel, die zwitschern, wie kleine Hunde bellen oder Spielzeuge quietschen. Beeindruckend der Champagne Pool, eine Art großer Teich, aus dem der Dampf nur so hervorquillt und der an den Rändern von Orange zu Türkis wechselt, genau meine Lieblingsfarben. Ein Stück weiter liegt der „Mud Pool", der seinen Namen wirklich zu Recht trägt: Der Teich ist matschgrau, mit riesigen Blubberlöchern, aus denen es nur so spritzt, matscht und mampft, gurgelt und schlürft.

Danach schmeckt unser matschiges Resteessen vom Vortag ausnehmend gut. Und Eier mag ich immer noch nicht wirklich gerne.

Unter Spannung geht's weiter: Zu einer Tour auf einen der aktiven Vulkane des Landes.

Zuerst einmal ist die Bootstour nach White Island richtig aufregend. Wir sitzen vorne am Bug. Es schaukelt richtig, langsam spritzt die Gischt über die Bordkante. Wir trotzen den Kräften des Meeres, sitzen unbekümmert als einzige draußen, kriegen eine ordentliche Salzwasserdusche ab und genießen die frische Brise, die uns um die Nase bläst. Allmählich sind wir alle ziemlich durchnässt. Es wird mächtig schaukelig. Vor allem fürchten wir um unsere mitgeschleppte Elektronik. Niklas ist der einzige, der weiterhin auf Deck bleibt; wie ein Kapitän auf hoher See ragt er am Bug auf und klammert sich heldenhaft an die Reling wie an das Ruder, Gischt spritzt um ihn, Wellen tosen auf ihn, und er muss sich richtig festklammern, um nicht über Bord zu gehen. Da halten alle die Luft an, abgesehen von denen, die grün und kleinlaut, vom Seegang überwältigt die Fische füttern müssen. Zum Glück wird es auch ihm bald zu viel. Er schlittert und tastet sich langsam zur Tür vor, wo wir schon mit Handtüchern auf ihn warten. So richtig trocken ist sein Sweatshirt erst zwei Tage später.

Die Belegschaft scherzt, dass wir gar nicht wüssten, worauf wir uns einließen, als sie die Gasmasken und grellgelben Helme rausholen. Wir fühlen uns wie ein Atomwerkbergungsteam, als wir unsere Helme aufsetzen, die Gasmasken um den Hals schlingen und schließlich das Schlauchboot besteigen, das uns von unserem großen Boot zur Insel schippern wird. Ein unglaublicher Anblick: Alles um die Innenseite herum ist kahl, außen gedeihen vereinzelt Bäume und Gräser. Grau und gelb die Hügel, in der Mitte kringeln sich dichte Schwaden gen Himmel. Verrostete Metallteile und Rohre liegen umher, alles utopisch, sciencefictionähnlich oder wie eine Nachkriegslandschaft. Gespannt versammeln wir uns in einer Kleingruppe, bis unser Führer uns in Empfang nimmt und auf Fälle wie Erdrutsche und Vulkanausbrüche vorbereitet. Hoffentlich nicht! Dann endlich Aufbruch. Schon vom Boot her waren die Schwefelgerüche zu spüren. Jetzt wird der Gestank manchmal derartig übel, dass ohne Gasmaske kein Weiterkommen ist. Die Landschaft ist anders als alles, was man kennt. Gelbe Fäden durchziehen die kahlen Berge, einzelne Schwaden kräuseln auf, seltsam gefärbte Ströme schlängeln sich durch den schwarzen Sand und den Staub. Das ganze Szenario ist einfach unbeschreiblich. Nicht wie auf dem Mond, aber auch nicht wie auf der Erde. Wie in der Hölle? Ich fühle mich wie in einem Filmset.

Wir arbeiten uns vor zum Krater des Vulkans, wo ein sich ein kleiner See in verschieden, überirdisch anmutenden Farben spiegelt. Man stelle sich eine Farbe vor, und irgendwo in dem See entdeckt man sie sicher, wenn man etwas durch den dichten Rauch erspähen kann. Der letzte Vulkanausbruch liegt elf Jahre zurück. Seither scheint sich hier landschaftlich einiges verändert zu haben, wenn man den Erzählungen unseres Führers Glauben schenkt. Er taucht einen äußerst speckigen Penny in einen der Flüsse, den er dann blitzblank wieder hervorzuzaubern. Ein anderer Fluss dagegen ist warm; kaum zu glauben, wenn man sich überlegt, dass all das eigentlich natürlich ist. Mit einem leckeren Mittagssnack ist unser Ausflug zur Vulkaninsel auch schon beendet. Ohne Zeitstress machen wir uns auf zum East Cape, dem östlichsten Punkt Neuseelands. Hier müssen wir wirklich gut vorbereitet sein; tanken also vorsichtshalber voll und gehen einkaufen, denn hier soll noch weniger los sein als auf der übrigen Nordinsel. Und richtig: Auf der fast vierstündigen Fahrt begegnen und höchstens dreißig Autos. Die Strecke ist anstrengend und ermüdend, denn man kann eigentlich gar nicht richtig Gas geben. Wegen der vielen Kurven gilt oft eine Beschränkung von 30 km/h. Zudem führt der Pacific Highway leider mehr durch die Wälder als an der Küste entlang wie auf der Coromandel Halbinsel. Der Sand ist wegen des Vulkangesteins schwarz, aber auch hier finden sich ein paar pittoreske Flecken. Wir finden einen Campingplatz gleich an der Steinküste, passenderweise neben einem Friedhof, spielen am Meer Doppelkopf, bereiten das Abendessen zu und runden den Abend mit einer Partie Frisbee und einer erneuten Runde Doppelkopf am Strand mit Taschenlampenlicht ab. So ist das wohl, wenn vier Mathe-LKler zusammen unterwegs sind.

Kleinfamilie

Die ganze Zelterei wird schon zur Routine: Bei der Ankunft packen wir alle zusammen alles aus, Kakü und ich kochen, die Jungs bauen auf. Nach dem Essen spülen die Jungs, dann bereiten wir wieder morgens das Frühstück zu, die Jungs spülen, und wir bauen alle zusammen ab und räumen das Auto ein. Dabei wird regelmäßig Tetris für Fortgeschrittene gespielt. Jeder Schlafsack, jede Isomatte muss richtig liegen und hat inzwischen ihren festen Platz.

An besonders schönen Stellen halten wir an, aber wir kommen gut durch bis zu dem Ort vor dem East Cape. „NIKLAS! DU FÄHRST AUF DER RECHTEN STRASSENSEITE!"

Passiert immer mal wieder. Oder der Scheibenwischer wird statt des Blinkers betätigt. Wir alle haben noch so unsere kleinen Eigenheiten beim Fahren; Kakü und Magnus haben einen ziemlichen Linksdrall, Niklas und ich ein Faible fürs Fahren mit angezogener Handbremse. Ich bin glücklich und zudem überrascht von meinem Glück. Statt einsam durch Neuseeland zu ziehen und immer wieder Smalltalks mit neuen Menschen führen zu müssen, bin ich seit meiner Ankunft am Flughafen nicht mehr allein. Ich habe drei sympathische, liebenswerte Menschen gefunden, die mir alle irgendwie ähnlich sind, und wir sind glücklich.

Wir machen uns langsam auf zur Schotterstraße zum East Cape und finden einen riesigen Campingplatz, auf die eine steile Auffahrt führt. Aus der Mitte der Straße ragt ein mächtiger Stein hervor, so dass es gewaltig unter unserem Wagen schrappt. Naja, so schnell kann ja so was nicht kaputtgehen.

Wir beschließen, erstmal zum richtigen East Cape zu fahren und dann zu gucken, wo man kampieren kann. Doch jetzt gesellt sich ein äußerst beunruhigendes Geräusch hinzu: Es klappert und knirscht gewaltig in unserem Wagen. Was ist denn da schon wieder los? Manchmal spinnt die Schaltung noch, oder das Auto fährt nicht an, jetzt ist wohl durch unseren Aufsetzer wieder etwas im Eimer ... Ich fühle mich vom Pech verfolgt und bin einfach nur angewidert von diesem Auto. Da können die Kühe, die uns neugierig mit ihren Blicken vom Strand aus verfolgen, mich auch nur schwer aufmuntern. Ja, bis wir um eine Ecke biegen und ein wunderschöner Strand vor uns liegt. Oben auf dem Berg der Leuchtturm. Die Sonne steht tief, und überall grasen Pferde in den Dünen. Kaum Menschen. Wir beschließen alle, einfach im Auto zu schlafen – da kann uns keiner das Campen vorhalten. Außerdem haben wir eh nicht viel Schlaf vor uns. Aber wie soll das bitte funktionieren, wir alle im Auto plus Rucksäcke plus Essenskisten, Campingkocher und Zelt?

Der erste Versuch schlägt fehl, es liegt noch ein Haufen Sachen draußen, während wir uns zu dritt in den schlecht gepolsterten Kofferraum quetschen.

Schließlich legen wir drei Rucksäcke unten in den Kofferraum, Isomatten und Decken drüber und voilà, schon haben wir ein Bett. Bequem ist es nicht. Überall sticht etwas in den Rücken, man liegt schief und insgesamt gequetscht. Es riecht kräftig nach würzigen Käsechips (ich sage nur Wanderschuhe) und langsam wird's stickig, aber durch die Rückscheibe erblickt man den wunderbaren Sternenhimmel.

Ab Viertel vor vier klingelt der Wecker. Schlau, wie wir sind, haben wir zwar gefragt, um wie viel Uhr die Sonne aufgehe, diese Angabe aber prompt wieder vergessen. Draußen ist es aber noch zappenduster. Die Milchstraße ist klar erkennbar, also muss es bis zum Aufgang noch ein Weilchen dauern. Endgültig stehen wir dann um halb fünf auf. Magnus ist von uns wohl derjenige, der auf dem Beifahrersitz am besten geschlafen hat. Wir haben Mühe, uns aus dem Kofferraum zu befreien. Draußen ist es unangenehm kühl, aber nach der schnellen Wanderung im Dunkeln den Berg hoch – eine Taschenlampe vorne, eine hinten, und immer aufpassen, nicht zu stolpern – ist uns wieder einigermaßen wohlig. Oben angekommen erkennen wir, dass die Geschichte wohl wirklich noch eine Weile dauern wird, denn man kann erst einen kleinen Streifen hellen Lichts wahrnehmen. Wir quetschen uns in den Windschatten des Leuchtturms, der aber keinen wirksamen Schutz bietet, und warten und warten. Aber so spektakulär wird es nicht, auch wenn sich allmählich ein paar mehr Leute den Berg hochtrauen. Wir sind kurz vorm Aufgeben, da der Horizont völlig vernebelt ist, verharren aber zum Glück noch ein Weilchen, und schon guckt die rote Sonne doch noch über dem Meer hervor. Nicht gerade umwerfend, aber doch schön, und wir haben als erste auf der Welt die Sonne aufgehen sehen und den Tag begrüßt.

Dann fahren wir mit einem beunruhigenden Schleifen und Schlürfen vorbei an Kühen, die einfach nicht weichen wollen, malerischen Wiesen und Dünen, die sich endlos die Berge entlang ziehen, und grasenden Pferden. Die Schotterpiste endet jetzt, aber auf dem Asphalt hört sich unser Wagen noch furchterregender an: Was ist da los? Der nächste Ort, der einen Mechaniker hat, liegt noch mal circa 30km entfernt, und da müssen wir jetzt durch. An der Werkstatt angekommen erstmal Frühstück, dann nimmt sich ein Mechaniker unseres Wagens an. Die erste Meldung klingt nicht gut: Die Antriebswelle zwischen Motor und Hinterrädern scheint verbogen zu sein. Eventuell müssen wir sie kostspielig ersetzten lassen. Aber das geht erst in Gisborne, da der Ort hier zu klein ist. Mal wieder schlechte Neuigkeiten und damit verbundene gedrückte Laune. Doch dann hämmert der Mechaniker kräftig an dem Auto herum, und die Stange scheint wieder einigermaßen begradigt zu sein. Spitze! Wir können weiter.

Abenteuerliches Kaputtauto

Kakü fährt, aber das Auto schaltet komischerweise nicht in den fünften Gang. Also schleichen wir mit 70 km/h über den Highway, die automatische Gangschaltung spinnt wie immer mal wieder, das Radio rauscht, knistert und hat äußerst laute Rauschausbrüche. Ein Auto mit Charakter! Wir nehmen es halb mit Humor, auch wenn sich das alles weniger gut anhört. „Hit the road, Jack!" Unser Motto dafür, dass nichts mehr entzwei geht. Don't you come back no more, trouble! Kakü schimpft sogar: „Jack, bist du wohl leise!" Aber er hört einfach nicht.

Nach kurzer Pause geht es den Berg hoch zum nächsten Dorf. Diesmal schaltet das Auto gar nicht erst in den zweiten Gang, sondern wird immer langsamer, langsamer, um schließlich zum Stehen zu kommen. Diese Situation kennen wir doch! Warnblinklicht an, Motor aus, wieder an, geht nicht. Na toll. Wir stehen mitten auf der Straße in einer Biegung, der ungeeignetste Platze zum Halten, den man sich nur vorstellen kann, und behindern den Verkehr. Aber alle Fahrer, die passieren, halten an und fragen, ob sie helfen könnten. Auch diese Leute sind ratlos, aber wir wissen ja, was entzwei ist. Schließlich kommen zufällig zwei große Straßenräumautos vorbei, die für uns mit professionellen Stop-Schildern den Verkehr anhalten und uns eine Wendemöglichkeit bieten. Unauffälliger geht eine Panne kaum. Wir rollen den Berg herunter, probieren alles, um das Auto noch mal zum Fahren zu bringen, aber es geht nur rückwärts. Wie wär's, den ganzen Weg rückwärts zu fahren?

Wohl oder übel muss der Abschleppdienst kommen, ich bin richtig schlecht gelaunt, denn wir alle ahnen, was das zu bedeuten hat: Das Auto ist hin. Eine Reparatur lohnt sich wohl kaum. Ein neues kaufen? Schlecht gelaunt muss ich mich erstmal abreagieren, bis wir wie die letzten Freaks im Auto in der Sonne sitzen und Doppelkopf spielen. Die Situation ist zu absurd. Ein Mann klopft an unser Fenster und bittet uns, eine Spur zur Seite zu fahren, weil gleich ein großer LKW komme. Kakü's Antwort: „We are waiting for the pick-up service!" Ich kann vor Lachen schon gar nicht mehr an mich halten, wie sollen wir denn bitte zur Seite fahren? Mit einem Apfel im Mund springen wir alle aus dem Auto, ich quetsche mich hinter das Steuer und sehe im Rückspiegel die vor Anstrengung verzerrten Gesichter meiner Leidensgenossen, die das Auto mühevoll Stück für Stück zur Seite bugsieren. Ich hätte vor Lachen heulen können. Kurz darauf trifft auch schon der Abschleppdienst ein. Ein trauriger und deprimierender Anblick, wie unser Chariot auf den Abschleppwagen gezogen wird. Im Abschleppauto quälen mich düstere Gedanken: Die anderen würden jetzt gerne erstmal arbeiten, um einen Teil des Verlusts wieder reinzukriegen, da sie ja auch über mehr Zeit verfügen als ich. Für mich kommt das nicht in Frage; schon jetzt habe ich so viel Zeit verplempert. Zudem würde ich auch noch so gerne so viel von der Südinsel sehen. Zu viert ein weiteres Auto zu kaufen, kommt also eher nicht in Frage, eine Reparatur des alten wahrscheinlich eh nicht. Die anderen wollen nicht mit dem Bus unterwegs sein und mich somit eventuell zumindst einen kleinen Teil meiner Strecke begleiten. In Gedanken stelle ich mir schon vor, wie wir die Besitztümer aufteilen, ich alleine mit Reis und Sojasauce im Rucksack in den Bus steige und im Hostel immer wieder neue, oberflächliche Bekanntschaften schließe. Das kann auch okay sein, aber schmerzlich, wenn man weiß, wie es hätte sein können. Deprimiert stehen wir eine halbe Stunde später vor dem nächsten Mechaniker, der uns erläutert, was wir längst schon wissen: Eine Reparatur lohne nicht. Er meinte sogar, schon die erste sei Versschwendung gewesen. Um dem ganzen die Krone aufzusetzen, fügt er hinzu, dass der Mechaniker, der uns unsere verbogene Stange gerichtet hatte, ein Loch in unser Auto und es damit kaputt gehauen hat, beziehungsweise den Kaputtprozess beschleunigte. Da kommt eitel Freude auf.

Grade sind wir in Schockstarre und zu keiner Entscheidung fähig, schnappen uns unseren Campingkocher, Dosenspaghetti und Wasser und laufen vor zum Strand. Vor lauter Frust trinken die Jungs verbotenerweise eine Dose Bier an diesem wunderschönen Ort. Wir schmieden die ersten Pläne. Ich bin heilfroh, denn alle erklären sich einverstanden, das Arbeiten erstmal hintanzustellen, mit mir ein neues Auto zu kaufen und herumzureisen! Das stellt uns aber auch vor die nächste Schwierigkeit: Wo kriegen wir in diesem Kaff denn bitte einen Wagen her? Der nächste größere Ort, Gisborne, knapp 50 km entfernt, ist die nächste Stadt, Napier, satte 260 km. Da hilft nur Teamwork und Aufteilen. Nach diesem groben ersten Plan sind wir froh, nicht ganz vor dem Nichts zu stehen und lassen uns mit unserem Gefährt zu einem freien Campingplatz direkt an den Stand ziehen. Das verlangt nach einer Abkühlung, Badeanzug an, wir rennen zum Strand und ins kühle Nass. Wunderbar, jetzt sind wir schon wieder richtig gut gelaunt. Danach stiefeln Kakü und ich noch in die Stadt, um weitere Essensvorräte zu besorgen. Obwohl, Stadt ist übertrieben – hier gibt es fast nichts, die Hauptstraße ist ausgestorben, und um sieben Uhr abends halten vielleicht zwei Geschäfte geöffnet. Die Einkaufsläden sind einfach süß und versorgen nur mit dem Nötigsten, was dann auch teuer ist. Ich frage in einem Motel höflich, ob ich mal telefonieren dürfe und berichte meinen Eltern von den frohen Botschaften. Zurück am Zeltplatz stellen wir fest, dass die Jungs Maiskolben geschenkt bekommen haben. Wir improvisieren damit ein Abendessen und gehen dann hundemüde schlafen.

Wir alle haben keine Lust auf den folgenden Tag, aber es muss sein. Ein Mechaniker zieht uns wieder zur Werkstatt, wo wir uns erneut mit ihm und seinen Kollegen beraten. Wir kommen zu dem Schluss, dass es am besten sei, das Auto nach Gisborne abschleppen zu lassen, da es sozusagen unser fahrbarer Schrank ist. Das bedeutet zwar erneute Kosten, aber in den sauren Apfel muss man beißen. In einem letzten verzweifelten Versuch pappen wir „For Sale"-Schilder ans Auto, in der Hoffnung auf Verrückte, die gerne an kaputten Autos rumbasteln und einen Kleinigkeit mehr als die $70 Verschrottungspreis für unser Auto blechen. $70, das ist schmerzlich, gemessen an dem, was wir schon reingesteckt haben und wie lange es uns schon gehalten hat. Missmutig kommen wir in Gisborne am Zeltplatz an und suchen wenig optimistisch den ersten Autohändler auf, den wir schon von Tolaga Bay aus angerufen hatten. Er bietet einen kleinen Nissan für $1.000 an, aber wie zur Hölle sollen alle unsere Klamotten in den Kofferraum passen? Den ganzen Tag marschieren wir durch die Stadt, durchforsten Anzeigen und Werkstätten, ohne Erfolg. Nach einem Frust-Muffin rufen wir noch mal unseren ersten Autohändler an, der jetzt Feierabend hat und uns netterweise angeboten hat, später für uns zu recherchieren. Wir treffen uns mit ihm an einer Straßenecke: Ein volles Auto, von dessen Rücksitz zwei Mädchen in den Kofferraum krabbeln, die Mutter fährt, wir quetschen uns zu viert mit unseren kleinen Rucksäcken auf die Rückbank, Kakü muss auf Magnus' Schoß, und ich habe ein kleines Déjà-Vu an Dan und Karla. Das wird noch verstärkt, als uns der Autoverkäufer Craig anbietet, dass wir bei ihm im Garten zelten oder in seinem umgebauten Wohnmobil-Schulbus schlafen dürfen. Ein Hoch auf die neuseeländische Freundlichkeit! Aus deutscher Bescheidenheit schämen wir uns fast, das Angebot anzunehmen, wobei ich mir denke: Wieso? Schließlich hat Craig das alles aus freien Stücken angeboten, will die neuseeländische Freundlichkeit promoten und glaubt an Karma. Da sollten wir kein schlechtes Gewissen haben, nur weil wir sein Angebot annehmen. Dan bombardiert uns mit SMS und netten Angeboten, uns zu helfen, als wir ihm von unserem Pech erzählen. Seine Antwort auf die SMS, dass das Auto kaputt ist: „No way." Leider doch.

Mehr Glück als Verstand

Craig mobilisiert alle Kräfte, lässt unser Auto zu seinem Haus ziehen und telefoniert mit quasi jedem Autohändler dieser Stadt. Anders als bei Dan und Karla ist es hier aber doch, denn wir kennen weder die Namen der Familienmitglieder noch kennen sie unsere, es ist alles eine Spur distanzierter, selbst wenn die Frau für uns kocht (beziehungsweise Tiefkühlgemüse erwärmt). Es ist unglaublich, wie freizügig die Menschen hier reden: Craig über seine offensichtliche Fettleibigkeit, die damit verbundenen Krankheiten, Ausgaben und Einnahmen, Krankheiten der Eltern etc. Wie immer läuft ununterbrochen der Fernseher, die Computer und Facebook auf Hochtouren. Schließlich verkriechen wir uns in unseren eigenen umgebauten Schulbus. Langsam weiß man Dinge wie Strom und fließend Wasser zu schätzen (auch wenn ich das schon in Asien gut gelernt habe), denn wie beim Campen existiert all das auch im Bus nicht.

Unser neuer ...

Eine bessere Beratung als Craig hätten wir kaum finden können. Wir entscheiden uns für einen Subaru Legacy, den er uns wärmstens ans Herz legt. Unser Chariot wird verschrottet. Zur Feier des Tages und als kleines Dankeschön kochen wir wieder Crêpes für die gesamte Familie. Die Abendessenunterhaltung ist interessant, Craig weiß eine Menge über die Maori und bestätigt, dass diese starke Alkohol- und auch Sozialisierungsprobleme haben. Kein Wunder, wenn sie in 300 Jahren vom Steinzeit- zum auferzwungenen Industrienations-Stadium wechseln mussten. Welches Volk ginge daraus unbeschadet hervor?

117

Craig selber ist mit fünfzehn Jahren von zu Hause ausgezogen, war bisher nur in Australien, verpasst seinen Mädchen die Pille, ohne sie aufzuklären, wozu sie gut sind, und wiegt inzwischen nur noch 160 kg. Ein bisserl fremd ist mir die neuseeländische Kultur oft schon. Die Leute hier heiraten, arbeiten und kriegen einfach viel zu früh Kinder. Das Schulsystem kann man wohl vergessen, zum Über-den-Tellerand-gucken holt er sich insgesamt zehn Austauschschüler. Ferner mag er Unordnung. Aber großzügig ist er und will das Bier nicht annehmen, dass wir eigens für ihn gekauft haben: „Spend your money on the trip, guys, you'll need it." Um dem ganzen noch eine Krone aufzusetzen, hat er uns auch angeboten, seinen alten Wagen für unsere Reise für $1,000 auszuleihen. Aber die Nettigkeit wollen wir nicht ausreizen. Wenn etwas mit dem Wagen passiert, ist das alles zu heikel.

Am nächsten Morgen verabschieden wir uns von Craig und machen uns auf den Weg nach Napier. Das Auto hat diesmal sympathischerweise eine manuelle Schaltung, aber der Zigarettenanzünder, über den wir immer unsere gesamte Elektronik laden, funktioniert nicht. Wieso kann nicht alles mal auf Anhieb klappen? Wir rufen den Mechaniker an, der uns sagt, wir sollen mal gucken, ob alle Kabel richtig zusammengesteckt seien. Kakü findet gleich zwei, die gut zusammenpassen.

Napier wurde in den dreißiger Jahren durch ein Erdbeben dem Erdboden gleich gemacht und dann im Art-deco-Stil, also Jugendstil, neu aufgebaut. Wegen der Stadt einen Umweg zu fahren, rate ich nicht, aber es ist trotzdem nett hier. Ich hab mich ein wenig gefühlt wie in einer Kulisse für das Grease-Musical. Das Flair im Ort ist angenehm, unser Hostel nett, aber mal wieder voller Landsleute. Die erkennt man übrigens gut: Es sind diejenigen, die im Supermarkt erwartungsvoll mit dem Finger auf das Brot drücken und sich dann mit enttäuschtem Blick abwenden.

Wie immer ist meine Frage bei schwierigen Situationen: Wärst du jetzt lieber zu Hause? Und auch hier, trotz all der Schwierigkeiten mit den Autos, lautet die Antwort immer wieder: Nein!

Outdoor-Erfahrung

Die Jungs wollen Fallschirmspringen. Also rufen wir beim Veranstalter an und schon geht's auf zum Flugplatz von Taupo. Ich fühle ihren Adrenalinkick, als wir und dem Flughafen nähern, aber ich will eigentlich nicht mitspringen. Ireizt es mich ja schon, aber es ist so unglaublich teuer! Und Neuseeland mit den zwei Autokäufen ist schon teuer genug.

Wir begleiten die Jungs in das Skydive-Büro, wo uns die Mitarbeiter überreden wollen, doch mitzumachen. Aber ich bin fest überzeugt: Geldsparen ist angesagt. Cool sieht es aber schon aus, wie die anderen Leute mit Fallschirmen vom Himmel schweben. Aber ... hmm. Wenn ich daran denke, wie die beiden in zwei Stunden freudestrahlend von ihrem Sprung zurückkehren würden, wäre ich schon mächtig neidisch. Aber wenn ich sehe, wie andere Adrenalinjunkies in den halboffenen Flugzeugen die Startbahn verlassen, wird mir richtig schwummrig, umso mehr bei dem Gedanken an den Absprung. Aber dann brennt eine Synapse durch und ja, ich will's auch!! Ziemlich überrascht von meinem Mut bin ich doch, aber man, das muss einfach verrückt sein! Kakü sträubt sich noch hartnäckig, aber ich weiß, ich würde es bestimmt bereuen, wenn ich es nicht zumindest probiert hätte. Und wann hätte ich je wieder die Möglichkeit, einen solchen Sprung zu wagen – nie, schließlich ist es in Taupo doch am günstigsten. Jaaa, jaaa, jaaa! Und als ich vom Auto, wo ich mir feste Schuhe angezogen habe, zurückkehre, folgt eine weitere Überraschung: Kakü hat den Zettel, der auf die Risiken von Fallschirmsprüngen hinweist, ebenfalls unterzeichnet. Angeblich sei sicherer als Autofahren und von zehntausend Sprüngen schlage nur einer fehl ... Hoffentlich bin ich nicht der Zehntausendste. Wir stehen da, aufgekratzt, nervös, und harren unseres Flugzeugs. Endlich kommen unsere Tandem-Springer auf uns zu, leinen uns an sich an und marschieren zu unserem Flugzeug. Komisch, die eine Seite hier ist halb offen, und man krabbelt in die Kabine. Auch die Sitze sind ganz anders als in gewöhnlichen Flugzeugen. Auch Sauerstoffleitungen für die Masken sind griffbereit. Die brauchen Kakü und ich aber zum Glück nicht, denn wir springen „nur" aus 3.700 Metern Höhe und nicht wie die Jungs aus 4.500 Metern.

Fliegende Karnickel

Wir heben ab. Das Gefühl kenne ich ja inzwischen gut. Den See von Taupo kann man immer deutlicher sehen. Wir kleben an den Fensterscheiben und saugen jedes Detail der Landschaft in uns auf. Es ist toll hier, wir freuen uns schon richtig auf den Sprung – Erregung ist gar nicht mehr so da. Aber wenn mir mein Tandem-Springer auf seinem Höhenmesser zeigt, wie viel höher wir noch müssen, wird mir doch komisch. Wir werden an unseren Tandem-Springern festgeschnallt – „tied to a beautiful stranger", auch wenn das in meinem Fall mit dem „beautiful" nicht ganz so zutrifft. Die Gurte werden noch mal festgezurrt, ich bete inständig, dass sich sowohl der Fallschirm als auch im Zweifelsfall der Ersatz-Fallschirm öffnen würden, und Ronnie, Kaküs Springer, trägt sie praktisch zur Öffnung. Wir gleiten über den Wolken, und ehrlich gesagt, bin ich froh, nicht die erste zu sein, auch wenn Kakü mir ein wenig Angst einjagt. Ronnie schiebt die Plastiktür hoch. Kakü erweckt den Eindruck eines Karnickels vor der Schlachtbank, guckt uns aus panischen Augen mit halbverdrehtem Kopf an, da sie schon die Bananen-Stellung eingenommen hat: Kopf in den Nacken, auf die Schulter des Springers, Becken vor und auf die Knie. Und schon lehnt sich Ronnie vor, die beiden werden vom Sog rausgezogen und machen einen Purzelbaum ins nichts.

Ab in die Tiefe ...

Oh man, jetzt bin ich dran? Ich will so schnell wie möglich hier raus, denn sonst traue ich mich nicht! Wie vorgeschrieben, knie ich vor dem Abgrund, beuge den Kopf in den Nacken und hoffe. Dann geht es raus. Das Herz rutscht mir in die Hose, ich falle 200 km/h schnell und meine Wangen schlabbern nur so vor sich hin. Das Atmen wird schwer, die Augen tränen selbst durch die wunderhübsche Windbrille, ich kann alles gar nicht richtig fassen. Ein unbeschreibliches Gefühl., Man rast dem Erdboden entgegen und weiß gar nicht richtig, wie einem geschieht. Ganze vierzig Sekunden befinden wir uns im freien Fall. Ich darf sogar die Träger von meinem Fallschirm loslassen und das Gefühl absoluten Fliegens genießen. Nur fliegen ist schöner? Stimmt. Froh bin ich trotzdem, als ich mit einem Ruck an die Schwerkraft erinnert werde und am Fallschirm baumle, der sich – Gott sei Dank – geöffnet hatte. Das ist wirklich jetzt der schönste Teil, denn ich genieße die Aussicht aus tausend Metern Höhe, die Berge, den See, Kakü, die in weiter Ferne über den See segelt und hoffentlich nicht ihre an einer Bauchtasche befestigte Schwimmweste benötigen wird. Mein Tandem-Springer zieht mal hier und da an den Seilen, und wir segeln in steilen Spiralen gen Erdboden. Einen richtigen Adrenalin-Kick verspürte ich eigentlich die ganze Zeit nicht. Klar, es war aufwühlend und spannend, aber auch einfach nur ein tolles Erlebnis. Und schon rückt der Boden immer näher, die fünfzehn Minuten sind vergangen wie im Flug. Ab in die Hock-Stellung und eine überraschend sanfte Landung auf dem Erdboden – selbst ein Ei wäre bei der Landung nicht zerbrochen. Ich habe es tatsächlich geschafft! Ein paar Minuten nach mir schwebt Kakü ein, und wir rennen aufeinander zu – Fallschirmspringen, abgehakt! Aufgedreht stellen wir uns hinter die Absperrung und gucken bei der Landung der Jungs zu, die auch euphorisch sind. Aber alle stimmen mir zu – pures Adrenalin gibt es beim Fallschirmsprung wohl nicht, auch wenn man sich das nicht vorstellen kann.

Nach diesem aufregenden Erlebnis werden wir gleich wieder auf den Boden der Tatsachen zurückgeholt. Im Auto blinkt das „check engine" Zeichen. Es ist ein Feiertag, wir können keinen Mechaniker konsultieren, sind uns über unsere anstehende Wanderung uneinig, und sowieso ist alles doof. Wieder suchen wir einen der freien Campingplätze aus der DOC-Broschüre. Nichts ist ausgeschildert. Den angegebenen Wald finden wir, und wagen uns auf seine unübersichtlichen und engen Schotterwege. Es geht steil bergauf und bergab, Wege, für die man bestimmt einen Allradantrieb benötigt, führen in andere, unbekannte Abschnitte des Waldes. Kakü muss herunterhängenden, Ästen und mächtigen Schlaglöchern ausweichen. Es ist einfach nur dunkel und gruslig hier drin, von Campingplätzen keine Spur. Außerdem ist es saukalt. Wir sind alle entnervt; wollen nur noch unser Zelt aufbauen. Magnus springt sogar aus dem Auto und rennt auf der Suche nach Hinweisen die steileren Abhänge hoch, denn wir wollen unserem neuen alten Auto erstmal nicht zu viel zumuten, hat es doch immerhin sechzehn Jahre auf dem Buckel. Aber die ganze Aktion bleibt ein Reinfall, wir wollen nicht zu weit in den Gruselwald hineinwagen, aus Furcht, uns zu verirren, und machen kehrt. Kurz vor dem Wald ein kleiner, grüner Parkplatz, der es dann sein soll. Verfroren bauen die Jungs das Zelt auf, während Kakü und ich wie üblich kochen. Reis mit Tomatensauce, das geht fix. Wir haben einen wackligen Holztisch vom Parkplatz, einen großen Campingkocher und eine Gasflasche, auf die man einfach die „Flamme" schraubt. Eine wackelige Angelegenheit. Kakü hat schon die Sauce vermasselt, indem sie Tomatensauce und Zwiebeln gleichzeitig in die Pfanne haut, als das passiert, was ich schon lange erwartet habe: Die Konstruktion kippt um, unsere gesamte, leckere Sauce auf dem ekligen Holztisch. Fassungslos starren wir auf das Desaster. Da hilft nur Lachen. Zum Glück sind wir gegen solche Vorfälle gewappnet haben noch ein paar weitere Dosen voller Fertigsaucen im Auto gebunkert. Eine davon muss dann einfach kalt auf den Reis, denn noch viel mehr Lust, auf das Essen zu warten, hat niemand mehr. Kakü setzt dem ganzen noch die Krone auf, setzt sich in einen unserer Campingstühle und kippt in Zeitlupe um auf den Boden, wobei sie zwar nichts gegen Fall an sich unternimmt, aber ihre Schüssel brav grade hält, damit davon ja nichts auf den Boden falle. Herrlich! Ich glaube, das Fallschirmspringen war doch zu viel für uns alle. Höhepunkt des Tages: Ich habe eine neue, richtig warme Jacke und bin glücklich. Wir sind aus tausenden von Metern Höhe wie Verrückte aus einem Flugzeug gesprungen und können das immer noch nicht richtig fassen. Und dann noch der Essens-Unfall: „Das war kein Reinfall, sonder ein Umfall!" – Magnus: „Und vielleicht wird es noch ein Durchfall." Wieder einmal hilft nur Zähnezusammenbeißen und weitermachen.

Schicksalsberg

Und so gehen wir trotz der Sorgen um unser Auto schließlich doch im berühmten Tongariro National Park wandern. Voller Vorfreude bereiten wir alles vor, quetschen uns in unser nicht Tetri-mäßig beladenes, volles Auto, steuern den Startpunk an, melden uns noch mal bei unseren Eltern, und dann sind wir bereit. Dreitageswanderung, wir kommen! Euphorisch wird noch ein Vorher-Foto geschossen, dann ab zum Wanderweg. In weiter Ferne erhebt sich der Vulkan, den wir wahnwitzigerweise umlaufen wollen – was ist da nur in uns gefahren?
Noch ist die Wanderung ein Kinderspiel, auch wenn die Rucksäcke verdammt schwer sind. Meiner ist ausnahmsweise mal der leichteste, meine

High-Heels hab ich jetzt mal doch im Auto gelassen, auch wenn Kakü und ich ernsthaft überlegt haben, ob wir nicht doch das Englisch-Wörterbuch und das gesamte Schminkzeug auf dem Berg brauchen könnten. Magnus und Niklas haben sich gentlemen-like dazu bereit erklärt, das Zelt und die Plane zu schleppen (unser Zelt hat leider Löcher im Boden). Kakü und ich nehmen die Isomatten, dazu hat jeder seinen Schlafsack, Essensvorräte für die nächsten drei Tage und Kochutensilien.

Wanderung

Die erste Zeit geht es nur durch Wälder. Manchmal ist der Weg matschig, oder unbegehbar, so dass über steile Felsen zu kraxeln ist. Allmählich werden die Rucksäcke schwerer, aber nach knapp drei Stunden gerät auch schon unsere erste Hütte in Sicht. Das Wetter ist gut, und der Vulkan, der in „Herr der Ringe" den Schicksalsberg gespielt hat, ist klar. Hoch soll man laut DOC-Berater auf keinen Fall, wenn die Spitze nicht sichtbar ist, denn Nebel und Wolken sollen tückisch sein. Long story short: Nachdem Kakü und ich den Jungs halb den Berg hinauf hinterhergehetzt sind, haben wir uns entschieden, nicht mehr den persönlichen Ehrgeiz zu zeigen, dieses Ding hochzulaufen. Der Rückweg und das Wissen, den ganzen Weg tags darauf erneut zurücklegen zu müssen, ist gruselig genug. Die Jungs steigen aber trotzdem hoch, auch wenn wir inständig hoffen und beten, dass sie noch umkehren würden – denn der Berg zieht zu. Kakü fällt todmüde um halb neun in die Federn, während die anderen Hüttengäste sich allmählich Sorgen machen. Und dann treffen die Jungs endlich ein. Ausgelaugt und abgekämpft trotten sie zur Hütte, werden fast wie Helden gefeiert, denn alle haben von ihrem Vorhaben gehört und waren aufgrund der Tageszeit und des Wetters ziemlich besorgt. „Did you really go up the volcano?" Die Stimmung in diesen Hütten ist übrigens familiär. Man ist in einem großen Gemeinschaftsraum auf Doppeletagen Matratze an Matratze mit dem Nachbarn und jeder unterhält sich mit jedem.

Wir sind die Letzten, die aus dem Bett bzw. Zelt kriechen – und das um 7 Uhr. Dementsprechend kommen wir auch als letzte los, unter anderem auch, weil wir ganze zwei Stunden benötigen, um abmarschbereit zu sein. Ich verspüre jetzt schon keine Lust, da ich weiß, was ungefähr auf uns zukommt – die Hölle. Langsam trotte ich hinter den anderen hinterher, denn heute heißt es: Kräfte einteilen! Ich krieche den Berg hoch, fühle mich wie eine Oma, sehe aber angesichts meiner Beladung als Schatten eher wie eine Schnecke aus. Passt auch ganz gut. Und dann sind wir überraschenderweise auch schon auf dem Gipfel! Und so schlimm war es gar nicht, auch wenn wir alle durchschwitzt sind. Aber so ein zufriedenes Gefühl hatte ich schon lange nicht mehr. Ich bin einfach im Reinen mit mir und der Welt. Die Picknickpause kommt grade recht, dann wandern wir höchst positiv gestimmt weiter – flach. Ein neuer Anstieg, dann: Eine karge Vulkanlandschaft, gesprenkelt mit Seen von einem reales Blau. Ein richtig roter Vulkankrater, Schwefeldämpfe, die emporkringeln, Eis, Berge, ganz weit hinten auch Grün. Traumhaft. Ich fühle mich wie in einer Jack-Wolfskin-Werbung.

Wir lassen das Hochland hinter uns. Die Landschaft verwandelt sich zu Dünen oder Wüsten. Wir hoffen nach jedem Hügel, endlich die Hütte zu Gesicht zu bekommen, aber sie lässt auf sich warten. Dann ist sie endlich, nach siebeneinhalb Stunden Marsch, im Blickfeld und auch noch ganz nah! Hier treffen wir bekannte Gesichter von der Hütte zuvor, die wie üblich um das Plumpsklo surrenden Fliegen sind schon richtig vertraut, genauso wie die kuschelige Hüttenatmosphäre.

Wir schälen uns um 6 Uhr aus unserem Zelt. Dann erstmal ein improvisiertes Frühstück – Toast mit Apfel und wahlweise Müsliriegel. Die Wanderung ist lang, aber es gibt nichts Neues mehr zu sehen. Wir kriegen alle Druckstellen von unseren Rucksäcken. Rücken und Beine schmerzen. Es reicht. Motivationslos geht es über die vielen Hügel, bis dann endlich Phakapapa in Sicht kommt – da geht es auf einmal wieder! Wir atmen alle vor Erleichterung auf, als wir wieder in die Zivilisation und auf asphaltierte Straßen stoßen, uns endlich Menschen entgegenkommen. Wir sind angekommen, unser Auto steht noch, flugs die Rucksäcke abgeschnallt und mitten auf den Parkplatz gepflanzt. Erstmal können wir uns gar nicht bewegen, dann merken wir, dass wir die Strecke nach weiteren acht Stunden endlich bewältigt haben, und zurück geht's zum Campingplatz.

Am nächsten Morgen kann kaum einer richtig laufen, geschweige denn sich bücken. Da wird das Rucksack, der umgepackt werden muss, zu einer richtigen Herausforderung! Es geht, mal wieder auf Mechanikersuche. Gestern hatte das „Check Engine"-Zeichen mal kurz mit der Blinkerei aufgehört, heute ist es wieder da, so dass wir lieber auf Nummer Sicher gehen wollen. Wir halten ungefähr in jedem Kaff an, hier ist mal ein Mechaniker zu beschäftigt, da fehlt das richtige Gerät ... Der sechste Mechaniker heute soll es dann endlich sein. Für $55 will er nach der Ursache suchen. Blöd, aber muss wohl sein. Er beugt sich unter das Lenkrad, will sein Gerät anschließen, und... findet den Fehler. „This is not supposed to be plugged in!" Wer hat da an den Kabeln gespielt? Und tatsächlich, das Kabel, das Kakü in Napier zusammengefriemelt hat, um unseren Zigarettenanzünder zu „reparieren", war Schuld. Wir können es einfach nicht glauben. So einfach war der Fehler, und er hat uns schlechtes Karma und Kopfzerbrechen beschert – wir können alle nur noch lachen, Kakü erhält jetzt Autobastelverbot und darf nur noch fahren. In der Werkstatt buchen wir jetzt auch noch die Fähre auf die Südinsel, können uns sogar halbwegs auf einen Termin einigen, buchen ein Hostel, und wieder geht's gutgelaunt nach Wellington!

Außenspiegelbaseball

Langsam nähern wir uns der Stadt. Die Ausfahrten nehmen zu, nach der ganzen Natur immer mehr Beton und Häuser und Menschen, eine richtige Großstadt, auch wenn Wellington als Neuseelands Hauptstadt nur knapp 200.000 Einwohner zählt. Kakü will eigentlich gar nicht in die Stadt fahren, aber wir haben keine Wendemöglichkeit mehr, so dass ich ihn weiterlotse. Es ist eng hier und unübersichtlich. Nach einer Kurve – Kakü hat wie immer ihren Linksdrall – wird's richtig eng und ... zack! Außenspiegel gerammt. Alles ist rasch passé, unser Außenspiegel ist eingeklappt, der vom anderen Auto war wohl schon vorher demoliert, und sowieso sind wir schon längst vorbei. Also erstmal zum Hostel. Die Straßen hier sind ähnlich steil wie in San Francisco. Kakü ist jetzt richtig nervös. Der Motor heult praktisch am Stück. Unser armes Autolein quält sich den Berg hinauf, aber überall heißt es nur „parking for residents". Einmal links um den Block, einmal rechts um den Block, hier geht es nicht zurück zum Hostel, wieder durch das Straßengewusel. Weil wir nicht in Neuseeland der Fahrerflucht bezichtigt werden wollen, fahren wir zur Unfallstelle, aber kein Auto mit einem demolierten Außenspiegel ist zu finden. Also müssen wir wohl zur Polizei. Aber zuerst fahren wir zum

Hostel, um mich und Magnus abzuladen. Kakü als „Täterin" und Niklas als Fahrzeugbesitzer wollen zur Polizei. Nach einiger Zeit kommt Kakü lachend und Niklas entnervt in unser Zimmer. Was ist passiert? Erstmal das Polizei-präsidium nicht gefunden, dann verfahren, dann falsch in eine Einbahnstraße eingebogen, dann ... wumm. Zweiten Außenspiegel gerammt, obwohl dies-mal Niklas gefahren ist. Den demolierten Wagen haben sie nicht gefunden, allerdings ein Auto, an dem der Außenspiegel schon mit Tape befestigt her-unterhing. Der muss also vorher auch schon mal angefahren worden sein. Einzige Reaktion der Polizisten: „Macht ihr das eigentlich mit Absicht?" Und: „Fahrt vorsichtiger oder ab jetzt nicht mehr so viel gegen Autos. Am besten gar nicht mehr." Ja, ganz sicher, unser Auto wird in Wellington keinen Kilometer mehr zurücklegen.

Eine Stadtbesichtung steht auf dem Plan. Mit der Kabinenbahn hoch zum Botanical Garden, da ein kostenloses Gratis-Klassik-Konzert erleben, dann das komische Beehive und das Regierungsviertel von Neuseeland angucken. Wellington erinnert an San Francisco, nicht nur wegen der Hügel, sondern auch wegen der Architektur und der elektrisch laufenden öffentlichen Busse. In der Hostelküche können wir mal richtig unsere Kochkünste ausleben. Es gibt Quiche in Pfannen mit abgekratzter Beschichtung und Formen, die nur grade so in den Backofen gehen. Das Hostel hier ist das schlechteste BBH-Hostel, das ich je gesehen habe, mit bekifften, gelangweilten, unfreundlichen und ungeduldigen Punk-Mitarbeitern, in einem ehemaligen Puff stationiert, mit Zimmern wie in einem Gefängnis und – immerhin – einem verstimmten Klavier. Davor sitze ich dann auch in den Kochpausen niedergeschlagen und versuche, mich wenigstens an ein paar Noten meiner Lieblingsstücke zu erin-nern. Ich darf eine halbe Stunde hier kostenlos ins Internet, aber das ist ein-fach zu knapp. Ich weiß gar nicht, wem ich da was schreiben soll. Wellington gefällt mir gut. Es hat ein paar prachtvolle Altbauten, aber dazwischen auch Hochhäuser im Plattenbau-Stil, insgesamt arg durchein-andergewürfelt. Aber hier gibt es auch ein paar kulturelle Veranstaltungen, Mode, Shoppingmöglichkeiten, Geschichte. Und ein Nachtleben!

Schwulenclubs und Bitch-Fights

Wenn man in Neuseeland mal die Chance hat, abends auszugehen, sollte man das auch wahrnehmen. Kaum ist das Hostel verlassen, werden wir schon von den ersten Neuseeländern angequatscht, die verbotenerweise auf einer Park-bank in der Öffentlichkeit vortrinken. Ein lustiges Völkchen, diese Neusee-länder, offen und locker. Dann marschieren wir in eine Bar, das Matterhorn, eine der zahlreichen angesagen Bars hier in Wellington. Aber, wie alles, teuer. Die Live-Musik hebt unsere Stimmung dermaßen, dass wir entscheiden, unsere Jacken zurück zum Hostel zu bringen und uns umzuziehen. Wir machen sozusagen Club-Hopping, mit lustigem Ausgang: Tätowierte, kräftige Vollweib-Maoris bieten sich einen ausgewachsenen „Bitch-Fight", bei dem sich weder Türsteher noch Polizisten trauen, dazwischenzufunken. Wir erkunden versehentlich die Schwulen- und Lesbenszene Wellingtons und fallen letztlich erst um fünf in die Koje. Wellington hat den Test bestanden.

Um acht Uhr klingelt der Wecker, denn wir müssen ja das kostenlose Frühstück nutzen. Danach wieder zurück ins Bett, aber mit ausreichend Schlaf ist heute nicht zu rechnen, knapp fünf Stunden müssen reichen. Denn heute steht „Te Papa" auf dem Plan, das höchst gelobte Museum über Neuseeland. Naja, uns fehlt eine deutliche Struktur. Viel über die Geschichte Neuseelands ist nicht in Erfahrung zu bringen. Etwas über die Kultur der Maori und eine Menge über Vulkane und Erdbeben. Ein 4,5 Meter langer Riesenkrake ist auch ausgestellt. Langsam grenzt alles an Reizüberflutung, ganz zu schweigen davon, dass das fehlende Konzept verwirrt. Also raus aus dem Museum und das Hafen-Gefühl genießen. Eigentlich ärgerlich, einen großen Teil des wunderschönen Tages im Bett und im Museum verbracht zu haben, aber das Fehlende holen wir jetzt nach. An einem schönen Hafen-Café wird gute Live-Musik gespielt. Wir setzen uns ans Wasser und genießen die Atmosphäre. Schuhe aus, Sonnenbrille auf, das Leben einsaugen. Zur Feier des Tages springen Kakü und ich zum Supermarkt, ich barfuß. Beute: Für jeden zwei Eis. Das tut gut!

Unser letzter Tag auf Neuseelands Nordinsel bricht an. Eigentlich wollten wir alle mit dem Fallschirm auf die Südinsel springen, für knapp $650 ist das sogar möglich. Das Gepäck wird einem hinterhergeschickt, aber unser Auto ist dann leider wohl doch zu schwer dafür. Dafür gibt es die Fähre. Träge schaukelnd lassen wir die Nordinsel hinter uns und docken auf der Südinsel an. Die hochgelobte Südinsel, angeblich das Beste, was Neuseeland und die Welt an Natur auf engem Raum so zu bieten hat. Und schon vom ersten Eindruck her kann ich das nur bestätigen.

Der Verlag sucht weitere zum Programm passende Manuskripte!

Auch für gute Reiseberichte, Beobachtungen und Tipps gibt's ein Freiexemplar aus dem Verlagsprogramm bzw. bei substaniellen Beiträgen auch eine Bescheinigung über eine redaktionelle Mitarbeit.

Neuseeland südinsel

Auf in den Süden

6 Wochen

Auf der Südinsel leben 900.000 Menschen (auch wenn sie größer als die Nordinsel ist); damit sind das weniger als in der größten Stadt Neuseelands, Auckland. Ein Drittel der Bevölkerung wohnt in Christchurch. Man kann sich vorstellen, wie verstreut die restliche Bevölkerung lebt, wie dünn die Besiedlung ist. Es ist wenig los auf den Straßen; zum Glück ist unser neues Auto (toi toi toi!!!) zuverlässig. Es hat schon öfter geregnet, aber das Zelt scheint wasserfest zu sein.

Nachdem wir den fast leeren Campingplatz nahe bei Pickton, der Fähre-Anlegestelle, verlassen haben, geht's nach Westen an den Fjorden der Südinsel vorbei. In Nelson, einer süßen Kleinstadt ganz nach unserem Geschmack, würden wir gerne länger verweilen. Also verstreicht ein ganzer Tag mit erfolgloser Jobsuche. Laut unserem Hostelbesitzer sollte das ganz einfach gehen, denn im Moment ist Erntezeit, aber wir sind leider nicht die einzigen Backpacker hier in der Gegend. Stundenlang klappern wir Obstgarten um Obstgarten, Weingut um Weingut ab, aber nichts. Noch schlimmer: Wartelisten für die Jobs als Fruitpicker und -packer. Das wird also nichts. Wie geplant, geht's tags darauf zum Abel Tasman National Park.

Kajaktour

Wie immer, wenn wir unterwegs sind, sehen wir mit unserem Hab und Gut aus wie eine wandelnde Müllhalde – wo immer wir uns aufhalten, liegt ein ganzes Sammelsurium an verschiedenen Säcken und Tüten. Überraschenderweise passt aber alles in die Kajaks, wir bestehen den Kajak-Test, und dann befördert uns ein Wasser-Taxi in die Mitte des Nationalparks. Schon jetzt gefällt es mir bestens: Die Sonne scheint, die Wellen rauschen, der Wind braust, die Landschaft beeindruckt. Von dichtem Urwald bewaldete Hügel, lange Sandstrände, Felsen und kleine Inseln. In der Mitte des Parks werden wir entlassen, verstauen unser Zeugs und schwingen uns in die Kajaks. Unsere wasserfesten „Röcke", die wir unter den Schwimmwesten tragen, sind besonders heiß, aber heute nützlich: Bei starkem Wellengang bildet sich ein Meer von weißen Schaumkronen, und wir schaukeln nur so dahin. Langsam kann ich mir vorstellen, wie man mit einem Kajak kentert.

Erstes Ziel ist Tonga Island, die wir durch den „Sturm" keuchend umrunden, bis endlich die erste kleine Robbenkolonie ins Blickfeld gerät. Ich fühle mich wie im Zoo, nur besser. Kakü und Niklas haben sogar einen Pinguin neben sich auftauchen sehen. Dieses Glück haben Magnus und ich nicht, aber die Heuler sind auch niedlich, aber leider nicht neugierig genug, um auf unsere Kajaks zu hüpfen. Von dort aus paddeln wir mit den Wellen zu unser ersten Übernachtungsmöglichkeit, Mosquito Bay. Der Name spricht Bände – genervt schlagen wir Sandfly um Sandfly tot. Die Biester sind entsetzlich lästig, aber der Strand ist wunderschön. Kampiert wird im nahen Wald. Vom Zelt lauschen wir dem wunderbaren Wellenrauschen. Pünktlich mit Sonnenuntergang ab in die Heia.

Am nächsten Tag Besuch der nächsten Robben auf Pinnacle Island. Man sieht nur immer eine Handvoll auf einmal, denn sie spielen meist schön versteckt hinter den Felsen. Dafür kann man heute wunderbar Baden gehen. Wir paddeln zu einsamen Sandstränden, unerreichbar von Wanderern, und lassen es uns einfach nur gutgehen. Die zweite Übernachtung ist bei „Watering Cove", abermals eine winzige, aber schöne Bucht. Hier bemerken wir einen gewaltigen Rochen nah der Oberfläche durchs Wasser gleiten – aaah, in dem Meer da waren wir wirklich drin? Be-tritt man einen Rochen, so soll der üblicherweise wenig begeistert sein und es einem heimzahlen. Aber Haie bekomen wir glücklicherweise nicht zu Gesicht, leider auch keine Delphine.

Der letzte Tag enttäuscht mit seinen vielen Wolken. Kakü und ich wandern trotzdem ein Stückchen in den Nationalpark hinein, um die Aussicht zu genießen, aber hier ist es ziemlich urwaldähnlich, die Aussicht dank des Wetters eingeschränkt. An Land ist es reichlich kühl, so dass wir uns die paar Meter ins Wasser quälen, aber erstmal in Bewegung, hält man´s aus. Wir fahren zur Adele Island. Hier werden Kiwis gezogen, so dass man nur die kleinen Strände, nicht aber die restliche Insel erkunden darf. Aber bereits die Kajaktour drumherum lohnt sich: Es gibt eine Menge Seelöwen, auch die Geräuschekulisse der exotischen Tiere und Insekten bei Annäherung an die Insel beeindruckt. Dann gleiten ein paar der Robben auch noch nah an uns vorbei. Zum Glück werden wir nicht von den bis zu 150 kg schweren Tieren angegriffen! Nach drei traumhaften Tagen befinden wir uns wieder an Land.

Verregnete Schokoladenseite der Südinsel

Von unserem kleinen Camp-Park, der auf Michael's Neuseelandkarte einge-zeichnet war, geht es durch bergige Landschaften dem Sonnenschein und der Küste entgegen. Dann fahren wir die wunderbare Westküste der Südinsel ent-lang, wunderbare raue Landschaften; Felsen ragen aus den wogenden Wellen hervor, auf der anderen Seite Berge, dann lange Sandstrände und wunderbar blaues Wasser. Es ist fantastisch.

Halt an den „Pancake Rocks", wie erwartet, touristisch überlaufen und viel zu gehypt. Dann hilft wieder unsere wunderbare Karte: „Free kemping am Strand". Und es stimmt: Zwar ist es nicht ausdrücklich erlaubt, aber auch nicht ausdrücklich verboten, so dass wir unser Zelt im Sand aufschlagen und im Nieselregen kochen. Das Abendessen – ausnahmsweise mal Hirse mit frischem Gemüse – gibt es auf Treibholz am Strand, denn die Sonne ist schon versunken. Dann folgen wir alle unserer großen Leidenschaft und spielen Doppelkopf. Es ist milder als gedacht, aber die „Sandflies" gehen auf den Keks wie eh und je. Zum Glück ist es im Zelt wunderbar warm. Die Wellen rauschen.

Der nächste Tag.
Man hört es schon morgens: Der Regen trommelt ein leises, aber stetes „Willkommen auf der Südinsel" auf die dünne Zeltwand. Wir entscheiden, ein Hostel aufzusuchen, denn die nächsten Tage ist nur Regen angesagt, für heute Nacht auch noch ein Gewitter. Da im Zelt? Nein, danke.
   Das Hostel ist im schranzigen Seemans-Stil gebaut, das Zimmer ist aber ganz in Ordnung und inkl. kostenlosem, unbegrenztem Wifi. Komische Leute sind da, unter anderem ein Engländer, der einfach nicht mit Reden aufhören will. Wir spielen Pool, versauern vor dem Internet, gammeln. Immerhin gibt es um fünf Uhr leckere Scones. Zum Glück sind Jungs auch dagegen, hier vier Tage zu arbeiten „in exchange for accomodation – in a campervan". Es ist unglaublich, wie Backpacker ausgenutzt werden: zweieinhalb Stunden Arbeit pro Tag und dann noch nicht mal ein richtiges Bett.
Mit Musik – wir haben mal CDs gebrannt, denn mit dem Radio kann man hier mangels Empfangs kaum etwas anfangen – geht's weiter Richtung Süden. Verrückt, wie viel mehr Freude das Fahren auf einmal bereitet! Dann kochen wir direkt am stürmischen Meer, unsere Utensilien flattern durch die Gegend, die Kocher gehen fast aus, und die ganze Geschichte erweist sich als schwierig. Aber heute wird ein richtiges Festmahl aufgetischt: Reis mit Gemüse uuuund ... Fischstäbchen!! Trotz der Nässe beschließen wir zu cam-pen. Im Regen ist das Zelt aufzubauen und unser Abendessen vorzubereiten.

Kakü und ich fanden das Hostel-Leben schlicht zu langweilig. Da haben wir es wieder, das „Abenteuer"! Oder sollte man sagen – die Unannehmlichkeiten? Fest steht, dass ich endlos froh war, dieses Hostel verlassen und endlich wieder campen zu können. Und jetzt haben wir den Salat, schnippeln im Auto Tomatensalat und improvisieren, wo es nur geht. Das Essen schmeckt, dann heißt es „ab ins Zelt". Und, Überraschung, Überraschung, es ist warm, es ist gemütlich, und vor allem ist es trotz Löcher im Zeltboden trocken! Der Regen trommelt aufs Zeltdach, der Wind reißt an den Schnüren, aber wir sind sicher.

Gletschergekraxel

Es geht – durch den Monsun. Morgens pladdert's noch nicht, aber dafür später richtig. Regen wird hier ja auch in Metern gerechnet, nicht wie andernorts in Millimetern. Kein Wunder, dass es hier so grün ist. Oft „aqua-plane" ich durch die kurvigen Straßen. Der Regen platscht so richtig gegen die Windschutzscheibe. Und dann reißt die Wolkendecke auf, blauer Himmel, und dann tauchen auch schon die ersten richtigen Berge auf! Weiße Bergkappen ragen hervor, wolkenumhüllt, an Nepal erinnernd, aber daran kommt es gar nicht heran. Trotzdem gefallen mir die „Southern Alps" ganz gut.

Wir parken am Franz Josef Gletscher, aber langsam zieht es zu. Mit Regenzeug bewehrt und dann los! Die Landschaft ist berauschend, unzählige kleine Wasserfälle durchziehen das Grün der Berge, aber die weißen Berggipfel lassen sich durch die dichte Wolkendecke nicht mehr erspähen. Aber dazwischen das Eis, am Fuß noch von grauen Steinen übersät, weiter oben richtig mächtig und sogar eisblau. Hier brummen keine Sandflies, dafür aber die Hubschrauber, die Touristen auf die Gletschern hieven. Wie fast alle ignorieren wir die Absperrung und kraxeln den Gesteinsberg hoch, um einen besseren Blick auf den Gletscher zu erhaschen. Aber es gießt wieder, wir werden alle patschnass und fahren zum Fox Gletscher, denn von hier soll die Tageswanderung in Angriff genommen werden! Während Kakü den Fertig-Gemüse-Auflauf zubereitet, klemme ich mich hinters Telefon und suche „Work for accomodation" in Queenstown. Es ist niederschmetternd: ein paar Leute sagen halb zu, aber für vier Jobsuchende auf einmal eine Stelle zu finden, ist ein Ding der Unmöglichkeit.

Der nächste Morgen: Stahlblauer Himmel. Perfekt zur Besteigung eines Gletschers.
In aller Frühe und Kälte stehen wir auf und machen uns fertig zum Abmarsch. Sandwichtoasts werden getoastet, Äpfel gewaschen, Wasserflaschen

aufgefüllt. Und dann ab in aller Hektik zum Veranstalter. Das Auto springt zwischendurch nicht an, doch dann erreichen wir hoppelnd den Parkplatz. Und dann gibt es eine positive Überraschung: Ein Nepali-Führer! Ich finde ihn sofort sympathisch. Wir werden wie Profis ausgestattet, mit fetten Wanderschuhen, Stollen, Regenhose und -jacke, Handschuhen, dicken Socken ... alles eben. Alle werden in den Bus verfrachtet. Wir erhaschen noch einen herrlichen Blick auf Mt. Tasman und Mt. Cook, beide über 3.000 Meter hoch, aber inzwischen von mehr Wolken umzingelt. Und dann wandern wir zum Anfang des riesigen, unüberwindbaren Gletschers, selbst für unseren Guide, der 2014 den Mount Everest besteigen möchte und schon auf 7.000 Meter Höhe gekommen ist. Er unterhält uns mit Geschichten von zwei jungen Australiern, die vor den Augen ihrer Eltern von einem riesigen Eisklotz erschlagen worden seien, von Leuten, die immer noch eingefroren unter dem Eis lägen, Gegenständen, die viele Jahre später an einem ganz anderen Ort wieder auftauchten. Der Gletscher lebt!

Kurz vor dem Eis ziehen wir uns unsere Stollen an und stapfen über die täglich neu geschlagenen Stufen auf den Gletscher. Hier ist noch alles grau und voller Steine, aber je höher wir gelangen, desto blauer und weißer wird das Eis und desto weniger Menschen treffen wir hier. Die Landschaft ist wieder überwältigend, steile Wände, hohe Wasserfälle. Wir kriechen in Höhlen, krabbeln durch Tunnel und klettern steile Eiszapfen hoch. Eine tolle Erfahrung, aber langsam zieht der Himmel zu, und es kühlt ab. Wir kommen weiter, als je eine Tagesgruppe geführt wurde, denn unsere Führer probieren einen neuen Weg aus. Dann dringen wir auch wieder richtig tief ins Eis vor, ungewohnt leise und friedlich ist es hier. Langsam wird mir aber mächtig kalt – es reicht – aber schon machen wir uns auf zum Abstieg und tadaaaa: Wir waren auf einem Gletscher. Mit unserem Guide wechsle ich noch ein paar Nepali-Floskeln und fühle mich nach Nepal zurückversetzt.

Gitarrenspiel und Lagerfeuer

Wir erkundigen uns nach dem nächsten DOC-Campingplatz und zuckeln durch den inzwischen wieder hervorkommenden Sonnenschein die dreizehn Kilometer lange, enge Schotterpiste zum vollen Campingplatz. Mal wieder treffen wir Landsleute und essen nach Hundefutter riechenden Reiseintopf aus dem Pott, denn unsere Schüsseln und Löffel haben wir am Hostel vergessen. Zwei der Deutschen sind Stuttgarter. Mit denen machen wir ein gemütliches Lagerfeuer, gucken uns vorher noch den leichtverschleierten Sonnenuntergang an und genießen dann bei Gitarrenspiel und Gesang den Abend. Wie gewöhnlich dann ein umwerfender Sternenhimmel; Die ganze Milchstraße, der große Wagen, das Kreuz des Südens leuchten und funkeln über uns.

Nach Löschen des Feuers noch kurz die paar Meter hinab ans Ufer. Meer und Sternenhimmel verschmelzen am Horizont, die Wellen rauschen und prasseln wie bei einem Feuerwerk. Ich bin gebannt von der Gewalt und Größe der Natur.

Die nächsten paar Tage versinken, wie auf der Südinsel so oft, im Regen. Vom Meer aus erblickt man die Gipfel der Südalpen, die sich im nahegelegenen Lake Matheson spiegeln. Das Meer hier ist unglaublich rau, die Steine rollen über unsere nackten Füße, bereiten Schmerzen. Unter dem Regenwasser-Wasserhahn zum Abspülen waschen wir uns mal wieder. Die Abwechslung mit ein paar neuen Gesichtern tut gut. Für Kakü und mich eine Herausforderung, für sieben Leute, davon fünf Jungs, zu kochen! Wie jedes Mal beim Verteilen von Essen aus unserem riesigen Kochtopf fühlen wir uns wie bei der „Tafel". Und bei Wellenrauschen, Gitarrenspiel und der Wärme des Lagerfeuers lässt es sich auch gut am Strand einschlummern.

Mit den letzten Benzintropfen trudeln wir ein paar Tage später in Wanaka ein. Das Benzin wird immer teurer, je abgeschiedener es wird. Die Landschaft ist wieder überwältigend. Die kargen Hügel um die Seen sind menschenleer, auf den türkis- bis tiefblauen Wasserflächen spiegelt sich die Sonne. Weiße Schaumkronen bekränzen die Wellen. Es ist frostig, aber unbeschreiblich schön – hier lässt es sich ein paar Tage aushalten.

Die Action-Hauptstadt

Am Freitag packen wir unsere Sachen und sausen nach Queenstown. Der Himmel ist voll: Überall Hubschrauber, Flugzeuge, Fallschirmspringer, Paraglider oder Bungee-Jumper. Doch mit grade mal zehntausend Einwohnern ist die Stadt klein und überschaubar.

Am Freitag gehen wir mal wieder feiern. Hier ist mal was los, was wohl an den tausenden von Rucksackreisenden liegt. Leider macht alles schon um vier Uhr dicht. Der nächste Morgen wird lustig: Ein Mädchen mit Staubsauger auf dem Rücken öffnet die Tür zu unserem Schlafsaal und fängt einfach nur an zu lachen – man kann kaum über unseren Boden laufen, geschweige denn hier staubsaugen. Unsere Unordentlichkeit hat sich noch gesteigert, auch unser Auto muss unbedingt mal aufgeräumt und gesaugt werden. Und es riecht dort nach Tomatensalat, der bei unserer Koch-Aktion im Auto verschüttet wurde.

Wir stapfen den Aussichtsberg von Queenstown hoch, 50 Minuten steil bergauf. Der Gipfel beschert ein herrliches Panorama. Man hat den weiten

See, die kleine Stadt und die hoch aufragenden Berge im Blick. Nur die Schneegipfel verschwinden in den Wolken. Alle nehmen die Seilbahn nach unten, nur Kakü und ich laufen und sind so in unser Gespräch vertieft, dass wir es sogar noch schaffen, uns zu verlaufen. Dafür ist die Wanderung entlang kleiner Bäche und Wasserfälle umso schöner. Strafe: Man kommt an einem ganz anderen Teil von Queenstown heraus. Kurz überlegen wir, von hier zu unserm Hostel zu trampen, dann ist der Weg aber doch kürzer als angenommen. Nach einem kurzen Nickerchen machen wir uns wieder fertig für den Abend – wenn man schon mal in einer Stadt ist, in der etwas los zu sein scheint, dann ist diese Gelegenheit beim Schopf zu packen.

Allmählich plagt mich doch das Fernweh, denn abgesehen von der Landschaft ist nicht viel zu entdecken. Ich denke an Asien, wo jeder Tag Überraschungen barg und eine neue Herausforderung darstellte. Mir sind hier zu wenig Menschen; hier ist zu wenig los. Ich liebe die Natur, aber nicht nur Natur. Eine kleine Herausforderung gibt es doch: Die Leute hier sind häufig schwer zu verstehen. „Sweet as" und „youse" gehören zur Tagesordnung, genauso eine Menge unverständlicher Sätze.

Aotearoa

Für mich ist das moarische Wort für Neuseeland magisch. Aotearoa. Mit wem weich gerollten „r" hört es sich sanft an, nach sanften, saftigen, grünen Hügel, Gras, das im Wind rauscht, Wellen, die sachte an Felsen schlagen. Ich denke an Schafe, die sich über die Weiden arbeiten, weißen Sand und vom Wind zerstrubbeltes Haar. Der südlichste Süden der Südinsel bietet genau das, ist noch verlassenster als alles, was wir bis jetzt in Neuseeland zu Gesicht bekommen haben. Noch weiter weg von der Zivilisation, noch tiefer in die Natur.

Der Highway auf dem Weg ins Fjordland ist auf beiden Seiten verödet. Hier könnte man auf der „Autobahn" problemlos mit dem Auto wenden, wie wir es auch schon gemacht haben. Ein paar Kühe, Schafe und Rehe gibt es vielleicht. Oder zermatschte Oppossums. Die werden auf den Straßen gejagt wie verrückt, auf jedes getötete kann man stolz sein und das wird sogar in einigen Restaurants vermarktet nach dem Motto „You kill 'em, we grill 'em". Wir überholen vereinzelt Radfahrer und bei jedem frage ich mich, wer so verrückt ist und durch das hügelige Neuseeland per Rad unterwegs sein könnte. Niklas fährt 110 km/h, wird aber trotzdem von einem Kiwi-Opa überholt. Crazy

Kiwis. Unser Auto bekommt nach unserem charakterstarken „Jack" heute auch endlich seinen Namen: „Mr. Brightside".

Fjorde über Fjorde

Wir nähern uns Te Anau, dem Ausgangspunkt im Fjordland. Von hier führt ein Highway bis hoch nach Milford Sound, von dem sich die bergige und wässrige Landschaft erahnen lässt. Überall Seen, Flüsse, exotische Bäume, karge Berge, wirklich spetakulär. Kaum am Milford Sound angelangt, tröpfelt es auch schon auf die Windschutzscheibe, aber oft zeigt sich sogar die Sonne! Wir haben bei den Niederschlagsmengen hier Glück mit dem Wetter und machen deswegen auch gleich eine Bootstour.

Milford-Sound

Auf dem Schiff ist es ordentlich windig und kühl, in der Ferne regenverschleierte Berge, Wasserfälle – beeindruckend. Wieder ein paar Robben, dann tuckert unser Schiff fast unter den riesigen Wasserfall, so dass wir mächtig nass werden. Auf einmal ein Aufschrei: Delphine! Wie die Verrückten stürzen wir von Bord zu Bord, der Kapitän warnt uns, dass er keinen „man over board" zu haben wünsche, aber das ist uns wurscht. Was für ein Erlebnis! Meine Kamera klickt ununterbrochen, knapp dreihundert „Delphinbilder" sind das Ergebnis, aber es ist so toll! Wir laufen zum unteren Deck und sind den Delphinen ganz nah, ein Junges ist dabei, beim Atmen hören sie sich fast so an wie Menschen, sie spielen miteinander, treiben an unserem Bug entlang, auf dem Rücken, auf der Seite, das ganze Leben ist ein einziger Spaß. Unser Kapitän gibt mächtig Gas und zettelt ein Wettrennen an, ich habe schon Angst, dass wir die Delphine überfahren würden, die immer wieder leicht gegen unser Schiff stoßen, aber schließlich haben sie genug und drehen ab. Aber welch ein Erlebnis; die Tour hat sich gelohnt!

Wir rollen langsam den Milford Highway zurück und stoppen hier und da für ein paar Fotos. Eine kleine Wanderung gibt es noch zum „Mistletoe Lake", aber ich bin heute faul und motivationslos. Ein seltsames Gefühl zu wissen, dass heute der letzte Tag mit der großen Gruppe ist, nachdem wir fast anderthalb Wochen zusammen unterwegs waren. Unser letzter gemeinsamer Stopp ist Te Anau, dann heißt es, Abschied nehmen. Eine kurze Umarmung, nur nicht zu lange herauszögern, denn die Pläne zum Wiedertreffen zu Hause haben wir schon geschmiedet. Ein Deut Wehmut stellt sich ein, da wir wieder zu viert reisen. Es ist schon spät; eigentlich wollten wir heute noch die Catlins erreichen. Nun geht es um die Frage: Die längere „Scenic route" oder den schnelleren Highway zu wählen. Unser neues Motto: „Wir sind nur ein Mal in Neuseeland." Das Motto gefällt mir gut; der Umweg lohnt. Man sieht den Beginn der Fjorde, blaue Berge, die sich in Seen spiegeln, und Sonnenstrahlen durch die Wolken. Ein Traum. Und eine Motivation! Auf einmal bin ich richtig gut gelaunt. Wir sehen Schafe über Schafe aber unglaublich selten Menschen. Die „Hauptstadt" der Catlins zählt übrigens stolze 365 Menschen. So viele wie Tage im Jahr.

Langsam wird es später und regnet, aber wir lassen uns nicht stressen. Und natürlich kommt ein Wink vom Schicksal: „Free camping at the tavern". Wir haben es zwar noch nicht mal bis Invercargill geschafft, aber diese Chance müssen wir nutzen! In einem Nest hatte ein Barbesitzer ein freies Feld und eine tolle Marketingidee. Jetzt kommen ab und zu Backpacker, kampieren auf einer freien Wiese und trinken und essen eventuell sogar eine Kleinigkeit bei ihm im Pub. Hier im Dorf sind wir auch noch Exoten. Der Barbesitzer ist einfach nicht zu verstehen, so dass der Smalltalk mit ihm nur stockend verläuft. Um halb zehn werden wir rausgeschmissen.

Mehr Tiere als Menschen

Schon mit einem Traum von Delphinen wache ich zum Regenwetter auf, dann packen wir mal wieder unsere deutlich mehr als Siebensachen und besteigen den Wagen. Auf zu den Catlins, dabei kurz durch Invercargill, wo es abgesehen von Westpacs und Countdowns nichts zu sehen gibt. „Welcome to the edge of the world" sagt ein Schild gleich unter dem „Catlins-Region" Schild, und es hat Recht: Hier ist der südlichste Punkt des neuseeländischen Festlandes! Und wie alle Randküstenabschnitte erinnert mich das ans East-Cape, zwar (wer hätte es gedacht?) ein wenig dichter besiedelt, aber genauso schön, grün und rau. Aber bitterkalt! Das Stirnband ist obligatorisch, als wir zum südlichsten Punkt laufen, von hier sind es immerhin nur noch knapp 4800 km bis zum Südpol. Hier stehen auch Bäume, offensichtlich vom Wind gebeugt, und ganz, ganz viele Schafe. Auf den nächsten Halt freue ich mich, Porpoise Bay mit einem bestechenden Wildlife-Angebot: Robben, Pinguine, Delphine und manchmal sogar Wale! Und kaum ist der Parkplatz erreicht, so sieht man auch schon die Rückenflossen der Meeressäuger (leider „nur" Delphine) durch die Wellen blinken. Da müssen wir rein!

Zwar bläst ein eisiger Wind, aber das ist mir jetzt egal. Zitternd stehe ich mit Kakü am Rand des Meeres, bis wir uns schließlich überwinden und in die südpolarisch kalten Fluten stürzen. Es ist eisig, das Wasser sticht so richtig auf der Haut, und Kakü redet die ganze Zeit von Rochen, die sie angeblich spürt. Und ob da Haie seien? Aber mein Wunsch, mit Delphinen zu schwimmen, ist doch größer als die Furcht vor eventuellen Angriffen, und so paddeln wir gemächlich weiter. Zwischendurch verlieren wir die Delphine aus den Augen, dann wieder in rund zwanzig Metern Entfernung ein paar Rückenflossen. Sie sind ganz nah! Eigentlich soll man sich jetzt auf dem dreizehn Grad kalten Wasser auf dem Rücken treiben lassen, aber bei dieser Temperatur ist das unmöglich. Wir verhalten uns so ruhig wie möglich, als wir die Rückenflossen auf einmal in acht Metern Entfernung sehen. Ein Wonnegefühl überströmt mich, aber uns ist beiden nicht ganz wohl zu Mute, denn was ist da noch so im Wasser unterwegs? Und können Delphine eigentlich auch aggressiv werden? Händchenhaltend versuchen wir, uns über Wasser zu halten, und schauen uns weiter nach den Tieren um, als sie auf einmal auf der anderen Seite auftauchen – sind sie etwa unter uns durchgetaucht? Aufgeregt warten wir, ob sie sich noch weiter nähern, aber das war es dann wohl. Wir sind zwar nicht wirklich mit, aber zumindest außerordentlich nah bei Delphinen geschwommen. Und nach diesen entsetzlich kalten zwanzig Minuten in den Fluten beeilen wir uns, den Strand zu erreichen. Erstmal bin ich vor Zittern wie gelähmt, kann weder reden noch mich anziehen. So gebibbert hatte ich schon lange nicht mehr. Nie mehr werde ich über die Kälte im Zelt maulen! Zum Glück lugt jetzt die Sonne hervor, sonst wären wir wohl wirklich erfroren. Ein paar Schaulustige gucken uns zu, wie wir als verrückt abgestempelt aus dem Wasser stapfen und dann unser Mittagessen zubereiten. Hier treffen wir auch noch ein paar Backpacker, mit denen wir in Wellington feiern waren, und deren Auto ein ähnliches Schicksal wie unseres erleiden musste. Immerhin haben sie dafür $ 300 „Schrottpreis" eingesackt. Niklas hat in der Zwischenzeit einen versteckten Pinguin gesehen, aber die Robben und Wale lassen sich nicht blicken. Ich bin aber auch so mehr als zufrieden! In einer zugigen Hütte gequetscht warten wir darauf, ein paar Pinguine zumindest in weiter Ferne an dem Strand an Land watscheln zu sehen. Und irgendwann, kaum erkennbar, kommt so einer, hüpft und watschelt unbeholfen über die Felsen und ist dann verschwunden. Wilde Pinguine sehen – zack, abgehakt! Dann können wir zum Leuchtturm gehen und die wundervolle Aussicht in der Abenddämmerung beobachten, bis uns wirklich allen der Magen knurrt und wir vor Hunger schon leicht überdreht sind. Wir entscheiden uns, einfach mal abenteuergerecht im Auto zu nächtigen. An einem Rastplatz kochen wir romantisch gut im Vollmondschein, dann geht es weiter auf den Weg nach Dunedin. Kakü und ich schlafen hinten, während die Jungs lange nach einem geeigneten Standplatz zum Übernachten suchen. Um drei Uhr kramen wir unsere Schlafsäcke raus und machen es uns so gut es geht hinten bequem. Es verhält sich, als ob man in einem Flugzeug schlafe, dazu überraschenderweise komfortabler als gedacht.

Der Osten

So früh wie heute haben wir noch nie in ein Hostel eingecheckt – es ist zehn Uhr, als wir im schönen Elm Hostel aufkreuzen. Der Himmel mal wieder stählern blau, wolkenlos, die Sonne strahlt aus Leibeskräften. Wunderbares Wetter, das Beste seit sechs Wochen! So ein Glück!

In Dunedin entspannen wir erstmal, dann Aufbruch zur steilsten Anliegerstraße der Welt. Strahlende Rentner ziehen in ihren Mietwagen an uns vorbei, während wir die Steigung hochschnaufen. Ein paar verrückte Jogger überholen uns sogar, aber der Ausblick lohnt sich, und lustig ist es auch. Niklas kramt noch seine letzten guten Euro-Centstücke aus seinem Rucksack, die dann fröhlich den Berg vor uns hinunterhüpfen.
Dunedin ist eine weitere schöne Stadt. Zwar ähneln sich die meisten neuseeländischen Städte ziemlich, aber hier gibt es ein paar recht schöne und eventuell auch leicht alte Gebäude.

Auch Oamaru, ein französisch angehauchtes Städtchen, gefällt. Wir fahren zu der gelbäugigen Pinguinkolonie, wo auch schon die ersten Pinguine auf den Strand watscheln, schwerfällig über die Steine klettern und laut quaken.

Und dann campen wir am Fuß der Südalpen. Auf dem Weg zum Mt. Cook National Park liegt ein toller, riesiger See namens Lake Pukaki, wo wir überglücklich aus unserem Auto steigen und die schneebedeckten Gipfel, die sich von Wolken umhüllt leicht im türkisblauen See spiegeln, fotografieren. Dann zurück in das eigentliche Dorf Mt. Cook. Niklas hat mal wieder Lust auf eine richtige Wanderung, aber am nächsten Tag soll es regnen und wir entschließen uns für zwei kürzere Wanderungen. Ich merke, wie meine Kondition schon richtig schwach geworden ist, vielleicht weil ich nicht genug Fleisch esse, denn oft hechle ich den anderen hinterher. Der Kea-Walk ist enttäuschend; kein einziger Kea hier. Die Landschaft erinnert dafür an die Gletscher, schließlich ist es im gleichen Gebirge; an dem einen Weg liegt sogar ein See mit lauter kleinen Eisbergen. Der Titanic-See!

Nach einer Nacht Regen ist in unserem Zelt alles durchnässt. Kissen, Isomatten, Schlafsäcke.

Edoras

Also nicht den Tag vermiesen lassen. Weiter geht's zum zweiten berühmten See der Gegend, Lake Tekapo. Besonderes Mittagessen heute Lachsbrötchen. Dann weiter nach Norden, zum nächsten DOC-Campingplatz. Beim Zubereiten des Abendessens trottet eine einsame Kuh gemächlich an uns vorüber. Bis spätabends spielen wir noch bei Dauerregen im Auto Doppelkopf, bis im Zelt eine böse Überraschung auf uns wartet: Alles feucht und klamm! Auf den Isomatten schimmern Tropfen und mein Schlafsack ist an einer Seite richtig durchweicht, zusammen mit einem großen Teil meines Bettzeugs.

Zum Glück leiht Magnus mir seinen Schlafsack und Kakü ein paar
Schlafsachen, dann geht es dick eingepackt in eine schlechte Nacht.
Böses Erwachen: Unsere Schlafsäcke sind am Fußende durchnässt. Wie alles.
Heute müssen wir unbedingt in ein Hostel, ansonsten trocknen unsere
Klamotten nie.

Doch davor gilt es noch mal, alle nur erdenklichen Drehorte von „Herr
der Ringe" auf der Südinsel abzuklappern – das kommt davon, wenn man mit
einem sehr Herr-der-Ringe-verrückten Nikas unterwegs ist.
Langsam verlassen wir die normalen Wege, die asphaltierte Straße verwandelt sich in einen Schotterweg; Falken umkreisen Opossumkadaver am
Straßenrand, mal wieder „Wildlife pur" hier. Und dann kommt der berühmte
„Edoras"-Berg in Sicht, mit ganz vielen Kollegen drumherum und Flüsschen
und Gräsern. Auch wenn ich kein „Herr der Ringe"-Fan bin, die Filme noch
nie in meinem Leben gesehen habe, so gefällt es mir hier richtig gut. Wir
kraxeln den Hügel hoch und genießen die weite Aussicht, inzwischen schweben nur noch ein paar hübsche Schleierwolken am Himmel. Die Sonne knallt
auf unsere Nacken. Aber heute haben wir auch noch einiges an Strecke vor
uns, also zurück zum Auto. Langsam nähern wir uns Christchurch, der Verkehr wird deutlich dichter, und man sieht so viele Menschen wie seit langem
nicht mehr. Dann verlassen wir auch schon wieder die Metropole der Südinsel, denn zuerst wollen wir auf die Banks Peninsula, die Halbinsel vor
Christchurch. Es geht durch steile, kurvige Straßen, die wir mit unserer vollen Beladung und unserem älteren Autochen nur im dritten Gang schaffen,
dann eröffnet sich der Blick das Meer, und es sieht alles ähnlich aus wie am
Lake Hawea. Unser Hostel liegt im hochgelobten Ort Akaroa, im französischen Stil gehalten, was man sofort erkennt. Müde und erledigt halten wir vor
unserem Traum im Pink, unserer Hostel-Oase mit Springbrunnen und Hängematten im Garten, werden von der Hostelmitarbeiterin vollkommen zugetex-
tet und dürfen dann endlich, nach vier Tagen Abstinenz, mal wieder duschen.
Ungewohnt, alle mit frisch gewaschenen Haaren zu sehen.

Die erschütterte Stadt

Ich freue ich schon auf Chistchurch, die „englischste aller Städte außerhalb
von England", etwas Kultur und alte Gebäude vielleicht. Aber ehrlich gesagt,
weiß ich nicht, was mich erwartet. Umso größer dann meine Überraschung,
als wir in die Stadt fahren. Auf dieser Straße kommt man nicht weiter, auf der
nächsten auch nicht, dem Zentrum kann man sich gar nicht nähern und jetzt

schon sieht man überall zerstörte Gebäude. Zu Fuß ist das alles einfacher zu begreifen, dann gucken wir auf eine aufgestellte Stadtkarte und müssen schockiert feststellen, dass die gesamte Altstadt gesperrt ist. Rote Zone, „Do not enter, dangerous". Es ist so traurig, denn die Stadt hat Potenzial, mit einem kleinen Fluss, der einem alten Schlossgraben ähnelt. Und auch die berühmte Kirche sieht von der Absperrung her schön aus, wenn man von den zerstörten Teilen absieht und der Tatsache, dass der Kirchturm wohl heruntergefallen ist. Ich bin erschüttert und deprimiert. Die Stadt wirkt gespenstisch, tot und leblos, alles ruhig und leise, bis wir uns der kleinen, neuaufgebauten Containerstadt nähern. Hier sind lauter Läden in kleinen Containern, haben sich eine neue Existenz aufgebaut und ziehen Kunden an. Hier ist wieder etwas los, Leute reden und lachen, essen so nah am Erdbebenzentrum und zeigen keine Bange. Das Leben geht weiter! Trotz allem ist mir Christchurch wenig geheuer. Unschlüssig darüber, was zu tun sei, stehen wir rum, als ich aus den Augenwinkeln ein bekanntes Gesicht sehe – Sina, eine Klassenkameradin von meiner alten Schule! Unglaublich; mehr oder weniger zufällig haben wir uns zwei Tage zuvor bei Facebook geschrieben und Handynummern ausgetauscht, aber jetzt treffen wir uns glücklicherweise ganz ohne Absprache! Es gut gut, von Christchurch abgelenkt zu werden und mit einem bekannten Gesicht zu reden. Währenddessen werden die Jungs aus dem Kaufhaus evakuiert – Erdbebenalarm. Zum Glück falsch!

Danach bin ich schon viel besser gelaunt. Wir drehen noch eine kleine Runde durch die Stadt, aber wieder werde ich aufgerüttelt: Rosen sind an vielen Ecken aufgestellt; Eltern verabschieden sich in einem Brief rührend von ihrem elfjährigen Sohn. Das ist schmerzlich. Schnell raus aus dem deprimierenden Christchurch. Nachts langen wir am Campingplatz in Kaikoura an.

Wir radschlagen, handstanden, doppelkopfen und frisbeen den ganzen Morgen, dann ist es Badezeit – im Fluss! Es ist toll und kalt, mir bleibt vor Kälte fast das Herz stehen, ich liege in meiner „Badewanne mit Strömung" und gucke durch das Schmelzwasser in den blauen Himmel. Erfrischt komme ich raus. Die Ernüchterung, grauer Himmel zieht auf, und es wird lausig kalt. Trotzdem machen wir uns schick und ziehen durch den Regen in die Kleinstadt, um jedes einzelne Restaurant, jedes Café, jede Bar abzuklappern. Nur Absagen: Wir sind zu spät, nicht lange genug da, es geht endlos weiter. Frust. Also zurück zum Zelt, ich liege noch lange wach: Erstens sind meine Füße reine Eisklötze, und zweitens zwitschern die Vögel die gesamte Tonleiter. Da muss man mal kurz innehalten und lauschen.

Working-Holiday-Freuden

Da in Kaikoura keine Aussicht auf einen Job besteht, geht's weiter nach Norden, in die Weinregion von Blenheim.

Die Landschaft betört, links schneebedeckte Berge und rechts das türkisblaue Meer. Besser geht es gar nicht! Obwohl es nur von Weingütern wimmelt, sieht es mit Arbeit nicht gut aus: Entweder ist alles schon vergeben, oder die Erntesaison beginnt erst in ein paar Wochen.

Ein richtiger Plan zur Arbeitssuche existiert auch weiterhin nicht. Wir klappern alle Working Hostels in der Umgebung ab und hoffen. Aber alle Typen hier wirken schmierig und die Hostels richtig ranzig. Ein Koreaner nimmt uns gleich mit in sein Auto und fährt uns mit drei anderen Deutschen zu einem Contractor; ich fühle mich wie bei der asiatischen Mafia. Auch der Contractor wirkt wenig vertrauenswürdig, so dass ich ihn misstrauisch mit Fragen löchere, denn ich hab schon von einigen gehört, die nie Geld für ihre Arbeit gesehen haben. Wider Erwarten ergattern wir den Job und checken widerwillig in dem Hostel ein, das uns die Arbeit vermittelt hat; immerhin ist die koreanische Ehefrau liebenswürdig, bringt uns Trauben und kümmert sich wie eine Mutter um uns.

Wir sind lange nicht mehr so früh (6 Uhr) aufgestanden und dementsprechend noch etwas neben der Spur. Am Countdown trifft sich die arme Arbeiterschaft. Wir fahren zu einem „Vineyard". Hier warten schon Weinrebe um Weinrebe darauf, bearbeitet zu werden. Wir werden eingewiesen. Erst wird die untere Hälfte des Weins bearbeitet, dann die obere. Und das geht so: Grüne Blätter rausreißen, damit man die reifen Trauben sieht, dann die unreifen und grünen Früchte rausschneiden, was ewig dauert. Erst fängt der Rücken an weh zu tun, dann fragt man sich, was das hier eigentlich soll, und guckt immer sehnsuchtsvoll nach links, aber das Ende rückt einfach nicht näher. Dann ist man schließlich doch angelangt, kann endlich den Rücken ausstrecken, aber leider zu viel, denn jetzt muss man mit den Händen die oberen Blätter zur Seite wischen und weiter nach grünen Trauben angeln. Die grüne Traube, mein neuer Feind. Und hier fangen irgendwann auch Arme und Rücken an zu schmerzen. Kakü bringt mich auf die Idee, den unteren Teil auf den Knien zu bearbeiten, da muss man sich nicht so bücken, aber dafür mögen die Knie das weniger.

Eine Reihe hat ca 280 Pflanzen. Für jede Reihe brauchen wir pro Weg mindestens anderthalb Stunden, womit wir einen Stundenlohn von knapp $10 erzielen würden, wäre uns für die ersten beiden Tage nicht schon der Mindestlohn versprochen worden. Backpacker werden hier einfach nur ausgenutzt.

Um halb 5 fährt der Kleinbus ab, nur wir müssen unsere Reihe noch zu Ende beackern. Dann können wir auch endlich das Weingut hinter uns lassen, und fahren zurück zum Hostel. Ankunft: 17.15. Knapp 10 1/2 Stunden unterwegs und ungefähr $100 verdient. Mit dem Rest des Abends ist nichts mehr anzufangen. Aber es tut gut, endlich mal wieder etwas Sinnvolles mit dem Tag angefangen zu haben, hah!

Pünktlich wie die Eisenbahn stehen wir am nächsten Morgen auf dem Countdown-Parkplatz und warten darauf, „endlich" loslegen zu dürfen. Bei der Ankunft auf dem Weingut können wir nicht wirklich glauben, diesen ganzen Mist heute wieder 8 1/2 Stunden lang machen zu müssen. Alles immer dasselbe: Blätter rupfen, grüne Trauben rupfen, weiße bzuw. rote Trauben wegschnippeln. Oft ein richtiger Kampf, Frau gegen Wein, wir lassen unsere ganze Enttäuschung an den armen Pflanzen aus. Begleitet ist das Ganze wie üblich von den Schüssen, die hier ganz in der Nähe fallen, um die Vögel von den Plantagen fernzuhalten. Zwischendurch haben Kakü und ich so viel Spaß, dass die strenge Thailänderin Lucy flugs zu uns herüberhopst und uns zur Eile ermahnt. Wir sollten einander wohl nicht mehr so doll mit Trauben bewerfen.

Es gibt einfach keine angenehme Art und Weise, diese Arbeit zu erledigen. Während die Asiaten wie Maschinen unermüdlich die Reihen auf- und abrackern, stöhnen und meckern wir alle paar Meter und gucken, wie weit das Ende noch entfernt ist. Die Antwort ist immer gleich – weit weg. Ein Lichtblick: Das Mittagessen, denn unsere koreanische Hostel-Mutti hat jedem eine selbstgemachte Sushi-Rolle mitgegeben.

Nach elf Stunden Maloche bzw. des Unterwegsseins sind wir wieder am Hostel. Magnus und Niklas errechnen, mit allen Abzügen unterm Strich knapp $25 am Tag zu erzielen. Damit ist die Sache beschlossen: NIE MEHR!

Work & Travel Mafia

Backpacker werden hier – für unseren europäischen Maßstab – so ausgenutzt wie Arbeiter in der Dritten Welt. Die Backpacker wetteifern untereinander geradezu, wer den schlechtesten Job erwischt hat – ist es das Apfelpflücken? Oder sind es doch die Kiwis? Die Working Hostels haben damit ein reges Geschäft. Viele hocken anscheinend wochenlang mit der Aussicht auf Arbeit beschäftigungslos in einem solchen Hostel. Die Ausreden sind immer die gleichen: Die Ernte kann noch nicht beginnen. Das Wetter war so mies. Dazu Vertröstungen: Morgen, morgen gibt es bestimmt Arbeit! Und dann langweilt man sich wochenlang, ohne dass irgend etwas geschehen würde und zahlt ordentlich in die Kasse der Hostels. Für sie kann der „Handel" mit den

Backpackern nur gut ausgehen: Entweder verlassen sie nach zwei Wochen enttäuscht das Hostel, oder es kommt wirklich mal etwas Arbeit rein. Der Gewinn für die Hostels bleibt gleich. Grundsätzlich gilt aber: Je länger sie es verstehen, den Aufenthalt ihrer Gäste zu strecken, ihre Bettenbelegung zu optimieren, desto besser. Sie dürfen halt nur nicht den Frust ihrer oft naiven Kundschaft überstrapazieren sondern müssen die Geschichte fein austarieren.

Dann ist da noch die Arbeit an sich: Wer keine arbeitswütige Maschine ist, wie die vielen Asiaten, die sich auch durch die Felder pflügen, kann man einen angemessenen Stundenlohn praktisch vergessen. Manche haben Glück und finden einen Contractor – einen Arbeitgeber -, der faire Stundenlöhne anbietet. Oft wird aber pro Korb, pro Pflanze etc. abgerechnet, also Stücklohn, was nur über Akkord läuft. Es geht um Tätigkeiten, die kein Neuseeländer zu diesem Preis erledigen würde und die er auch tatsächlich ablehnt- schließlich gibt es ja genug Arbeiternachschub in Form der tausenden von Rucksackreisenden, die sich jedes Jahr erneut auf die Suche machen. Natürlich gibt es nicht nur schlechte Jobs, aber bei diesen Farmarbeiten sollte man wirklich aufpassen. Besser länger an einem Ort bleiben und sich einen Job in einem netten Café suchen – wo vielleicht abends auch noch etwas Kuchen als Abendessen abzustauben wäre. Nach unserem erfolglosen Arbeitserlebnis fahren wir wieder in die Stadt, die uns am besten gefallen hat: Nelson. Die Koreanerin verabschiedet uns alle rührend mit einer Umarmung. Wir fühlen uns fast wie nach einem Gastfamilienaufenthalt, als sie winkend auf der Veranda steht und uns beim Wegfahren zusieht. Und ich werde immer besser gelaunt, je mehr wir un Nelson nähern, während der Rest im Auto schläft. Und dann sind wir da, es ist seltsam, zum zweiten Mal an einem Ort anzukommen und in eine Stadt zu fahren, ohne vorher mal in einen Stadtplan zu geguckt zu haben.

Langsam nähern wir uns der Küste und fahren Richtung Farewell Spit, mit seinem wunderschönen Strand. Es ist zwar richtig windig und sandig, aber wir genießen die großartige Landschaft. Genauso schön, aber anders ist es am Cape Farewell, dem nördlichsten Punkt der Südinsel, mit toller Küstenaus- sicht, vielen Schafen, deren Köttel sowie einer kleinen Aussicht auf das Farewell Spit. Ausnehmend schön sind auch die klarsten Quellen der Welt, das Wasser schreit einladend „Schwimmt in mir!" aber die DOC-Schilder verbieten es leider. Die Fahrt zum Zeltplatz beschert weitere beeindruckende Aussichten. Die Sonne färbt die Hügel pink, und das Tal ist von Wolken überflutet.

Aufbruchsstimmung

Es ist inzwischen Ende März, und mir reicht's.
Ich hab genug von Neuseeland. Das Campen nervt mich mittlerweile oft an, ich fröstle fortwährend, und besonders bei Regen wird's ungemütlich. Ich brauche wieder ein richtiges Bett, wenigstens eine Art Schrank, zumindest Wärme und Trockenheit. Dann dieses dauernde Nichtstun, die fortwährende Warterei, das vor dem Computerhocken und die Warterei, dass mit dem Leben etwas passieren würde. Ich habe ein „Ich-muss-ganz-bald-etwas-tun-Kribbeln" im ganzen Körper, als wir beim Frühstück in unserem Hostel sitzen und die Jungs noch vor ihren PCs hocken. Ich muss etwas tun! Ganz dringend. Aber zunächst einmal stehen wir erneut vor der Entscheidung, was wir als Nächstes machen. Long story short: Kakü möchte unbedingt noch Geld verdienen und stellt Arbeiten vor Reisen, daher bleiben wir noch eine Nacht hier und suchen Arbeit in der Umgebung von Nelson. Für mich schade, denn eigentlich ist es für mich klar, dass ich nur ein Mal in Neuseeland sein werde, und da würde ich gerne möglichst viel sehen. Aber in einer Gruppe sind halt Kompromisse einzugehen.

Wieder vergeht ein Tag mit einer niederdrückenden, erfolglosen Arbeitssuche in Nelson, dann kommt zum Glück die Entscheidung zur Rückkkehr nach Blenheim, denn das liegt ziemlich auf meiner Route nach Christchurch. Und von dort werde ich weiterfliegen.

Das einzig Gute an diesem Tag ist der Campingplatz: Zwar versperrt ein Fluss unserem doch älteren Autolein den Weg zum eigentlichen Campingplatz (sogar der Bauer hat uns gewarnt, ihn zu durchqueren, denn tags zuvor ist wohl schon ein Auto abgesoffen), dafür kampieren wir einfach auf dem Weg gleich am Fluss. Die Sterne strahlen; es ist ruhig bis auf das Rauschen des Flusses, und wir sind ganz alleine.

Unsere letzten Tage zusammen verbringen wir am Fluß. Oft sind die drei anderen auch auf Arbeitssuche, während ich meine verbleibende Zeit in Neuseeland plane.

Ziemlich verloren fühle ich mich, als ich ganz alleine durch Blenheim streune. Ich buche noch mein Hostel und die „Whale Watching Tour"; seltsam, auf die Frage, „Just for one?" mit „Yes" antworten zu müssen.

Ich besorge noch das Abendessen. Dann rollen wir wieder zurück vor den Campingplatz – es ist fast wie ein Nachhausekommen. Die Sonne ist halb versunken Ich bereite die Guacamole und den Lachsaufstrich zusammen mit den Crackern vor und überreiche meine Abschiedsgeschenke. Alle freuen sich und ich umso mehr. Wir werfen sofort meine neugebrannte CD ein. Eine ganz besondere Stimmung mach sich breit. Wir sitzen gemütlich beim Essen, schwelgen in den Erinnerungen der letzten zehn Wochen, genießen die Einsamkeit, die Natur, die hereinbrechende Nacht. Es ist wundervoll. Bald wird es auch zum Draußensitzen zu frostig. Wie üblich spielen wir Doppelkopf und machen dann den Übertrag; Kakü ist ganze 480 Punkte im Minus und Niklas knapp 420 im Plus. Ich musste leider wegen der letzten zwei Wochen meinen guten zweiten Platz an Magnus abgeben. Nach all dieser Aufregung gibt es noch mal Scrubs, dann geht auch der letzte Abend ruhig, schön und so wie alle anderen zu Ende. Eine unvergessliche Zeit.

Der letzte Morgen bricht an. Sehr berührend. Zum Abschluss stelle ich mich auf der Rückfahrt mit Niklas auf die Anhängerkupplung; der Morgen beginnt, die Sonne geht auf, wir werden immer schneller und hüpfen über die Schotterpiste, ich kralle mich fest, der schneidende Wind treibt mir Tränen in die Augen. Ich fühle mich, als würde ich fliegen, während mir die liebgewonnen Schafe hinterherblöken.

Der Weg ist bekannt, so dass es auch schnell geht, bis wir in Blenheim anlangen. Jeder hängt seinen Gedanken nach; was gibt es jetzt nach zweieinhalb Monaten noch groß zu sagen? Nach dem Frühstück an der iSite passieren wir am Stadtausgang zwei weitere Tramper vorbei, und bei jedem Auto frage ich mich, ob die mich wohl mitnehmen würden und wie das wohl wäre. Ziemlich unbeholfen stehen wir alle um Mr. Brightside herum; zum Abschluss läuft noch mal „Happy Ending" von Mika. Wie wahr! Abschiede sind immer so schmerzhaft. Keiner weiß richtig, was er machen soll, und drückt sich linkisch davor. Aber es muss sein, und besser kurz und knapp. Die Jungs machen den Anfang, dann kommt Kakü, und – wie soll es auch anders sein? – fangen wir gleichzeitig an zu weinen. Aber es ist auch schön, so verabschiedet zu werden; ich hätte mir das nie erträumt, als ich in Neuseeland angekommen bin. Freunde fürs Leben. Sie setzen sich in unsere „Wohnung", drehen, winken und fahren um die Kurve. Ich halte mein lächerliches Müslipappkarton-Kaikoura-Trampschild hoch. Schon jetzt komme ich mir dämlich vor, so ausgeliefert hier an der Straße zu stehen und hoffnungsvoll auf die Autos zu gucken. Hinten an der Kurve kann ich noch meine drei Freunde sehen, die kontrollieren wollen, ob ich auch gut wegkomme. Dauert das immer so lange? Aber schon das zehnte Auto hält mit einem Mädchen meines Alters am Steuer. Ich winke, steige ein, gucke durch die Rückscheibe, sie winken immer noch. Die ganze Zeit, werden immer kleiner, bis sie in der Ferne verschwimmen und ich meine Aufmerksamkeit endlich meiner großzügigen Retterin Marie widmen kann. Ich bin noch so durch den Wind, dass ich sie gleich zweimal um ihren Namen bitten muss, bis ich ihn aufnehme. Überraschung: Eine Deutsche, schon acht Monate in

Neuseeland, und äußerst nett. Aber doch ein Unterschied zu dem blinden Miteinander-Umgehen, das ich gewohnt bin. Zufälligerweise macht sie auch um halb vier eine „Whale Watching Tour", ist im selben Hostel wie ich und fährt auch gleich am Samstag mit mir nach Christchurch. Besser hätte es nicht klappen können mit der Tramperei!

Wale

Kaikoura ist mir bekannt, aber nicht die Situation, alleine in ein Hostel zu kommen. Verloren sitze ich inmitten meiner Sachen auf dem Bett, während Marie noch am Auto ist – sonst ist da doch immer jemand, immer etwas zu tun, reden, lachen, aufziehen. Und jetzt, so ganz alleine? Erstmal schlafen, die Nacht war kurz, in einem richtigen Bett, auch wenn die letzten paar Tage des Campens noch mal richtig gut waren. Dann laufen Marie und ich zur Tour. Kaikoura's Landschaft ist einfach toll, nicht nur oberhalb der Wasserfläche, sondern auch unterhalb äußerst hügelig. Hier ist einer der steilsten Unterwassercanyons der Welt, weswegen hier die Wale auch so nah an der Küste leben.

Ich bin ganz aufgeregt, als unser Skipper das Hydrophon in das Meer hält, der Wal ist ganz nah! Doch schon kommt Ablenkung in Form von Delphinen; verspielt springen sie um das ganze Boot herum, richtig unberechenbar, so dass man gar nicht weiß, auf welcher Seite man sie erwarten soll. Dann taucht auf einmal das Blasen des Wals auf, wir nähern uns ihm und da liegt dieses riesige Säugetier ein paar Meter vor uns im Wasser, genauso lang und drei Mal so schwer wie unser Boot, die Spitze des Wal-Eisberges und die Größe nur erahnbar. Fasziniert beobachten wir, wie die Delphine ihn umkreisen Wale sind von denen mit ihren Klick-Geräuschen wohl schnell genervt, ähnlich wie wir in einem Kindergarten. Ich bekomme sogar ein Foto mit Albatross, Wal und Delphinen, alles in einem! Dann ist da nur noch der Wal, die großartige Kulisse von Kaikoura und die langsam sinkende Sonne. Der Wal hat endlich genug Luft für die nächste Dreiviertelstunde gepumpt, beugt den Rücken und posiert für das beste Foto – die Schwanzflosse. Noch überwältigt von der Gewalt und Größe der Natur darf ich wieder nach Delphinen Ausschau halten, dann sehen wir noch Robben, Albatrosse und viele weitere Vögel. Der Ausflug hat sich richtig gelohnt.
Komisch, im Hostel für mich alleine zu kochen. Weniger Diskussionen, aber auch einsamer. Antriebslos und unmotiviert vermisse ich meine Truppe und verziehe mich rasch aufs Zimmer. Mir wird jetzt noch mal richtig klar, was für ein Glück ich doch hatte. Ich hätte mich am Flughafen auch neben Jemanden wie Marie setzen können, Jemand, mit dem ich zwar klarkomme, aber

nie so eine Freundschaft hätte aufbauen können wie zu Kakü, Magnus und Niklas. Von Anfang an hat einfach alles geklappt, vom Auto vielleicht abgesehen. Wie schnell man sich doch aufeinander abstimmt und wie lange es auf der anderen Seite wieder dauert; ich bin froh, Neuseeland nicht alleine inmitten Fremder habe erleben zu müssen.

Hummeln im Hintern

Etwas Unruhe setzt ein, denn heute, zwei Tage vor meinem Flug, wurden alle Flüge zu den Fidschis gestrichen. Ich kann meinen für Sonntag nicht bestätigen lassen, bleibe aber optimistisch. Irgendwie wird das schon.

Das erste Mal auf meiner Reise bin ich bereit, weiterzuziehen, ein Land hinter mich zu lassen und das Nächste zu entdecken.

Marie fährt mich nach Christchurch. Am Flughafen stelle ich dann fest, dass mein Flug endgültig gestrichen wurde. Zwei Tage lang hänge ich ununterbrochen in der Warteschleife von „Air Pacific", kann die Melodie schon auswendig und komme in meiner Planung nicht weiter. Die Fidschis sind mehr oder weniger abgehängt. Die ganze nächste Woche kein Flug mehr. Aber ich muss hier weg, ich kann nicht länger in Neuseeland verweilen, und verbringe so den gesamten Sonntag mit der Suche nach Flügen. Zum Verzweifeln, im Viertelstundetakt werden die Flüge um 100 € teurer, meine Kreditkarte funktioniert nicht und dank der Zeitverschiebung können weder meine Mutter noch meine Reiseagentur mir helfen. Letztlich buche ich einen Flug von Christchurch nach Auckland, von dort nach Apia, Hauptstadt Samoas, und dann weiter nach Nadi, von wo aus ich nach Kalifornien fliege. Sieben Tage Samoa, vier Tage Fidschi – mit meinem kurzfristig erzielten Ergebnis bin ich dann doch ganz zufrieden.

Resumée

Christchurch ist ein einziges Chaos aus Baustellen und Einbahnstraßen, jede Woche ändert sich was und keiner kennt sich mehr mit den öffentlichen Verkehrsmitteln aus, nicht mal mehr das Internet. Mich nervt die ganze Lauferei jetzt schon, denn wir wohnen im Osten der Innenstadt, während im Westen alles ja kein Problem ist: Theoretisch könnte man ja einfach durch die Innenstadt laufen, aber praktisch gesehen, gibt es da dieses riesige rote Sperrgebiet. Beim besten Willen kein Durchkommen, so dass der ganze Stadtkern zu umrunden ist. In der Dunkelheit mache ich mich auf den Heimweg. Überall

Einbahnstraßen, „danger here", „danger there", grellgelbe Warnblinklichter signalisieren „Hier geht nichts mehr". Mitten auf der ausgestorbenen Straße dringt Leben an meine Ohren: Studenten verkleiden sich als griechische Götter und feiern eine große Party. Ein Lichtblick. Ich brauche keinen Stadtplan; einfach an den Absperrungen zur ausgestorbenen Innenstadt entlang zum Hostel unmittelbar an der Sperrzone. Warum sind ausgerechnet in dieser Stadt die Betten schon so weit im Voraus belegt? Aber ich bin gut drauf, habe die „Hürde", den abgesagten Flug – hoffentlich – gemeistert? Viel zu früh watschle ich am Montag mit meinen 21,5 kg auf dem Rücken ein letztes Mal durch Christchurch und setze ich mich in den Bus.

Jetzt die spannende Frage: Was ist Neuseeland für mich?
Ein Land mit Natur pur, „no drill no spill", Wale, Delphine und Pinguine, knapp zwei Millionen Einwohner, massenhaft glückliche Schafe und Kühe. Ein Land voller Langeweile und Perspektivlosigkeit, gepaart mit Alkoholsucht, frühen Schwangerschaften, tomatengetarnten Marihuanapflanzen, Allradwagen, hohem Benzinverbrauch, Hockerei vor dem PC und Fernsehen. Das Department of Conservation, vollgestopft mit Touristen, Campervans und verchlortem Trinkwasser, erfüllt von Rugby, den „All Blacks" und dem fast obligatorischen „national pride". Kein Handy-Empfang, dafür umso mehr Oppossums. „Self check-out" im Supermarkt und „self check-in" am Flughafen; modern und zurückgeblieben zugleich.
Dann Maoris, breit, dunkel, mit tattooübersät und breitnasig, einschüchternd, gefürchtet und diskriminiert. Ein Land mit Rassenproblemen, der Vermarktung von unauthentischer Kultur und schlechtem Geschmack, sei es Mode, Essen oder Architektur. Dafür aber sehr wohl einen Sinn für Diversität, Berge, Traumstrände, Gletscher, Vulkane, Regen, Sonne, und Wasser. Wasser überall: Wasserfälle, Flüsse, Seen, Fjorde, Meer, die ganze Palette. Wanderungen, die schon Monate im Voraus ausgebucht sind. Lagerfeuer am Strand, „freedom camping". Kiwis, ausgenutzte Backpacker, teure Megabytes, Linksverkehr, auch wenn nicht immer alle links fahren, Verkehrsunfälle. „No crusing zone". „Liquor ban area". Unglaublich nette, freundliche Leute mit verschrobenen Ansichten, seltsamen Dialekten und komischen Erziehungsmethoden, alles recht simpel und einfach, aber herzlich und hilfsbereit. Ein Christchurch, in dem das Erdbeben vermarktet wird, Bilder und Gedichte von der wackelnden Stadt, wozu? Zusammenhalt? Profit? Stärke zeigen? Ich weiß es nicht genau. Angeblich das zweitsportlichste Volk der Welt, nach den Finnen, aber wo sind diese Sportler? Verstecken die sich alle irgendwo in Christchurch? Jedenfalls nicht auf dem Land. Und angeblich herrscht hier auch eine ziemlich hohe Lebensqualität, obwohl ich mir ein

Leben hier nicht vorstellen kann. Ein langes gastfreundliches Land mit einem „sweet-as" Lebensgefühl.
Und was habe ich gelernt?
Leuten nicht unbedingt vertrauen. Autos brauchen einen regelmäßigen Öl- und Kühlwassercheck. Auch nach zwei Monaten Zusammenlebens auf engem Raum muss man sich nicht unbedingt annerven. Unbewohnt und leer ist auch mal schön, aber nur in Maßen. Es ergibt nicht immer alles Sinn. Und wahrscheinlich das Wichtigste:
You gain some, you lose some.

Na, was wohl?

Als Aupair ins Ausland
www.au-pair-box.com

SAMOA

Das Paradies

Eine Woche
Der erste Eindruck von Samoas durchs Flugzeugfenster: Ein Paradies, grüne Inseln mit dem blausten Wasser, das ich je in meinem Leben gesehen habe. Schwüle Luft schlägt mir entgegen, mein Handy bimmelt: „Willkommen in Jamaika." Aber nein, ich bin richtig, ich bin in Samoa; das beweist die südpazifische Gitarrenband in Röcken, die die Ankunft unseres Gepäcks am Gepäckband musikalisch untermalt. Am Zoll gebe ich meine Mitbringsel aus Neuseeland – Müsliriegel und zwei Äpfel – leider an und die Äpfel sollen weggeschmissen werden; da ich ja bekanntlich kein Essen wegschmeiße, esse ich sie zur Belustigung aller samoanischer Zollbeamten direkt vor ihren Augen. Gesättigt stelle ich mich den vielen Taxifahrern, die mir weismachen wollen, dass nach vier Uhr kein Bus mehr verkehre – es ist Punkt vier Uhr. Ich versuche es trotzdem. Und finde mich inmitten interessierter samoanischer Jugendlichen, die mir zwar unbedingt helfen wollen, aber nicht grade gut Englisch sprechen können. Als der bunte Bus erscheint, helfen sie mir mit meinen Taschen und ich setzte mich neben eine nett lächelnde samoanische Frau, habe aber überhaupt keine Vorstellung, wo ich grad bin und wo genau ich hin muss. Der ganze Bus ist in Aufruhr und versucht mir zu helfen; sie fragen sich offensichtlich, was dieses weiße Mädchen hier drin mache, das mit ihrem großen Rucksack den Gang versperrt und keinen Plan von nichts hat. Aber ich vertraue auf die Samoaner, zur Not kann ich mir immer noch ein Taxi nehmen, und was ist das Leben ohne eine Spur Pfeffer? So hoppeln wir bei zulässiger Höchstgeschwindigkeit von 55 km/h über die Straßen, in erstaunlich gutem Zustand übrigens, durch das saubere, bunte Samoa. Es erinnert mich an Kambodscha, weniger heruntergekommen, weniger dreckig. Menschen stehen vor ihren knallbunten offenen Häusern, trocknen Fische und Wäsche. Da baumeln ein paar Tintenfische leblos von Stöcken. Die Kinder spielen in kleinen Frischwasserpools oder rennen über die schuleige-

nen Wiesen. Wir fahren unmittelbar an der Küste entlang, zwar felsig, aber trotzdem toll: Kokospalmen, Zuckerpflanzen, türkisfarbenes Meer. Samoa gefällt mir jetzt schon!

Dann meine Rettung: Eine samoanische Frau mit roter Blume im Haar, die gut Englisch spricht und mir genau erklären kann, wohin ich muss und wieviel das alles kostet. Interessant: Das Hotel hatte mir in einer E-Mail geschrieben, für den Bus müsse ich 30 samoanische Tala zahlen, während ich im Endeffekt doch nur 8 berappt habe.

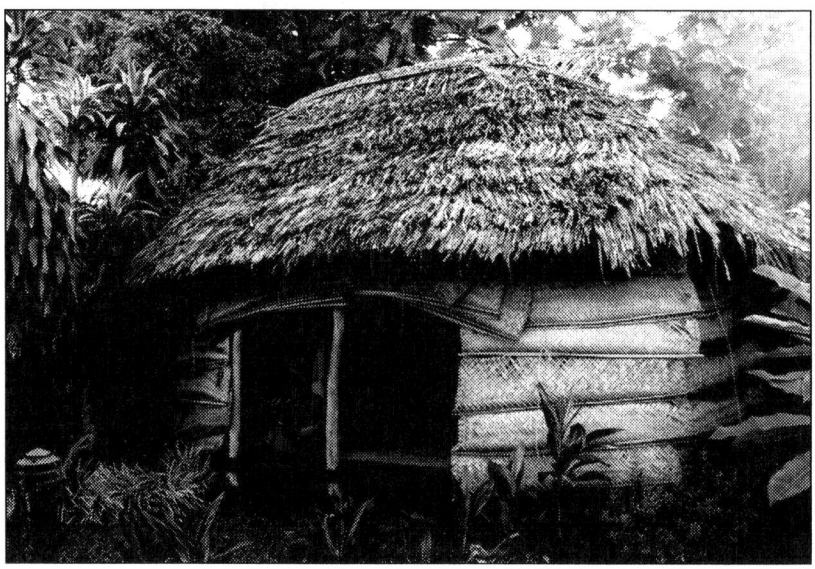

Meine Fale

In der Zwischenzeit schaukelt unser Bus weiter fröhlich durch die Landschaft, Menschen steigen ein und aus, lächeln mich neugierig an. Samoanischer Pop schallt laut aus den Lautsprechern. Wie auch in Neuseeland darf der Fahrer entscheiden, was gehört wird, und manchmal wird das Lied unbeabsichtigt zu einer Techno-Version, wenn die CD hängen bleibt. Auch von innen ist der Bus bunt behängt, die Scheiben lassen sich bei Regen per Hand hochziehen, alles ist dem Sommer angepaßt, die frische Brise belebt. Zwischendurch gackern ein paar Hühner, streunende Hunde bellen. Wer aussteigen will, bimmelt an der Glocke. Langsam tauchen ein paar Läden auf und sogar Geldautomaten. Ich muss mich Apia nähern! Und schon schickt mich der Busfahrer raus, ich hieve umständlich meinen Riesenrucksack ins Freie und werde von einem Mitfahrer gleich zu einem Taxifahrer geschleppt. Der

Smalltalk mit dem geht mir leicht über die Lippen. Das kenn ich jetzt schon aus Kambodscha, und mit dem Preis haben wir gar keine Probleme. Auch im Hotel angekommen, klappt alles, ich habe meine eigene kleine Fale, ein kleines Hüttchen aus – ja aus was eigentlich? Bambus? Palmenblättern? Jedenfalls ist es offen, provisorisch, die Matratzen liegen unter dem Moskitonetz auf dem Boden, und der Wind weht hindurch. Erst sehe ich auch weder Lichtschalter noch Stecker und bin fest davon überzeugt, dass es in diesen Dingern keinen Strom gibt. Ich bin beseelt von dem Gedanken, Samoa auf eigene Faust zu erkunden, unabhängig, ohne Riesenrucksack und eventuell sogar ohne PC, der Zivilisation den Rücken zu kehren. Dabei hab ich keinen Plan von den Inseln.

Abends setzte ich mich zu einer Neuseeländerin und einer Deutschen, die mit dem Fahrrad durch Samoa fahren – Vorsicht vor den Hunden, die einem während der Fahrt in die Knöchel zwicken wollen! – und mir tatkräftig bei der Planung helfen. Ich schnappe mir den Lonely Planet und plane, bis mir der Kopf raucht; Lalomanu, das auch im Internet als malerisch angepriesen wird, soll es also sein.

In meinem Hotel buche ich ein Fale für „den schönsten Strand Samoas". Etwas besorgt lasse ich meinen Riesenrucksack mit Netbook im Hotel und mache mich dann mit Regenhose gewappnet durch den Regen in die Stadtmitte auf.

Samoanische Bus-Erfahrung

Herausforderung heute: Den Bus nach Lalomanu ausfindig zu machen.

Die Busse fahren hier Schleifen zwischen den beiden Haupthaltestellen, dem Main Stop und dem Flea Market. Pünktlich um viertel nach elf stehe ich am Flea Market, bekomme aber Zweifel und laufe Richtung Main Station. Da, auf mein Mal, mein Bus! In der Affenhitze haste ich laut rufend hinterher. Die Leute gucken mich vom Rückfenster aus an, und der Bus – biegt um die Ecke. Ich renne eine Abkürzung, dank meiner Regenhose und der feuchten Hitze inzwischen kurz vor dem Umkippen, und hoffe auf das erneute Auftauchen des Busses. Nichts. Das kann ja nicht sein! Verzweifelt setze ich mich auf die langen Bänke mit den anderen Wartenden. Hier fährt jeder Bus wie bei einer Präsentation vor und wartet auf die Kunden. Hochkonzentriert wiederhole ich in meinem Kopf das Mantra „Lalomanu", mein Ziel, und kontrolliere noch mal den Fahrplan. Nun gut. Aus den Augenwinkeln nehme ich eine Bewegung war, erkenne einen Namenszug, da steht ja Lalomanu! Wie von der Tarantel gestochen, springe ich auf, meine ganzen Sachen plumpsen beim Rennen aus dem Rucksack, was mich erheblich verlangsamt, aber der Bus, der sich wohl an einer versteckten Stelle „den Kunden präsentiert" hat, verlangsamt nicht. Ich hechte wieder durch die Abkürzung, aber der Bus taucht nicht auf. Gone for real. Enttäuscht und ungläubig angesichts meines Pechs marschiere ich zum Flea Market zurück. Dort stand bereits ein Bus nach Lalomanu, der laut Fahrer aber erst um 3.30 Uhr abfahren würde und nach dem eben verpassten der nach Lalomanu sei. Zu meiner Überraschung sitzen schon einige Samoaner drin und reservieren sich Plätze – es ist doch erst 12! – aber der Busfahrer bleibt bei seiner Aussage, er fahre erst um halb 4. Da ich ja jetzt Zeit habe, laufe ich zum Handyladen, wo ich mir eine SIM-Karte besorge. Verzweifelt suche ich nach einem westlichen Gesicht, jemandem, der mich vielleicht in die Geheimnisse des samoanischen Beförderungswesens könnte, und schon wird mein Wunsch erfüllt: Ich sehe einen „Westler", er sieht mich, und wir starten ein Gespräch. Toni, war schon mal ein halbes Jahr zum Arbeiten in einem Luxushotel in Samoa, jetzt erneut, sucht dank seiner fast ausschließlich samoanischen Mitarbeiterschaft jemanden zum Reden. Wir gehen ein Sandwich essen. Wieder etwas bei Kräften werde ich aber immer nervöser, auch wenn es erst zwei Uhr ist. Diesmal lieber zu früh vor Ort sein! Deswegen verabschieden wir uns und verabreden uns zu einem Treffen in Maninoa, das ich in zwei Tagen besuchen will. Ab zum Busbahnhof. Perfekt, da rollt schon ein Bus an, zwar nicht der weiße von vorhin, aber vielleicht kommt ja noch ein früherer! Auf die Frage „Lalomanu" nickt der Fahrer. Ich springe glücklich rein. Wir halten an der Haupthaltestelle, wo plötzlich alle aussteigen und sich der Fahrer zu mir umdreht und eröffnet, dass er erst um 5 Uhr losfahre. Aber kein Grund zur Panik, da sei noch ein Bus, der um drei Uhr lossausen werde! Mit dem Versprechen, alles für mich zu regeln, bringt er mich zu der anderen Haltestelle, aber der Bus ist schon weg. Obwohl es erst 2.30 ist!

Es ist zum Verrücktwerden. Gerade wie auch in Asien: Wenn man im System steckt, funktioniert alles. Wenn nicht, tja, dann hat man halt Pech und kaum eine Chance, diesen komplizierten Kommunikationswirrwarr zu durchschauen, eine Antwort auf eine simple Frage: „Wann fährt der Bus", zu erhalten. Jetzt ein Taxi nehmen zu wollen, lohnt auch nicht mehr, denn schließlich berappt man ja das Zehnfache. Da ich jetzt habe schon knapp vier Stunden Warten hinter mirda schaffe ich auch noch weitere zwei. Ich traue mich noch nicht mal, den Bus für zehn Minuten zu einem Klobesuch zu verlassen. Wie machen die Samoaner das bloß?

Aber „pünktlich", um kurz nach fünf Uhr, fahren wir los, ich bin um ein paar samoanische Handynummern reicher. Wwir sammeln noch vereinzelte

Samoaner ein, während im Bus langsam gestapelt wird. Mir wird klar: Wäre ein Samoaner gerannt, hätte der Bus gewartet.

Schon bin ich guter Dinge, noch im Hellen am Hotel anzukommen, als wir eine kollektive Einkaufspause am Supermarkt einlegen. Ich kann meinen Augen kaum trauen, als sich der Bus langsam entlädt, die Menschen durch die Gänge schlendern und sich gemächlich an der Kasse anstellen. Wie soll das passen? Dicke Mama auf dünnem Sohn, darauf noch die Einkaufstüten, Leute stehen im Gang, fast wird einer vergessen, und eine halbe Stunde später und ein paar Nerven weniger machen wir uns endgültig auf den Weg gen Osten, dann gen Süden.

Es geht fast nur an der Küste entlang, links ist das Meer, rechts der grüne Regenwald. Immer wieder durchfahren wir Dörfer, in denen die Menschen in offenen Gebäuden auf dem Präsentierteller leben, aber alles ist sauber, ordentlich, die Menschen zufrieden, gesättigt, ja häufig fett, und entspannt. Um halb 7 höre ich durch die samoanischen Cover berühmter Pop-Songs das Blasen der Muschel, worauf alle brav zum allabendlichen Gottesdienst trottten, ganze Horden von Polynesiern kommen uns da entgegen. Und je dunkler es wird, desto gruseliger wird es für mich, besonders weil sich jetzt die Männerschaft um mich herum kümmert: „You look worried!" Warum wohl? Vielleicht wegen Fragen wie „How old are you? Are you travelling alone? Can I visit you at Faufoa Beach Fale?" Und der Tatsache, dass es immer dunkler und später wird, der Bus immer leerer und ich überhaupt keine Vorstellung habe, wo wir lang müssen, geschweige denn wielange das noch dautern wird? Aber an sich sollen Samoaner ja harmlos sein, ich versuche, mich zu beruhigen. Irgendwann sind nur noch ich, der Busfahrer und ein anderer Samoaner im Bus, der mir in schmierig-verschwörerischem Ton versichert, dass ich mich nicht sorgen solle und er mich sicher in das Resort bringen werde, was mich nur noch mehr verunsichert. Zum ersten Mal finde ich mich doch ein wenig verrückt, was das Alleinreisen anbelangt. Aber knappe drei Mintuten, nachdem die letzte Person ausgestiegen ist, erreichen wir einen Strand, wo noch die Laternen von einer Traumhochzeit im traumweißen Sand stecken. Da weiß ich: Wir sind angekommen. Ich habe es geschafft.

Das war meine samoanische Bus-Erfahrung. Das nächste Mal nehme ich ein Taxi.

Südpazifische Exotik

Kaum springe ich aus dem Bus, werde ich auch schon in Empfang genomtmen und in das Hauptfale gebracht, wo das Essen schon in vollem Gange ist.

Es gibt zwei lange Tische voller Leute und leckeren Gerichten, und ich habe das Glück, gleich neben ein paar nette Neuseeländer plaziert zu werden. Sie kommen aus Auckland – dabei wird mir klar, dass man beim Treffen mit einem Neuseeländer zu 50% damit richtig liegt, dass er aus Auckland stammt! Nach dem Essen gibt es eine „fia-fia", eine samoanische Tanzshow, in traditionellen Kostümen. Die Männer tragen Röcke und um die Unterschenkel Palmen-Stränge, genauso um den Hals; die Frauen Blumenketten. Die Tänze sind voller Aktion, Getrommel, Lebensfreude, Zwischenrufe und Fehler, Es macht unglaublichen Spaß zuzugucken. Und dann gibt es noch eine Feuershow, zwar auch mit kleineren Makeln, aber dadurch nur um so authentischer. Zwischendurch werden die Zuschauer zum Mittanzen aufgefordert, aber ich fühle mich von den schwierigen Kreisbewegungen genau so überfordert wie während der Bollywood-Tanzstunden, besonders wenn man das Ganze nur von hinten sieht. Ich bin glücklich. Ein guter Start in Samoa.

Der Strand in Lalomanu entspringt direkt der Roxy-Werbung, und auch die Unterwasserwelt war wohl mal attraktiv – das war, bevor der Tsunami kam und die Korallen zerstört hat. Jetzt gibt es nur noch ein paar bunte Fische und übriggebliebene Fliesen zu sehen, auch die Mitarbeiter haben ihre ganz eigene Horror-Geschichte zu erzählen. Viele Dorfmitbewohner sind in dem Tsunami umgekommen. Nachts liege ich in meinem Fale, lausche dem rhythmischen Rauschen der Wellen und denke daran, was passieren würde, wenn abermals eine solche Monster-Welle über die Insel hereinbräche. Komisch, in Christchurch hat mich die Aussicht auf ein Erdbeben weniger beunruhigt.

Aber die nächsten Tage vergehen sorglos. Die neuseeländische Familie, neben der ich am Anfang saß, integriert mich in ihren Familienurlaub. Endlich keinen Sonnebrand mehr auf dem Rücken! Davor war ich zu schüchtern, wildfremde Leute zum Eincremen zu bitten. Wenn mal wieder meine gesamten Getränke bezahlt werden, höre ich schon etwas Bekanntes: „We are working and you are travelling. Spend your money on something else!" Wahre neuseeländische Gastfreundschaft. Die Worte erinnern mich an die von Craig, unserem Autoverkäufer in Gisborne. Ich werfe nach und nach meine Pläne über den Haufen, noch mehr von Samoa zu sehen – mit den Feiertagen zwischendrin ist das einfach zu kompliziert. Am Ostersonntag gehe ich zum samoanischen Gottesdienst, aber der ist ziemlich enttäuschend: Ich hatte etwas in der Art von Gospeln erwartet. Zwar ist der Gesang wunderschön, aber viel zu selten, und selbst die Samoaner, die die Predigten tatsächlich verstehen können, nicken ein.

An einem Tag besuche ich mit zwei meiner Mitbewohner vom Fale den Ta Sua Ocean Trench, ein großes Loch mitten im Boden, circa 12 Meter tief, das zu einem meerwassergespeisten Teich führt. Der Maori, der unser

Eintrittsgeld abnimmt, hat beeindruckende Tattoos von den Knien bis zu den Hüften, die so dicht sind, dass sie fast wie Hosen aussehen. Die gesamte Tattoo-Prozedur dauert circa zwölf Wochen und hat viele Sitzungen. Während dieser Zeit darf man nicht alleine mit einer Frau zusammen sein. Unterbricht man die Prozedur, so ist das eine Demütigung für die gesamte Familie. Hinzu kommt, dass die Geräte in keiner Weise mit denen in der westlichen Welt vergleichbar sind. Die Tätowierungen müssen so schmerzhaft sein!

Die Seele baumeln lassen

Ansonsten verbringe ich eine Menge Zeit im warmen und kristallklaren Wasser, spaziere am Strand entlang und vertilge frische Kokosnüsse. Die samoanischen Mitarbeiter sind äußerst liebenswürdig und tun alles, um uns in die samoanische Kultur näherzubringen. So gibt es leckeres samoanisches Essen, und wir dürfen am Sonntag, dem heiligsten aller Tage der Woche, genau wie alle Samoaner nicht laut sein, schreien, rufen, oder Alkohol trinken. Und auch sonst gewinnen wir gute Einblicke in ihr Leben. Nicht selten schläft einfach einer der Arbeiter in einem Gast-Fale. Einmal nimmt die Besitzerin der Anlage uns mit zu ihrem Haus, das voller riesengroßer, gefliester und leerer Räume ist. Die Menschen schlafen auf dem Boden, die Küche ähnelt einer Industrie-Küche. Wie auch in Asien laufen hier überall Tierbabies herum. Und es gibt noch eine weitere samoanische Eigenart: Wer kein Geld in einer der Gemeinschaften hat, bekommt es einfach von einem anderen Dorfmitglied. Der Gemeinschaftsgeist geht so weit, dass man sogar per Handy anderen Menschen eine Anfrage schicken kann, ob die einem das Guthaben aufladen. Das nenne ich Nächstenliebe! Und auch sie lieben das Improvisieren: Am Samstag, bei einer Party im Resort nebenan, bricht eine Diele durch. Provisorisch wird die Unglücksstelle mit einer Topfpflanze gesichert.

Am Sonntag werde ich dann noch richtig schön krank, mit Fieber und Schüttelfrost. Alle aus dem Resort kümmern sich rührend um mich, aber ich muss daran denken, wie meine Mutter in Vietnam krank war. Das Problem beim Alleinreisen ist nämlich, dass man nicht einfach die Verantwortung abwälzen kann. Ich kann mir nur schwerlich vorstellen, wie ich mit meinem schweren Rucksack nach Fidschi fliegen solle. Aber mir geht es immer besser, und dann schaffe ich den Flug auch problemlos.

FIDSCHI

Touristenmekka

Vier Tage

Fidschi ist professioneller, was man schon bei der Ankunft am Flughafen um halb drei Uhr nachts merkt. Alles modern, neu. Ich werde gleich unter die Fittiche einer Reisebüroagentin genommen, die mich in ihrem Büro übernachten lässt. Eine bessere Nacht hatte ich noch nie am Flughafen! Um Viertel nach sechs werde ich geweckt, und wir buchen mein Hotel. Es ist stressig, denn der kostenlose Pendelbus zur Fähre verkehrt in einer halben Stunde. Ich schaffe es und sehe mir von dem Bus aus das indisch angehauchte Fidschi an. Es ist bedeutend dreckiger und unordentlicher hier als in Samoa, was auch an der Überflutung liegen mag, von der noch einiges zu sehen ist: Ganze Straßen wurden weggeschwemmt, Asphalt schwamm wie Eisschollen auf dem Wasser, Zäune sind umgestürzt, ganze Felder liegen brach. Überall ist Wasser. Auf den kleineren Inseln, die die Fähre auch ansteuert, sieht man bis auf ein wenig mehr Grau zwischen dem weißen Sand nicht mehr viel von der Überflutung. Fidschi ist das Paradies eines jeden Touristen: Tausende Inseln, manche so klein, dass man sie in drei Minuten umrunden kann – sogar in zwei, bei etwas Beeilung. Meine ist größer und traumhaft schön, mit grünem Regenwald und einem gewaltigen Felsen im Hintergrund. Fliegt man von Europa aus nach den Fidschis, so ist es egal, ob man über Asien oder Amerika fliegt, denn es liegt sozusagen direkt auf der anderen Seite der Welt. Und damit lasse ich glücklicherweise auch endlich die Schwärme von Landsleuten, die in Neuseeland und Australien unterwegs sind, hinter mir. Das hat auch seine Nachteile: Die Dänen reden lieber Dänisch und die Finnen lieber Finnisch. Komisch, was? Das kann ich beides nicht und hab daher keine Chance, mich in Gespräche miteinzubringen. Trotz Achtbettzimmers ist es einsam hier, da jeder seine eigene kleine Gruppe hat, aber ich freunde mich mit einer Engländerin an, die mich sogar zu sich einlädt.

Die Fidschianer sind bedeutend geldorientierter und behandeln mich gleich wie einen lebendigen Geldautomaten. Meiner Meinung nach ist das

Preis-Leistungs-Verhältnis hier einfach nur mies, auch wenn man eng in das Dorfleben mit einbezogen wird: Unser Speisesaal dient sozusagen als Hauptversammlungsort der hiesigen Fidschianer. Am Mittwoch veranstalten sie eine Begrüßungsveranstaltung, bei der das traditionelle „Kaba" herumgereicht wird, ein Getränk, bei dem man nach 80-130 Kokosschalen ein ähnliches Rauschgefühl wie bei Alkohol bekommt. Ich kriege aber nur eine Schale runter. Auch hier wird Gesang und Tanz wie im Südpazifik üblich, nur mit weniger Tattoos als in Samoa.

Meine Zeit hier verläuft nach dem Motto „Lazy days in Fiji". Viel außer Schnorcheln, Lesen, Schwimmen und Volleyballspielen kann man hier auch nicht unternehmen, aber ich genieße es immer mehr. In Gedanken bin ich schon früh in Amerika, schwelge in Vorfreude und bekomme es richtig mit der Angst zu tun, als es an meinem letzten Tag gewittert und ich fürchte, dass die Fähre nicht verkehren könnte, aber alles klappt bestens.

Am Samstag, um 22 Uhr, steige ich in den Flieger nach Amerika.
Am Samstag, um 14 Uhr, komme ich in Amerika an.

Fidschi

AMERIKA

Amerikanisches Tiefkühlleben

8 Wochen

„Welcome to the United States"

Obamas Gesicht lächelt mich unter einer amerikanischen Flagge sympathisch an. Ich bin da. Mit Blick auf Hollywood und Los Angeles gelandet, war schon vor der Ankunft glasklar, wo es hingeht, dank meiner Mitreisenden. Der Amerikaner, der vor mir durch den Flugzeuggang läuft, klatscht alle seine Urlaubsbekanntschaften wie ein berühmter Basketballspieler ab – die typisch amerikanisch, leicht geschlossene oberflächliche Bekanntschaft. Hinter ihm trippelt seine Freundin, die im Falle eines Flugzeugabsturzes ganz sicher keine Schwimmweste braucht: Ihre aufgepumpten Brüste helfen ihr, mit Sicherheit oben bleiben zu können. Und gleich neben mir ein ausgeprägtes amerikanisches Exemplar von Frau; die eigentlich zwei Sitze bräuchte, sich jedoch meinen aus Gründen der Sparsamkeit mit mir teilt.

Zurück zum Thema und zur Ankunft. Ich betrete bekanntes Terrain. Das heißt nicht, dass es hier irgendwie freundlicher zugehen müsse: Ein gestrenger Einwanderungsbeamter mustert mich prüfend über sein Pult hinweg, unterzieht meine Unterlagen einer genauen Prüfung und löchert mich mit Fragen: „How much cash did you bring in? How long are you staying here? How are you supporting yourself?" Aber ich bin auf jede Frage bestens vorbereitet, so dass ich auch noch überraschend fix durch den Zoll komme und betrete schon richtigen, amerikanischen Boden, als Blaine mich ruft: „Isabella, here!" Melanie und Blaine, die Gasteltern meiner Tante und inzwischen meine amerikanischen Gast-Großeltern, sind überglücklich, mich zu sehen.

Erste Eindrücke stürzen auf mich ein. Zuerst einmal: Blitzblanke neue Autos, die auf der rechten Straßenseite fahren, Hummerlimousinen. Überall Menschen, vielspurige Highways, Plakate, und Häuser, Häuser, Häuser, deren quadratisch angeordnete Massen schon vom Flugzeugfenster aus zuu bewundern waren.

Und bei Melanie und Blaine's Haus angekommen bin ich wieder wohlbehütet in der amerikanischen Gemeinschaft: Ein großes Bett voller Decken und Kissen, drei Badezimmer und vier Fernseher. Endlich wieder ohne Flip-Flops duschen und ohne Toilettenunterlage aufs Klo gehen. Nach knapp vier Monaten mal wieder den Rucksack richtig ausräumen. Typisch amerikanisch ist das erste Abendessen: Hamburger, dann einen Film und Kekse. Ich fühle mich wieder zurückversetzt in mein Leben als Austauschschülerin.

San Francisco

Erste Kulturschöcke

Man stelle sich vor: Costco, in etwa so wie Metro, nur auf amerikanisch. An einem Sonntag unendliche Massen an Menschen, bestimmt 50% Ausländer, und alles, was das Herz begehrt oder noch nicht weiß, dass es das begehrt. Riesenflaschen Shampoo, Spülmittel, alle erdenklichen Lebensmittel, Fertigkost, Elektronik, Essen zum probieren ... Überfluss in Extragross. Und vor der Kasse das Beste: Ein signalrotes „Notruftelefon", wom man im gegenüber der Kasse liegenden Fertigrestaurant schon die Pizza für die Zeit nach dem Bezahlen ordern kann. Die niegelnagelneuen, teuren Autos schieben sich Stoßstange an Stoßstange über den riesigen Parkplatz, jeder parkt so nah am Eingang, wie nur möglich (wozu sind die Beine noch mal da?) und alles ist bis aufs Extremste tiefgekühlt. Ich brauche danach erst mal eine

Pause. Zum Glück besitzen Melanie und Blaine ein Klavier und meine Mutter hat mir Noten geschickt.

Und wieder sitze ich im Auto, noch müde von den ganzen Heiß- und Kaltwechseln von draußen und Supermarkt bzw. Mall. Rushhour. Auf sechsspurigen Highways – eine Richtung! – schieben sich die Benzinfresser und Angerberautos der Schönen und Reichen den Highway Richtung Downtown Los Angeles entlang. Überall Werbung, Asphalt, Hochhäuser, hier und da blinzelt eine Palme in den blauen, versmogten Himmel. Ich weiß nicht, was ich von Amerika halten soll. Einerseits so schön, andererseits so hässlich. Die nächsten zwei Nächte übernachte ich bei Blaine's Sohn und seiner Familie.

Wir fahren mit Olivia, der Tochter, zu ihrem Volleyballtraining. Eine ganz andere Seite der sonst unbesorgten Kalifornier: Die Kinder, die zur Höchstleistung gepusht werden. Olivia hat da noch Glück, sie hat nur drei Mal die Woche von 8-10 Uhr Training, während andere täglich trainieren und dann auch noch am Wochenende spielen. Musikinstrumente müssen nebenbei erlernt werden, und auch Declan (der Sohn) sieht sich dem Konkurrenzkampf und Erfolgsdruck neben den ganzen fleißigen, nie ermüdenden Asiaten ausgesetzt. Das Leben ist kein Spiel, das Leben ist ein Kampf. Survival of the fittest.

Die Welt sieht schon wieder ganz anders aus, als ich mich am Freitag mit Marc auf eine erneute Besichtigung von L.A. auf den Weg mache. Welch Glück, hier zu leben.

Epizentrum des Tourismus

Hollywood Boulevard: Kino reiht sich an Kino. Endlich erkenne ich den Ursprung dieser Gegend: Früher wurden hier die ganzen Premieren gezeigt. Der Walk of Fame zieht sich auf beiden Seiten der Bordsteine entlang; Einwohner laufen achtlos darüber, Touristen posen auf dem Stern ihres Lieblingsstars. Dabei kennt man (oder ich) nur einen geringen Teil dieser Gerühmten. Harry Potter ist dabei.

Das Hollywood-Zeichen blinzelt durch die Gänge der Outdoor-Mall. Einfach scheinbar wahllos irgendwo auf den Hügeln angebracht. Hier ist alles verrückt: Die Mall zieren sowohl ägyptische Götter als auch indische Elefanten. Menschen reden mit sich selber oder schreien ihre Meinung laut hinaus, aber keiner hört zu. Ein Mann liegt auf dem Boden; er hat keine Hände mehr, aber mit seinen dreckigen Armstumpfen zielt er durch die Gegend. Sorgfältig zurechtgemachte Trauben von Mädchen ziehen durch die Gegend und hoffen auf Entdeckung. Wie viele Hoffnungen hier wohl schon zertrümmert wurden.

Durch mich wird Marc auch zu einem Touristen, ich zu seiner Tochter. Unglaublich nett, wie er mir einfach alles zeigt, was ich gerne sehen würde.

Hollywood Hills: Bei knapp 30°C schlängeln wir uns durch die engen Häuserreihen, die nur zu Fuß erreichbar sind. Der Lärm und der Rummel des Hollywood Boulevards sind nur noch entfernt zu hören. Bin ich überhaupt noch in Los Angeles? Mediterrane Häuser reihen sich an neumoderne architektonische Meisterleistungen, hie und da sieht man sogar eine Schweizer Alm und Fachwerkhäuser. Selbst Kurt Cobain fand es hier toll; wir stehen vor seinem alten Haus, bevor er sich in Seattle umgebracht hat. Eidechsen klettern an den Wänden entlang, eine Gartenschlange flüchtet vor uns. Hier könnte ich gut leben.

Beverly Hills: Die Häuser werden größer, die Hecken höher. „Star maps to buy!" Aber selbst wenn man sich durch die ganzen kleinen und verwinkelten Straßen hier kämpft, zu sehen bekommt man nichts. Geschützt hinter von Mexikanern gepflegten Hecken sitzen sie in ihren teuren Häusern, isoliert durch ihren Ruhm. Was die ganzen lateinamerikanischen Haushälterinnen denken müssen, die Tag für Tag eine riesige Tür hinter sich schließen und in eines der Ghettos fahren, wenn sie Glück haben mit ihrer eigenen Schrottlaube, ansonsten zu Fuß und mit dem Bus. Die Häuser sind ein Traum; hier müssen sich die Architekten schon ins Zeug legen, um das ihre hervorstechen zu lassen.

Rodeo Drive: Einkaufen für die Reichen. Schon Julia Roberts hat es hier in „Pretty Woman" gut gefallen. Ich kann mich nur anschließen. Europäisches Flair mit sLuxusmarken, die neusten Autos stehen vor den Läden. Die reichen Besitzer lassen sich drinnen ein Glas Champagner kaufen. Welch ein Leben!

Sunset Boulevard: Der Name ist schön, die Straße weniger. Über und über mit Werbetafeln gespickt zieht sie sich von dem Inneren von Hollywood 35km lang bis zur Küste hin. Wir fahren an kreativen und ausgefallenen Geschäften vorbei, Lokalen wie der „Laugh factory", wo einsame Komiker ihr Glück versuchen und schon so mancher entdeckt wurde. Langsam wird es grüner, es folgen weitere Wohngegenden der Leute, die nicht mehr wissen, wohin mit ihrem Geld. Dann nähern wir uns Olivias Schule. Die ganzen 3.000 Schüler strömen aus dem Gebäude, und ich fühle mich an meine Highschool-Zeit erinnert. Wie lange das doch schon wieder her ist! Einige haben Klebeband auf ihrem Mund; eine Solidaritätsbezeugung für Schwule und Lesben. So ein Gemeinschaftsgeist existiert nur in Amerika. Andere halten Babypuppen, die laut schreien, auf ihren Armen. Sie kommen von der Home-Economics-Klasse. Auf dem Rücksitz beschwert sich Olivia über ihre Fächer. Die Fächerauswahl in Amerika mag zwar einmalig breit gefächert sein, aber dafür ist man oft auch verpflichtet, richtig sinnlosen Schrott zu wählen. Da sind mir die meist streng akademischen Fächer bei uns schon fast lieber.

Santa Monica: Ganz gewiss schöner bei Sonnenschein. Es ist grau und kalt, ganze 17°C, also 13°C Temperaturunterschied zum Landesinneren. Ich fröstle in meinem Kleid. Den berühmten Santa Monica Pier mit dem Riesenrad kann man noch nicht mal sehen. Schade! Aber die Fußgängerzone 3rd Street ist schön wie eh und je, mit tollen weißen Häusern und netten Menschen. Wie in Amerika üblich essen wir an einem der zahlreichen Food Courts, dann geht es ab nach Hause, wärmere Klamotten holen.

Venice Beach: Inzwischen könnten Olivia und ich mit unseren schwarzen Jeans und Chucks als Schwestern durchgehen. Wir wurden versehentlich schon für schwedische Freundinnen gehalten.
Venice Beach ist noch verrückter als sonst. Das brodelnde Kreativitätszentrum von L.A. Heute ist 4/20, inoffizieller Marihuana-Tag. Die Schlangen reihen sich mit erkauften Rezepten an den vielen Apotheken, die jetzt legal Gras verkaufen dürfen. Die Häuser sind bunt, graffitigeschmückt. Man kann alles kaufen und sogar zweiköpfige Schildkröten sehen. Am Muscle Beach pumpen breite Typen ihre Muskeln auf, ein Obdachloser schlängert sich mit einem typischen Taxi-Schild auf dem Kopf durch die Menschen. Hier stechen die Normalen hervor.

Venice: So etwas gibt es wohl nur in Los Angeles: Ein nachgebautes Venedig. Zu den Kanälen fahren wir heute nicht mehr, da war ich schon, aber an dem Haus vorbei, das über und über mit kleinen kunterbunten Steinchen besetzt ist. Die Kinderbuchautorin Cornelia Funke wohnt hier in der Gegend. Ich kann´s ihr nicht verübeln. In einem typischen Surferladen besorge ich meinen Gastbrüdern Geschenke, dann gehen wir in einem schönen Fischrestaurant essen. Ich werde abermals in die Regeln des Baseball eingewiesen. Endlich habe ich sie vollkommen verstanden.

Auf dem Nachhauseweg fahren wir an einem Obdachlosen vorbei, der sich an einer Bushaltestelle unter seine Decke kuschelt. Ein Einkaufswagen mit allen seinen Habseligkeiten steht daneben. Ich kann mir nicht vorstellen, wie die schlechten Gegenden dieser Neunmillionenstadt aussehen. Wie die Lebensverhältnisse sind. Die Kriminalitätsrate. Zu gerne würde ich auch die düstere Seite von Los Angeles mal sehen.

Typischer Samstag eines Teenagers

Er beginnt früh: Um viertel nach sechs klingelt der Wecker. Olivia ist völlog unmotiviert und hat keine Lust, heute den ganzen Tag auf einem Volleyball-feld zu stehen; gerne würde sie auch mal ausschlafen.

Wir gesellen uns zu den tausend anderen Seelen an diesem bewölkten grauen Samstagmorgen, die sich an riesigen, mit großen Amerika-Flaggen verzierten Öl-Raffinerien auf dem Highway nach Süden kämpfen. Abfahrt verpasst, der Trainer sitzt im Nacken, wir kommen zu spät zur Halle. 8 Uhr, Anpfiff, eine Menge Pferdeschwänze hüpfen auf und ab, als sich Mädchen zwischen vierzehn und sechzehn Jahren auf den Volleyballplätzen abmühen, während ihre Väter und Mütter mit Rändern unter den Augen über einem Kaffee von Starbucks hocken und aus weiter Ferne ihre Zöglinge anfeuern: „Way to go! You gotta hit that ball harder!"

Olivia ist enttäuscht. Sie spielt erst seit einem halben Jahr, aber ihr Trainer ist ungeduldig und gereizt und möchte, dass seine vierzehnjährigen Mädels auch gegen Sechzehnjährige bestehen. Den Donut mag sie nicht, der mitgebrachte „Chocolatey Extra Chocolate Chip Hot Chocolate" mit Sahne schmeckt ihr nicht mehr. Ein Samstagmorgen sollte anders aussehen.

Blaine holt mich ab. Auf nach Santa Ana, einem Vorort von L.A. Paul und Sheila, die Gasteltern von sowohl meiner Mutter als auch Charlotte, sind eigens für mich aus Palm Springs hergefahren. Eine Riesenüberraschung wartet auf mich: Fünf dicke, gebundene Bücher voller Erinnerungen und Erlebnisse. Alle Fotos und Blogartikel sorgsam korrigiert, sortiert und ausge-druckt von sowohl meiner Mutter als auch Paul Fair; ich bin überwältigt und möchte mir gar nicht vorstellen, wie viel Zeit er dabei investiert hat.

Die Bücher und die geduldige, interessierte und großköpfige Hembree-Fami-lie helfen mir, ein wenig von meinem „Erzähldruck" loszuwerden. Ich fange an, die Reise zu verarbeiten, zu entspannen und auch mal nichts zu tun.

If you're going to San Francisco ...

… make sure to wear some comfortable sneakers. Pack the lunch bag. Put the camera around your neck. And get going with the exploration of the Golden City.

Aber dahin muss man erstmal kommen.

Von L.A. gibt es drei Hauptmöglichkeiten, um nach San Francisco zu gelangen:

Fliegen. Aber nach 23 Malen (mit dem Fallschirmsprung 24), die ich diese wundervolle Erde gegen den ruckelige Flugzeugsitz eingetauscht habe, will ich lieber mal auf dem Boden bleiben.

10 Stunden Zug. Irgendwie aufregend, aber irgendwie auch teuer.

Autofahren. Für mich ein Problem, da ich noch unter 21 Jahren alt bin und kein Auto in den USA mieten kann, aber da kommen Melanie und Blaine ins Spiel, die sich netterweise dazu bereit erklären, ihren jährlichen Ausflug nach Monterey mit meinem Ausflug nach San Francisco überschneiden zu lassen und mich kutschieren.

Ich packe etwas traurig meine Sachen. Aber wir verabschieden uns ordentlich von der „Stadt der Engel", mit einem Abendessen auf dem Santa Monica Pier voller Achterbahnen, einem bunten Klavier und einer tollen Aussicht auf den Sonnenuntergang hinter den Hügeln Malibus. Die Fahrt führt an diesem Abend noch ein etwas weiter, bis wir schließlich im kleinen Santa Barbara anlangen, das mir von meiner vorletzten Kalifornienreise noch vage als schön in Erinnerung geblieben ist.

Und schön ist schon fast untertrieben. Denn das Städtchen hat Charakter. Natürlich gleich am Meer, die Promenade palmenbepflanzt, die Hügel im Hintergrund, machen es sich die Einwohner in schönen Häusern im spanischen Stil bequem. Die kleinen Cafés und Läden an der Haupteinkaufsstraße machen alles noch attraktiver, aber nach einer kleinen Fahrradtour zu den schönsten Stellen müssen wir uns schon auf den Weg machen, denn heute liegt eine lange Strecke vor uns.

Der berühmte Highway One

Die Kleinstadt Cambria ist unser Startpunkt. Rustikal, holzig und klein. Hier sehe ich meinen ersten waschechten, riesige, röhrende See-Elephanten und, vielleicht sogar ein Wal? Der Atemausstoß lässt darauf schließen.

Der Highway erinnert an die Autofahrt entlang der Westküste der Südinsel Neuseelands, auch wenn es hier vielleicht eine Spur steiniger und sogar kurviger ist. Die Aussicht ist grandios, auch wenn das Wetter nicht mitspielen will, aber der Nationalpark Big Sur mit seinen mächtigen alten Bäumen beeindruckt trotzdem. Zu einem Stopp im schönen Carmel und Monterey reicht leider die Zeit nicht, dafür kommen wir noch bei Tageslicht in Santa Cruz an. Unseren letzten gemeinsamen Abend begehen wir in einem Fischrestaurant mit leckeren Gerichten am Pier. Judy's Bruder, den wir hier treffen, erzählt fesselnde Geschichten. Letztes Jahr im Sommer seien die

Wale so nah am Hafen gewesen, dass man sie vom Pier aus hätte beobachten können. Wäre ich da nur da gewesen! Am nächsten Tag gucken wir uns noch in Ruhe die Häuser entlang der Küste von Santa Cruz an, die einen direkten Meerblick haben. Einfach toll. Der Campus der „University of Santa Cruz" sieht aus wie ein einziger National-park mit meinem umherrschwirrenden Lieblingsfreunden – Kolibris. Auch der Highway ist eher Wald als Straße, als sich das Baumdickicht lichtet, es hügeliger wird, ein See und schließlich Häusermengen das Bild beherrschen.

Surf-City

Going through San Francisco

Durch den Verkehr und die steilen Einbahnstraßen arbeiten wir uns langsam voran Richtung Fillmore Street. Hier ist Vasilio's Möbelgeschäft, in einem der schönsten Einkaufsviertel der Stadt. Und es gefällt mir sofort: Alte, vikto-rianische Häuser mit kleinen Cafés, Boulangeries, leckere und authentische (französische) Restaurants, zufriedene Menschen und die Geschäfte leider weit außerhalb meiner Preisklasse. An meinem ersten Tag verschafft mir Vasilio, ein alter Freund meiner Tante, bei dem ich netterweise übernachten darf, einen groben Überblick über die Stadt. Es ist ein herrlicher Tag und der Blick auf die Golden Gate Bridge und die Stadt traumhaft schön. Sausalito,

gleich gegenüber auf der anderen Seite der Bucht, ist eine kleine Hafenstadt. Und die Berkeley Universität liegt direkt in der Nähe von Oakland, wo Vasilio wohnt, ein kleiner, belebter Ort voller Studenten.
Die restlichen Tage erkunde ich die Stadt zu Fuß oder mit dem Fahrrad, laufe oder radle jeden Tag vier bis sechs Stunden, falle abends todmüde ins Bett, aber habe wirklich das Gefühl, viel zu sehen. Selbstständig, denn San Francisco ist mit seinem guten öffentlichen Verkehrssystem und den vielen Radwegen unamerikanisch.

Ashbury Heights: Ursprung des Hippies. Ein paar Leute sehen schon arg seltsam aus, aber die Stimmung ist gut. Marihuana-Equipment-Läden neben tibetischen Teppichläden, alles ist hier Vintage, und die Schaufenster sind aus- und auffallend dekoriert.

The Heights: Da, wo Mrs. Doughtfire gewohnt hat. Prunkvolle Häuser, dank der Steillage mit einer einmaliger Aussicht auf die Stadt. Hier folgen individuelle Modeläden auf kleine Bäckereien, Cafés, Restaurants und Galerien.

Chinatown: Voller Chinesen, voller roter traditioneller Lampen und Schriftzeichen, ganz authentisch. Little Italy: Wenig Italiener, dafür viele Touristen. Das Essen ist auch einmalig gut hier! The Mission: Latino-Ghetto mit verriegelten Hauseingängen, Plattenläden zum drin stöbern, Armut zum Greifen und Wandbemalungen zum Angucken. Japantown: Klein, aber fein. Und die Innenstadt: Hochhäuser à la New York, nur ungefähr halb so hoch. Trotzdem bieten sie eine wunderschöne Aussicht auf die Stadt. Kleine, ausgewählte Buchläden, wo es sich stundenlang durch die Auswahl stöbern ließe. Der Coit Tower mit seinen frei lebenden Papageien, die sich leider nur nachmittags zeigen und die ich dadurch verpasse. Das Rathaus, dem Petersdom nachgebaut, imposant und beeindruckend, auch von innen. Union Square, ein Stückchen Park inmitten des Hochhauswirrwarrs, umgeben von Dolce & Gabbana, Saks Fifth Avenue und Hugo Boss.

Und dann noch der Hafen: Vor dem griechisch angehauchten Observatorium fläzen sich kleine Familien bei einem Picknick ins Gras. Am Wasser spielen junge, zufriedene, erfolgreiche und lustige Studenten auf der Rasenfläche selbsterfundene Sportspiele. Und an den ganzen Piers streiten sich die Touristen darum, wer den letzten Platz auf dem Boot nach Alcatraz, der berühmtberüchtigten Gefägnisinsel, ergattert. Unter den Brücken bauen sich die vielen Obdachlosen ein eigenes Heim aus Pappkartons und Einkaufswagen, verstrubbelt, heruntergekommen und immer um Geld bettelnd.

Am Montag skype ich morgens mit meiner Mutter in Berlin, die sich mit der Heimleiterin Sarada und der Organisatorin Kira aus Nepal trifft – äußerst komisch, alle zusammen und ohne mich zu sehen. Heute nimmt Vasilio sein Fahrrad mit in die Stadt, Auf seinem klein eingestellten Rad (zum Glück mit 21 Gängen!) kämpfe ich mich durch den starken Wind und die steilen Straßen zur 2,3 km langen Golden Gate Bridge, die ich in knapp zehn Minuten überquere. Riesige Frachter und Frachter laufen in die Bucht ein. Der Name ist Programm: Das Tor zur „Goldenen Welt", der Eingang nach Kalifornien. Mit seinen vielen weißen, sauberen Hochhäusern macht sich San Francisco vor dem glitzernden blauen Meeresvordergrund auch einfach fantastisch.

Nicht nur die Stadt an sich gefällt mir gut, sondern auch mein „Zuhause" hier. Wenn Eva (Vasilios dreizehnjährige Tochter) und ich uns nicht grade Klavier-"battle" liefern, reden wir offen über nationale und internationale Politik, die anstehende Wahl, Reisen und die Probleme der Welt. Die unamerikanischste Familie der Welt: Vasilio spricht fließend Griechisch, Italiensich und Spanisch und genauso international geht es weiter: Zum Brunchen chinesisch, zum Abendessen mexikanisch, indisch oder burmesisch und zum Nachtisch Kleinigkeiten aus dem fernen Osten. An einem Tag ist „German Day". Wendy, seine Frau, und ich bemühen uns, den Spätzleteig mit einer Mörserschale durch eine Abtropfschüssel für Salat zu quetschen, denn eine Spätzlemaschine fehlt. Im Endeffekt sehen die Spätzle nicht ganz so aus wie sonst. Ein Riesnchaos in der Küche, aber Improvisation zählt. So viel Freude beim Kochen hatte ich lange nicht mehr. Seine Mutter, eine waschechte Griechin, sagt während der ersten Stunde nichts anderes als „beautiful", „tough girl" und „too good!". Die Fotobücher, die Paul mir gemacht hat, kommen gut an.
Großartige sechs Tage – inspiriert und überzeugt davon, auf jeden Fall noch mal nach San Francisco kommen zu müssen, besteige ich das Flugzeug nach Washington, D.C., meine Heimat als Austauschschülerin.

Kleine Prinzen

Nervös sitze ich im Flugzeug. Nervös beobachte ich, wie sich das Flugzeug sich Great Falls nähert; ich schütte mir grandiose zwei Mal meine Getränke über meine Hose und meinen Rucksack, was meinen Sitznachbar zu dem folgenden Kommentar bringt: „You seem to have issues with liquids today!" Das können mein mit Gingerale befleckter Rucksack und ich nur bestätigen – was ist nur los mit mir?

Nach drei Jahren endlich zurück in meinem zweiten Zuhause. Plötzlich ist Sonya, meine Gastmutter, da, umarmt mich stürmisch. Ich bin überrumpelt;

Nick, mein jüngerer Gastbruder, drückt mir einen Smiley-Ballon in die Hand, ich schnappe mir mein Gepäck und schon sind wir draußen in der schwülen Washingtoner Nachmittagshitze. Alles ist sofort wie immer: Sonya und ich babbeln munter drauf los, Nick beschießt mich erst mit Konfetti und dann mit Wasserbomben, die Hunde drehen durch und Katie will dauernd auf meinem Schoß sitzen, Andrew (mein anderer Gastbruder) kann mit der Situation nichts anfangen. Der Fernseher läuft; zum Abendessen gibt es bestellte Pizza. Und als ich mich abends in mein riesiges Queensize-Bett mit dicker Matratze und tausend Kissen kuschle, bin ich einfach nur glücklich.

Die restlichen paar Tage verstreichen ohne besondere Ereignisse, denn alle arbeiten oder gehen zur Schule, was mir Zeit lässt, mich auszuruhen, wieder alles auf den neusten Stand zu bringen, Fotos zu sortieren etc.

Praktikum an der High School

Aber so soll es nicht die ganze Zeit weitergehen: Ich mache ein Praktikum an meiner ehemaligen Langley High School, die Schule der Schüler, deren Häuser mich an meine Grundschule erinnern, und unmittelbar neben dem CIA – ab und zu surren deren Hubschrauber über das Gelände. Herr Rademacher, der Deutschlehrer, ist äußerst froh, eine Hilfe zu haben, so dass ich übers Wochenende erst mal eine PowerPoint-Präsentation zum Thema „Konjunktiv II" machen darf. Ein Thema, das er selbst nicht wirklich versteht, kaum ein Muttersprachler wirklich kapiert und mich mit meinen sieben Grammatik-Büchern fast zur Verzweiflung bringt. Am Montag, meinem ersten Arbeitstag, werde ich gleich ins kalte Wasser geworfen und unterrichte meine eigenen Neuntklässler: German 1. Mit den elf Schülern in der Klasse komme ich bestens klar, mir bereitet das Unterrichten sogar Freude – jetzt, da die Schüler lernfähiger als die in Kambodscha sind – und die Vorstellung des Konjunktiv II in meiner German 4 Klasse klappt auch bestens. Kommentar der Schüler: „Rad, this was our best class so far!"

An meinem ersten Arbeitstag kommt dann auch Lyndsee, meine beste amerikanische Freundin, von ihrer Universität in Auburn nach Hause. Typisch Amerika – ihre Familie holt sie in ihrer eigenen, weißen Stretch-Limousine ab, ich als Überraschungsgast mit dabei – Lyndsee freut sich riesig, umarmt mich gleich drei und ihre Familie versehentlich kein einziges Mal. Lyndsees neues zu Hause ist von jetzt an „Sweet home Alabama", und man merkt es, angefangen von Cowboystiefeln über Erzählungen von Rodeos bis hin zu den Fotos, die ihre Freunde als eindeutig als südlich identifizieren.

Von da an unternehmen wir fast täglich etwas zusammen, gehen in die riesige Mall, mit den Hunden spazieren und an ihrem Geburtstag zu einem Caps-Spiel – es sind „Play-Offs". Ganz Washington ist in Hockeyfieber. Wieder einmal werden die Unterschiede zwischen meiner Heimat und Amerika deutlich: Das Publikum wird während des Spiels rundum unterhalten, am Anfang singen alle stolz die Nationalhymne und während der Pausen gibt es immer wieder „standing ovations" für einzelne Personen auf den Bildschirmen: Die Kriegsveteranen, die umjubelt und beklatscht werden, als hätten sie grade einen Oskar gewonnen. Am Ende haben wir wirklich Grund zum Jubeln, denn die Caps gewinnen und ich bin ab jetzt auch ein Hockey-Fan.

Insgesamt merke ich immer wieder: Das Leben hier hat auch seine Kehrseiten. Ich fühle mich hineinversetzt in die Rolle eines Austauschschülers, nur noch schlimmer: Als „student teacher" darf ich noch nicht einmal den öffentlichen Schulbus benutzen, was mein ganzes Praktikum schwieriger gestaltet. Ich bin wieder abhängig von den Leuten um mich herum, denn ohne Auto bin ich gänzlich unmobil. Sonya bringt mich fast täglich zur Schule, was mir ein schlechtes Gewissen bereitet. Auch Lyndsee übernimmt einige Male, aber ich bin 19 Jahre alt, da sollte ich doch wohl eigenständig sein? Ist hier aber nicht möglich. Ich habe täglich hundert Minuten Unterricht, an „ungeraden" Tagen von 9.30-11.10 und an „graden" Tagen von 11.15-13.15. Schulschluss ist um 14.10, und da ich nicht will, dass Sonya gleich zweimal die Strecke von unserem Haus zur Highschool zurücklegen muss, sitze ich mindestens fünfundfünfzig Minuten, an jedem zweiten Tag ganze drei Stunden in der Schule herum, warte darauf, dass der Rest der Schüler frei hat und sich jemand erbarmt, mich mit nach Hause zu nehmen. Bottom line: Es nervt.

Dann sind da noch die teils unglaublich arroganten und unmotivierten Schüler, mit denen ich mich herumzuschlagen habe. Laut Herr Rademacher ist ein Drittel der Achtklässler aus Nick's Stufe regelmäßig im Unterricht auf Drogen. Erst vor ein paar Wochen wurden drei Jungen suspendiert, weil sie auf dem Schulbus morgens um 7.30 Wodka getrunken hatten, und das mitdreizehn oder vierzehn Jahren. Angeblich wollte Herr Rademacher auch mal nach der Schule für seine Schüler Pizza bestellen, aber die hatten nur $100-Scheine dabei, die Domino's Pizza aber nicht an nimmt. Vielleicht übertrieben, aber im Kern wohl wahr: Auf dem Schulparkplatz reihen sich nagelneue Porsche, Mercedes und sogar der eine oder andere Ferrari aneinander. Unser Auto aus Neuseeland wäre da die Lachnummer. Und das streng eingehaltene Alkoholgesetz: Sonya hat mir erzählt, dass die Eltern neuerdings für jedes Kind, das in ihrem Haus beim Alkoholkonsum erwischt werde, $1.700 zu blechen hätten. Eine Familie hatte das Pech, dass ihre Kinder unbemerkt im Keller eine kleine Party gefeiert hatten, bis die Polizei aufkreuzte. Rechnung an die Eltern: Stolze $85.000. Da sind zwei Jahre College dahin.

Meine amerikanische Desillusionierung

Bei gutem Wetter sitze ich draußen auf der Terrasse und lese; Sonya hat mir ein fesselndes Buch geben, „Little Princes", über geschmuggelte Kinder und Kinderheime in Nepal. Da sitze ich, umzingelt von Riesenbauten, die in einigem Abstand von uns entfernt in den sanften Hügeln sitzen, da jedes Grundstück ungewöhnlich weitläufig ist, und lese über den Bürgerkrieg in Nepal.

Von 1996 bis 2006 kämpft die Kommunistische Partei Nepals gegen die Monarchie. Besonders die abgeschnittenen Teile des Landes haben die maoistischen Rebellen schnell unter Kontrolle. Sie gründen Kinderarmeen und verbreiten Furcht und Schrecken. Am 01. Februar 2005 verhängt der damalige König Gyanendra den Notstand, er entlässt seine Regierung und verspricht eine Veränderung des politischen Systems. Zwar ist seit 2006 der Friedensvertrag mit den Maoisten unterzeichnet, eine neue Regierung einberufen und der Machtbereich des Königs äußerst eingeschränkt worden, doch die Entwicklung bleibt zäh. Eine neue Verfassung konnte immer noch nicht verabschiedet werden.

In seinem Buch erzählt Conor Grennan, wie arme Dorfleute ihre Kinder für viel Geld unter die Obhut von selbsternannten „Beschützern" geben. Sie haben Angst davor, ihre Kinder an die maoistische Kinderarmee zu verlieren, und schicken diese in Erwartung von Bildung und einem besseren Leben in die Hauptstadt Kathmandu.

Der Gegenteil tritt ein: Die sogenannten „Beschützer" öffnen mit den Kindern Waisenhäuser und westliches Geld fließt. Die Gründer der Waisenhäuser werden reicher und reicher, während die Kinder unter menschenunwürdigen Bedingungen vegetieren, nicht genug zu essen kriegen, misshandelt werden und keinen Kontakt zu ihren Familien aufnehmen dürfen. Übrigens gibt es ein ganz ähnliches Problem in den Resten Asiens: Der Waisenhaustourismus nimmt zu. Investoren hinterfragen nicht, woher diese ganzen Waisen auf einmal stammen und unterlassen es wohlweislich zu überprüfen, ob diese Kinder nicht von ihren Eltern „erkauft" wurden. Conor Grennan erzählt, wie er sich auf die Suche nach den verschollenen Familien der vermeintlichen Waisen macht.

Wenn ich an meine eigenen Kinder in Nepal denke und daran, was andere Kinder dort in ihren jungen Jahren schon durchmachen mussten, zerbricht es mir das Herz.

Ich lese über Menschen, die verhungern, bis an ihre allerletzten Grenzen gehen und alles für das vermeintliche Wohl ihre Kinder opfern, während ich von Häusern umgeben bin, deren Bewohner vor ihren ultrateuren, ultraneuen Macs, iPhones, iPads, Heimkinos – oder was auch immer – sitzen, in ihren Riesenautos grundlos Benzin in die Luft schleudern und mit ihrer Klimaanlage das Haus tiefkühlen.

Herr Rademacher wurde leider dementsprechend amerikanisiert: In seinem Klassenzimmer stellt er die Klimaanlage auf 10 Grad Celsius, so dass die Schüler vor Kälte bibbern und immer ein paar Decken herumliegen; vor Kurzem ist die Klimaanlage eingefroren. Eine neue wurde eingesetzt, so dass die Mindesttemperatur Gott sei Dank nur noch bei 15 Grad Celsius liegt. Und das bei einer Außentemperatur von häufig 19 Grad Celsius. So wird selbst bei mir zu Hause in meinem wunderbaren Bett mein Schlaf dadurch vermiest, dass die Klimaanlage laut rauscht – ich habe nämlich den Schacht zugedreht, aber die kalte Luft will raus.

So bin ich umgeben von „kleinen Prinzen": Die Schüler von Langley, die alles von einem silbernen Tablett serviert bekommen. und von denen so manche glauben, sich nicht wirklich im Leben anstrengen zu müssen, noch nicht ein mal für ihre Schulausbildung. Papa, der im Kongress ein und aus geht oder als erfolgreicher Rechtsanwalt sein Geld verdient, werde da schon was drehen. Und die „little princes" von Nepal, die tausenden von Kindern, die in Kinderheimen in Nepal vegetieren, die um ihr Überleben gekämpft haben, langsam wieder Vertrauen in die Menschen und das Leben gewinnen und alles dafür tun, um gute Noten zu bekommen, nur um nicht wie ihre Eltern zu enden. Meine Kinder von Nepal, die immer irgendwo in meinen Gedanken sind.

Fairerweise sollte man aber auch das Leben hier nicht unterschätzen: Den konstanten Leistungsdruck, besonders an einer Schule wie Langley, kann man in Nepal ganz sicher nicht finden.

Nach meiner kleinen Kulturschock-Krise – kurz gesagt, meinem gescheiterten Versuch herauszufinden, warum das Leben so ist wie es ist – bin ich vollkommen in Amerika angekommen. Probeweise habe ich meinen Klimaanlageschacht mal über Nacht geöffnet gelassen, was mir Halsschmerzen eintrug – so amerikanisch bin ich also doch noch nicht. Aber mir bereitet das Unterrichten Spaß, auch wenn mal ein unmotivierter Schüler dabei einpennt. Es kommen auch immer mehr meiner alten Highschool-Freunde zu Besuch. Gestern habe ich eine Tour zu den größten Häusern der Gegend bekommen, die Hälfte meines Praktikums ist geschafft. Langsam kann ich auch ans nach die Rückkehr nach Hause denken.

Countdown

Meine Gedanken wandern immer wieder ab nach Hause. Alles spielt sich noch mal ab: Schlaflose Nächte, Ungewissheit und Unruhe. In knapp fünf Tagen bin ich wieder, daheim, und mein großes Abenteuer wird passé sein. Das, worauf ich so lange gewartet und darauf hingearbeitet habe, alles Vergangenheit. Ich bin aufgewühlt, ein großes, unentschlossenes Durcheinander: Soll ich mich auf mein Zuhause freuen oder trauern, dass damit meine Reise Vergangenheit ist?

Georgetown

Nach Endes meines Praktikums bei Herrn Rademacher fahre ich mit meiner Gastfamilie nach Washington, D.C.. Die weißen Denkmäler überragen die viele Bäume, und ich bin wieder in einer meiner Lieblingsstädte, aber meine Brüder sind, wie bei allen Teenagern, kulturresistent und quengeln. Ein kurzen Abstecher nach Georgetown, ein kleines Europa gleich neben der Hauptstadt, und das war's dann leider auch schon.

Ansonsten vergeht meine Zeit damit, Freunde zu treffen. Zwischendurch ist mir die amerikanische Kultur so fremd wie nie. Die meisten Teenager wissen gar nicht, was sie in ihrer Freizeit machen sollen, wenn sie nicht zusammen shoppen, ins Kino oder Essen gehen. Alles ist auf Verbrauch angelegt:

Benzin, Strom oder Geld. Selbst mit 20 Jahren müssen sie ihren Eltern um Erlaubnis bitten, jede Minute jeden Tages abklären und sind einfach nur in ihrer „Unabhängigkeit" gefangen.

Das Memorial Day Weekend steht ganz im Zeichen von Essen und der Ehrung der Truppen. Samstagabend kommen die ganzen Nachbarn zu uns, lauter nette, gebildete und reiche Menschen, mit denen man sich bestens über Karriere unterhalten kann. Am Sonntag bin ich bei Lyndsee zu einem Cook-Out eingeladen. Neun eigene und mindestens zwanzig fremde Autos schmücken die Einfahrt, darunter Hummer, riesige Trucks und einige Harley Davidsons – Dinge, die mich ganz und gar nicht beeindrucken. Alles ist mit amerikanischen Flaggen geschmückt. Die Leute reden über Spenden für die Truppen. Es gibt Hotdogs und Hamburger. Kurz danach gehe ich noch zu dem Geburtstag einer Nachbarin, in einem Haus voller Kronleuchter, tausend Zimmern für jeden erdenklichen Anlass sowie einem Basketballplatz.

Wieder amerikanisch leben

Und dann treffe ich mich mit lauter alten Freunden von der High-School. Jenna, die alle Verbindungen zu alten Freunden gekappt hat und sich über jeden lustig macht. Kristen, mit der ich zwar über fast alles reden kann, der aber oft außer Fernsehgucken nichts einfällt. Lyndsee, die von morgens sieben Uhr bis abends acht Uhr arbeitet, um ihre Eltern bei der Bezahlung vom College unterstützen zu können. Und Meghan, eine äußerst amerikakritische Amerikanerin, die ein Jahr in Paris gelebt hat.

Herr Rademacher holt mich einmal um halb zehn abends mit seinem Golf ab – wohl der einzige Wagen weit und breit mit Handschaltung. Selbst mittwochabends ist in DC noch eine Menge los, Menschen gehen in Bars und Restaurants, aber einige Ecken sind doch noch ziemlich düster; vor knapp zwanzig Jahren war DC ein einziges Ghetto. Zum Glück ist Herr Rademacher zwei Meter groß und ziemlich breit – mein persönlicher Leibwächter. Zuerst tafeln wir in „Ben's Chili Bowl", sehr südlich, sehr authentisch, sehr berühmt: Selbst Obama und Sarkozy waren schon Gäste. Dann steht eine Rundfahrt entlang der hell erleuchteten, in der Dunkelheit strahlenden Monumente an: Das Jefferson Memorial, unser beider Lieblings-Denkmal, das Martin Luther King Memorial, Roosevelt, Lincoln und Washington. Das weiße Haus ist in Dunkel getaucht – Obama kann sicher mit den zahllosen hellen Lichtern um sich herum nicht gut schlafen. Ganz Washington ist eine einzige Demonstation der Macht, riesige Gebäude, hohe Kuppeln, breite Säulen. Alles weiß, strahlend, neu, Reichtum und Einfluss aus drückend. Thomas

Jefferson breitet seine Arme weit aus und verdeutlicht die Herrlichkeit von Amerika.

Mit Lyndsee fahre ich einen Tag lang mit der Metro nach Washington, D.C. Endlich mal unabhängig vom Auto – zumindest fast, denn erst müssen wir mit ihrem riesigen Truck zur Metro-Station. Zusammen mit einer Picknickdecke und Proviant setzen wir uns in einen Park des „Smithsonian Castle", der Gründer der zahlreichen kostenlosen Museen hier. Dann schlendern wir zum „Museum of Natural History", wo „Nachts im Museum II" gedreht wurde, der Diamant der Titanic ausgestellt wird und Tausende verschiedene Tiere ausgestopft sind. Hier sind tausend Schüler auf Ausflügen, denn das Schuljahr ist fast vorbei – ich kriege fast Platzangst! Auch in DC wird es Sommer. Es ist einfach nur heiß. Mit Lyndsee entdecke ich Ecken, die ich vorher noch nie zu Gesicht bekommen hatte. Vor dem Weißen Haus ist alles abgesperrt, ja, man darf noch nicht einmal die Straße überqueren. Wir finden das „Museum of Modern Arts" nicht und verbringen stattdessen den Rest der Zeit vor dem „Pencil", dem Washington Monument.

Dann ein Besuch Georgetowns mit Sonya, eine Art Ausflug nach Europa. Wir laufen vorbei am modernen ZDF-Studio, der riesigen, englischen Uni und den tausenden, kleinen Häusern und Geschäften, alle in unterschiedlichen Farben, mal im New-England-Stil, mal viktorianisch, beeindruckend. Ein weiterer Ort, an dem ich leben könnte.

Eines Abends bin ich bei einer alten Freundin auf der Graduation-Party eingeladen. 200 Gäste, ein DJ, ein Pool. Von den zahlreichen Gästen kenne ich fünf gut, vielleicht zehn weiter vom Sehen. Auch ohne Alkohol zieht es die meisten sofort auf die Tanzfläche. Amerikaner haben da ihren ganz eigenen Stil. Aber natürlich schmuggeln auch hier welche Alkohol auf die Party; das Mädchen, das mich nach Hause bringen sollte, ist so betrunken, dass sie mich vergisst. Zum Glück! „Drinking and driving" ist wohl das größte Problem hier.

An einem anderen Tag geht's mit Lyndsee, ihrer Freundin Jordan und ihrer gesamten Familie zum WMZQ-Festival – country pur. Natürlich fahren wir in einer Hummer-Limousine, und natürlich läuft der Motor beim „Tail-Gate", einem gemütlichen Picknicken auf dem Parkplatz, weiter. Ich mein, so ein Hummer verbraucht doch kaum was! Vor kurzem habe ich mit Imke, dem Mädchen aus Kambodscha, korrespondiert, die in einem Nachbarort von Great Falls Austauschschülerin war. Sie könne sich gar nicht mehr vorstellen, nach Amerika zu gehen – die kulturellen Unterschiede seien einfach zu gewaltig.

Die zwei Gesichter Amerikas

Während wir unsere Hamburger futtern, wird ein vielleicht 19-Jähriges Mädchen in Handschellen abgeführt. Sie hat Alkohol konsumiert und wird wie ein Schwerverbrecher zum Polizeiauto gebracht. Im Stadion, wo das Konzert steigt, singen die Country-Stars von betrunkenen Nächten im Pub, „I want beer" und den Vorzügen des Saufens. Manchmal kommt mir das hier vor wie bei einem kleinen Kind, dem man etwas verboten hat. Darf es endlich zulangen, so kann es nicht damit umgehen und übertreibt maßlos. Die Mädchen laufen in Cowboystiefeln und -hut herum, mit kurzen Hosen und durchsichtigen Oberteilen, zum Entsetzen ihrer Eltern. Trotz. Ich fühle mich ziemlich verloren zwischen den Amerikanern, die einen „God Bless America"-Gürtel tragen, ein Kleid bedruckt mit der amerikanischen Flagge, die Menschen, die selbst bei einem Konzert laut schreien und jubeln, wenn eine kleine Militärkapelle die amerikanische Nationalhymne spielt. Das Konzert bestätigt die Vorurteile, die ich sonst nie so verspürt habe: Ich bin umzingelt von dicken, egoistischen und lauten Menschen. Zusammenfassend: Ein großer Country-Fan werde ich wohl nie sein, dafür ist mir das alles zu südlich, oberflächlich und vorurteilbehaftet. Das Wort, das für mich in dem Moment Amerika am Besten beschreibt: „Hypocrisy", also Scheinheiligkeit und Heuchelei.

Mir fällt immer mehr auf, wie sehr die ganze Welt verbunden ist. Hallo Globalisierung! Oder soll ich sagen Ausbeutung, verspätete Kolonialisierung, Egoismus und Ignoranz des Menschen an sich?

In Asien essen die Menschen fünf Mal am Tag Reis, damit wir hier – besonders in Amerika – im gigantischen Überfluss leben. Abends wird dort der Strom ausgemacht, während der Fernseher im Wohnzimmer meiner amerikanischen Gastbrüder ununterbrochen läuft – egal ob da grad jemand guckt oder nicht. Auch wenn wir noch so viel meckern, kaum jemand will auf seine Stücke Fleisch in der Woche, seine billigen Klamotten von H&M und insgesamt die allgemeine zu fortwährende Zugänglichkeit von allem, die Kaufbarkeit der Welt, verzichten.

Der übersteigerte Patriotismus in Amerika sichert dem Land Stabilität: Wenn alle doch sagen, dass die Verhältnisse so toll sind, so muss das doch wohl stimmen. Niemand stellt kritische Fragen: Amerikas Heiligenschein, der American Way of Life, wird von den Amerikanern nicht in Frage gestellt. Amerika bleibt stehen.

Für mich ein Zwiespalt: Das tolle Georgetown, mein geliebtes Washington, D.C., die besonderen Menschen um mich herum. Die großen, zivilisierten Städte, das unbeschreibliche Kalifornien und die Atmosphäre des „American Way of Life". Und dazu meine dem völlig gegenstehenden Ideale und Vorstellungen, die Klischées, die Amerika manchmal doch erfüllt, die Arroganz und Ignoranz einer Weltmacht. Amerika als Austauschschülerin versus Amerika als Weltreisende. Ein Schlüsselerlebnis mit meinem Gastvater Steve: Er fragt mich, warum ich so wenig Fleisch verzehre. Als ich dann mit Globalisierung und Umweltschutz ankomme, prallen Welten aufeinander. Ich erwarte von niemandem, dass er so denkt wie ich. Aber ich merke, dass ich anders denke als mit fünfzehn Jahren, als ich zehn Monate als Austauschschülerin hier gelebt hatte.

Alles hat ein Ende...

… nur die Wurst hat zwei.

Ein ständiges Kommen und Gehen, die letzten Stunden in Great Falls. Es ist ein einziges Déjà-Vu, wir sitzen draußen – bis es zu kalt wird, hören Musik, die gleichen Leute kommt, es gibt das gleiche Essen. Aber diesmal fällt mir der Abschied deutlich leichter, auch wenn Lyndsee und Meghan fast weinen. Katie schläft zum ersten und letzten Mal auf meinem Bett.
Und wir stehen alle früh auf, ich verabschiede die Jungs, als diese zur Schule fahren, und pünktlich um sieben Uhr steigen wir alle ins Auto, auf dem Weg nach New York.

Die Sicht aus dem Fenster ändert sich radikal. In Great Falls ist alles grün, überall sind Bäume und Rasen, die Häuser sind riesig und einige erinnern mich an meine Grundschule. In New York ist alles grau oder weiß, die Taxis sind gelb, die Häuser schmal und hoch, und überall sind Menschen, Menschen, Menschen. Für $50 parken wir unser Auto in einer Tiefgarage – nach oben kann man hier halt nicht mehr bauen – und laufen über die 5th Avenue. Ich bin überwältigt. Zwar war ich schon zweimal hier, aber New York ist halt doch New York. Es stinkt, es ist laut und es herrscht ein unglaubliches Gedränge und Gewusel. Toll. Ich bin so überfordert, dass ich die ersten paar Minuten gar keine Fotos schießen kann – wie soll man denn von New York Fotos machen können? Sonya und ich besichtigen die St. Pauls Cathedral, gucken uns das Rockefeller Center an und wandern durch den riesigen Central Park – eine grüne Oase. Von weitem rauscht der Lärm der Stadt, aber hier zwitschern noch die Vögel. Wir gehen ein letztes Mal zusammen Abendessen, und ich muss bei den Preisen schlucken – unter $30 gibt es nur Vorspeisen. Dann wird unser Auto aus der Tiefgarage gekarrt. Wir quetschen uns durch den Verkehr, wie in Asien voller Gehupe und Aggressivität, auf einmal noch mehr Menschen und Lichter und Schilder, und wir fahren über den Times Square. In Zeitlupe geht es weiter bis zum Büro von Alex, Tochter von Nachbarn. Sonya und Steve setzen mich ab, und ich bin traurig, mich erneut von meinen Gasteltern verabschieden zu müssen. Aber Alex lenkt mich gleich ab, wir babbeln munter drauf los. Sie berichtet von ihrer Arbeit bei Anne Klein. Sie teilt sich ihr Appartement mit einer College-Freundin, gleich am Ground Zero, aber winzig klein. Zwei Zimmerchen, jedes Mädchen eins, sind komplett vom Bett ausgefüllt. Aber die Aussicht lohnt sich. Ich schlafe auf dem Sofa, und alles ist gut.

Beschwingt steige ich zwölf Stunden später aus der Subwayhaltestelle im East Village aus. Hier wohnt Dana, der Gastbruder meiner Mutter, und Daniel Radcliffe. Gut gelaunt dank des strahlend blauen Himmels kaufe ich an einem der kleinen Ständen ein paar Bagels, und ich bin wohl ansteckend: Der Verkäufer spendiert mir einen Kaffee. Ein gutes Omen für New York. Doch leider geht Dana nicht an sein Handy, so dass ich meinen Rucksack an der Rezeption lasse und ich mich auf nach Süden mache. Die U-Bahn hält am Pier. Ich kaufe ein Bootsticket und nähere mich der riesigen Freiheitsstatue, deren Fackel den Hafen von New York dominiert. Sie ist unglaublich schön und beeindruckend – welch ein Anblick das für die Einwanderer gewesen sein muss, die Freiheitsstatue vor der beeindruckenden Kulisse von New York Downtown. Zur Geschichte der Einwanderung dann gleich eine Ausstellung auf Ellis Island, dann zurück zum Festland.

Das Leben pulsiert

Broadway trifft auf Wall Street, Anzuggänger trifft auf Obdachlosen. Überall hämmert etwas, der Boden rattert von den U-Bahnen, die Polizeisirenen quälen das Trommelfell und die Autos übertönen sich gegenseitig. Die Hochhäuser der Banken, die mit für unsere Finanzkrise verantwortlich sind, ragen funkelnd hoch in den Himmel hinauf, nur ein Block ist leer. Times Square. Das neue World Trade Center reckt sich noch höher gen Himmel, als wolle man demonstrieren: „Wir haben keine Angst." Zwei riesige Wasserfälle dort, wo vorher sich das World Trade Center erhob; tausende Namen der Opfer säumen die Becken. Deprimiert laufe ich weiter, aber New York lässt das nicht lange zu. Kleine Parks, Brunnen, alte, barocke Häuser bieten Abwechslung. Vier Breakdancer unterhalten eine riesige Crowd und springen über fünf Menschen. Ich laufe endlos weiter gen Norden, durch Chinatown, wo man alle T-Shirts für ein Viertel des eigentlichen Preises erstehen kann, Feilscherei üblich und asiatisches Obst zu sehen ist. Dann „Little Italy", mit den New-York-typischen Häusern und den außen angebrachten Feuerleitern. Die Häuser werden schöner, sind restauriert, die Läden teurer, und es gibt mehr Menschen. Eindeutiges Zeichen: Ich bin in Soho. Und durch kleine

Straßen, von blühenden Bäumen gesäumt, marschiere ich weiter zur West-seite, zum Hudson River und Danas Apartment. New York beschreibt man am besten mit diesem Wort: Diversität.

Dana führt mich in ein schönes, kleines französisches Restaurant aus. wo wir schon um sechs Uhr einfinden müssen, weil es sonst keinen Platz mehr gibt. Bis spätabends unterhalten wir uns, bis um Mitternacht seine Frau Angela nach Hause kommt. Der typische American Dream. Mit achtzehn Jahren ent-flieht sie dem perspektivlosen Burmingham, um nicht im Bau arbeiten zu müssen, ackert sich durch einige Aushilfsjobs und entscheidet sich dann mutig zur Eröffnung ihres eigenen Geschäfts. Jetzt ist sie eine erfolgreiche Stoffhändlerin, hat ein Büro in Manhattan, zehn Angestellten, aber keine Freizeit.

Am nächsten Tag nimmt Dana mich unter seine Fittiche. Er zeigt mir, wo er am liebsten einkauft: Chelsea Market. Wie eine Mall für Lebensmittel; hier reihen sich Bäcker, Obst- und Gemüseläden und Metzgereien aneinander. Per Aufzug, gelangt man auf die „Highline", früher mal eine Bahnlinie, jetzt ein langer, langer Garten über den Straßen New Yorks. Nachdem wir die High-line abgelaufen sind und beobachtet haben, wie die Gebäude um uns an Höhe zunehmen, geht es wieder nach unten in die U-Bahn. Kaum steigen wir fünf Minuten später aus, bietet sich schon wieder ein neues Bild. Wieder die typi-schen Taxis, die riesigen Menschenmengen, die hohen, teuren Gebäude und Central Park. Saxophonspieler unterhalten die Erfolgreichen, die das Glück haben, hier ihre Mittagspause verbringen zu dürfen. Touris paddeln auf dem riesigen See vor dem berühmten Bootshaus, keuchende, dünne Pferde ziehen Kutschen mit Hochzeitspärchen, und von weiter Ferne dring „the hustle and bustle"der Stadt herüber.

Wir verlassen den Park am Südwestende, dem Columbus Square, und laufen erst auf dem Broadway und dann auf der 7th Avenue entlang zum Times Square. Es ist einfach nur hässlich hier, dreckig, mit ekeligen Hochhäusern und lauter Abgasen. Times Square dagegen hat wieder seinen ganz eigenen Reiz, mehr noch, seinen ganz eigenen Reizüberfluss. Überall sind Menschen, Taxis, Busse. Die Schilder blinken, ändern Farbe und Bild und versuchen, die Aufmerksamkeit auf sich zu ziehen. Es ist wieder voll, laut, stinkig und faszi-nierend.

Angesteckt vom schnellen Lebenstakt

Als ob das nicht genug des Laufens für den Tag wäre, leihe ich mir Danas Fahrrad. Als ich mich wagemutig, ausnahmsweise mal mit Helm, auf den

Weg mache, folge den Schildern zur Brooklyn Bridge. Tausend andere haben die Idee und überqueren die lange, Brooklyn und Downtown Manhattan verbindendende Brücke. Zu Recht. Von hier aus ist die Aussicht auf die vielen Hochhäuser und die Freiheitsstatue einfach großartig. Ich kehre über die Manhattan Bridge zurück. Das Radfahren fordert alle Konzentration. Taxis schneiden meinen Weg, sich öffnende Türen versperren ihn und Menschen hasten einfach bei Rot über die Straße. In einem rasenden Tempo – New York steckt an – strample ich zum Flatiron Gebäude, fahre auf Gegenspuren durch die Shoppingstraßen und rase dann schließlich die 5th Avenue entlang, immer auf der Hut, immer eine Hand an der Bremse. Nassgeschwitzt komme ich an, in einem Tag habe ich es von der Mitte des Central Parks bis nach Brooklyn geschafft. Es lebe eine Stadt, in der man unabhängig von Autos ist! Dana und Angela führen mich in ein Sushi-Restaurant im trendigen East-Village aus. Auf dem Nachhauseweg werden wieder die Unterschiede der verschiedenen Nachbarschaften klar. Das East Village, noch vor zwanzig Jahren ein Ghetto, hat einen heruntergekommen Charme. Junge Menschen gehen aus und genießen das Leben. Soho ist geschniegelt und teuer. Und Greenwich Village kümmert sich nicht groß, ist für New York doch relativ grün und einfach individuell. Ich liebe es, das New York, das vielmehr aus einem Haufen kleiner, toller Dörfer besteht und in dem riesigen Melting Pot von New York zu einem vereint wird.

Für meinen letzten Tag hebe ich mir eine ausgedehnte Shoppingtour durch Soho auf. Zwar kann ich mir nicht viele der hier feilgebotenen Waren leisten, aber einfach zu gucken ist auch schön. Der Broadway ist wegen vieler kleinen Stände abgesperrt, die Essen und Schmuck anbieten. In weiter Ferne erheben sich das Chrysler und das Empire State Building. Ich stehe oft im Stau und gucke mir ausgiebig die Fensterauslagen an. Und dann erreiche ich den Washington Square Park, wo ein großes, indisches Fest gefeiert wird. Von den Klängen des Hare-Krishna-Gesangs über die Bauchtanz-Hintergrundmusik zu Jazzmusik. In New York gibt es alles, Ich bin ein wenig wehmütig, Amerika bald verlassen zu müssen.

Mit dem Taxi fahre ich zum JFK Flughafen. Wieder „bumper-to-bumper", auch wenn mein indischer Fahrer seine asiatischen Fahrkünste einbringt und uns beide fast umbringt. In der Schlange für „Air Berlin" höre ich Deutsch, denke daran, wie meine Eltern mich vom Flughafen abholen werden und wo ich vor acht Monaten gestanden hatte. Ich habe es geschafft. Ich habe meinen Traum erfüllt. Ich komme heil zurück, mit einem Schatz an tollen, einzigartigen und unwiderrufbaren Erlebnissen und Erfahrungen. Gegen einige Widerstände habe ich mich durchgesetzt, trotz Naivität irgendwie alles geplant und alleine, auch wenn ich nie wirklich alleine war, alles bewältigt.

Diesmal weine ich nicht, weil ich mich von jemandem verabschiede. Ich weine, weil ich unglaublich, unbeschreiblich und komplett erfüllt, einfach nur glücklich bin.

Tihar, Nepal

Und zuletzt

Ich danke meiner Bodenstation, Houston, Texas - meiner Mutter, ohne die ich diese Reise nie geschafft hätte.

HOME SWEET HOME

Der Weg war das Ziel.

Schlaflos sitze ich im Flugzeug, lasse die letzten acht Monate Revue passieren. Ganz deutlich geworden ist: Die Welt ist bunt. Die Welt hat so eine unglaubliche Vielfalt zu bieten, mit unvorstellbar krassen Gegensätzen. So viele Menschen und so viele andere Leben! Buddhistische Mönche in Klöstern in den Bergen, Fabrikarbeiter mit geringem Lohn und der ständigen, langweiligen, quälenden und ätzenden Monotonie. Menschen, die im Dreck vegetieren. Menschen, die auf kleinstem Raum zusammengepfercht hausen. Menschen, die einfach menschenunwürdig leben. Und trotzdem immer dieses Lächeln, diese Neugierde und dieser Optimismus. Besonders die Kinder, die rennen, lachen, spielen, trotz allem noch Kinder sind. Vielleicht mehr Kinder sind als die in der ersten Welt. Und dann Menschen, isoliert von tausend Schafen. Isoliert von tausend anderen Menschen. Einsam alleine und einsam in der Masse. Ein nepalesisches Waisenhaus und ein $1.5 Millionen Haus in den USA. Ein Abendessen für $5 und eins für $250. Pure Lebensfreude und Stress. Genießen und Schuften. Innerhalb oder außerhalb der Box denken. Diskriminierung andersherum, ausnahmsweise mal für sein Recht einstehen. Mal anecken, anders denken, an alle denken. Alle berücksichtigen. Merken: Wir sind nicht alleine auf der Welt. Immer die Augen offen halten, über den Tellerrand gucken, den Horizont erweitern.

Paulo Coelho's „Der Alchemist" beschreibt, dass man in seinem Leben nur ein bestimmtes Zeitfenster für einen bestimmten Traum habr, ein „window of opportunity". Dass man nicht davor zurückschrecken solle, seine Träume zu verwirklichen, weil sie einen sonst das Leben lang verfolgen würden. Genau das habe ich getan, und ich habe Glück gehabt, denn es ist alles gutgegangen. Jetzt kann ich mit einem unglaublichen Optimismus durch die Welt marschieren, mit einem Lächeln auf den Lippen und der Überzeugung, dass alles geht, wenn man es nur richtig angeht.

Kaum lande ich auf heimischem Boden, wird diese Überlegung auf die Probe gestellt.

Gut gelaunt reihe ich mich in die Schlange vor der Passkontrolle und grüße den Beamten mit einem fröhlichen „Guten Tag!". „Wieso soll denn der Tag bitte gut sein? Haben Sie mir was mitgebracht?" Von der deutschen Ranzigkeit kriege ich gleich einen über den Deckel, angewidert laufe ich zum Gepäckband. Die Gepäckwägen kosten jetzt €1, den ich nicht dabei hab, also muss ich mein 20kg schweres Gepäck auf meinen Highheels, die nicht mehr in den Koffer gepasst haben, auf dem Rücken schleppen. Doch kaum erblicke ich meine Eltern durch die Schiebetür, ist alles vergessen. Eine dramatische Wiedersehens-Szene im Flughafen folgt. Bestimmt fragen sich alle Personen um uns herum, was denn da passiert sei. Mein Onkel und seine Familie sind auch gekommen, meine Tante hält ein riesiges Willkommens-Schild in den Händen. Ich bin wieder da.

Der harte Boden der Realität

An der Stadtgrenze zu Dortmund denke ich mir nur: „Oh Gott". Die Häuser sind größtenteils hässlich, alles sieht gleich aus und so langweilig. Wie soll ich das denn überleben? Meinen Rucksack will ich persönlich ins Haus tragen, meine Schwester begrüßt mich an der Tür, und dann hinter ihr, sind da so viele mehr! Meine besten Freunde, mein Patenonkel, meine Patentante – eine wunderbare Überraschung. Die ersten fünf Minuten bin ich überfordert und weiß kaum, was ich sagen oder tun soll. Paul's Fotobücher helfen, so dass ich den Einstieg bekomme. Es tut gut, meine alten Freunde um mich zu haben und auch mal eine anspruchsvolle Unterhaltung führen zu können. Zum Glück waren sie alle versammelt, sonst wäre meine Ankunft um einiges schwieriger geworden

Als ich wieder alleine bin, öffne ich meinen Schrank und bin schockiert: Er ist gestopft mit derartig vielen Sachen! Wozu brauche ich die alle? Acht Monate bin ich mit nur einem Rucksack klargekommen, und jetzt habe ich einen ganzen Schrank voller unnützer Klamotten. In einem Anfall von Aufräumwut sortiere ich meinen gesamten Schrank neu. Als von Clueso „Sag mir wo" läuft, habe ich meinen ersten kleinen Zusammenbruch. Es ist alles einfach zu viel, ich bin müde und voller Adrenalin, unendlich traurig und unendlich glücklich. Da hilft nur eins: Schlafen.

Auch der nächste Tag ist durchzogen von Hochs und Tiefs. Alle sagen, sie freuten sich, dass ich wieder da sei. Aber wenn ich ganz ehrlich bin, kann ich das nicht bestätigen. Das Wetter ist mies, kalt, grau, regnerisch. In Dortmund unterwegs, denke ich mir nur, wie hässlich es hier doch ist, unglaublich hässlich und langweilig. Alle Häuser sehen mehr oder weniger gleich aus. Vielleicht ist mir das vorher nie so aufgefallen, Vielleicht ist mir das vorher nie aufgefallen, aber viele erscheinen mir hier ungebildet und niveaulos. Das hier ist nicht das Ziel. Für mich war der Weg das Ziel. Ich habe das Gefühl, hier nicht mehr hinzugehören. Ich gehöre hier einfach nicht mehr hin. Ich habe Fernweh. Aber wer hat denn bitte gesagt, zurückzukehren sei einfach?

Ein paar Tage lang bade ich in Selbstmitleid, bis es reicht. Schließlich sollte ich überglücklich sein, überhaupt dieses Erlebnis gehabt zu haben, anstatt mich zu beschweren. Ich kann ja nicht mein Leben lang reisen. Also heißt es ab jetzt, Eigeninitiative ergreifen, ablenken, Geduld haben und das Positive sehen. Nicht nach hinten, sondern nach vorne gucken. Nicht darauf warten, dass mich jemand hier rausholt, sondern mein Leben selber in die Hand nehmen.

Jetzt habe ich 244 Tage lang täglich Tagebuch geführt. Ich war in fünfundzwanzig Flugzeugen (mit Fallschirmsprung 26), habe acht Länder bereist, hunderte Kilometer im Auto und tausende in der Luft hinter mich gebracht. Ich habe in einem Waisenhaus gelebt und in einem Zelt, auf dem Strand und in den Bergen. Ich bin Motorrad, Fahrrad, tuk-tuk, Boot, Roller, Auto und Bus gefahren, mal links, mal rechts. Ich habe ein nepalisches „Badezimmer" demoliert, bin von einem Wasserfall geplumpst, wurde fast mitten in der Nacht überfallen, bin in eisigem Wasser mit Delphinen geschwommen und habe einen Gletscher erklommen. Ich hatte eine Tikka auf der Stirn, eine Krone auf dem Kopf und einen Sarong um die Hüften. Ich habe unglaublich schöne Erfahrungen gemacht, eine Menge einzigartiger Menschen kennengelernt und viel über mich selber gelernt. Und noch so viel mehr. Das ist kein Grund zum Trübsalblasen. Das ist ein Grund, sich auf mehr zu freuen.

Der „Lehrkörper", Kambodscha

Anhang

Buch- und Filmtipps

Nepal

Conor Grenhan – Little Princes: Ein wirklich beeindruckendes Buch über die Auswirkungen des Bürgerkriegs und Waisenhaustourismus auf die nepalesischen Kinder.
Into Thin Air: Ein wirklich beeindruckender Film über die Besteigung des Mt. Everest.

Kambodscha

Loung Ung – First They Killed My Father: Eine sehr berührende Geschichte über die Schreckensherrschaft der Roten Khmer. Die Autorin erzählt aus eigener Perspektive.
Christopher Hudson – Killing Fields.
David Chandler – Voices from S21.
Diese beiden Bücher habe ich nicht gelesen, sie wurden mir aber wärmstens empfohlen.

Vietnam

Graham Greene – Der Stille Amerikaner: Die Geschichte eines amerikanischen Kriegsjournalisten zur Zeit des Vietnamkrieges.
Apocalypse Now: Wer die grausamsten Seiten des Vietnamkrieges sehen möchte, sollte sich diesen Film angucken.

Neuseeland

Herr der Ringe – Habe ich zwar (peinlicherweise) selber nicht gesehen, ist aber wohl ein Muss, nicht nur für Neuseeland-Reisende.
Whale Rider – Auch wenn dieser Film vielleicht eher als Kinderfilm geahndet wird, bietet er doch wunderbare Einblicke in Neuseelands Landschaft und die Kultur der Maori.

Die USA

American History X – Eine erschreckende und augenöffnende Untersuchung des Nationalsozialismus in den USA.

Zum Reisen generell:

Paolo Coelho – Der Alchemist: Sehr simpel geschrieben, aber mit wirklich verändernden Erkenntnissen über das Erreichen von Träumen.
Tiziano Terzani – Fliegen ohne Flügel: Der Spiegel-Journalist reist ein Jahr lang ohne Flugzeug durch Asien. Besonders wenn man gerade vor Ort ist, aber auch insgesamt ein wirklich tolles Buch!
Tiziano Terzani – Das Ende ist mein Anfang: Wieder eines meiner Lieblingsbücher. Terzani präzisiert unglaublich gut die Probleme der heutigen Welt und was man sich von Asien abgucken sollte.
Into the Wild: Ein Muss-Film für jeden Abenteurer, Gesellschaftskritiker und Naturliebhaber.

Glossar

Arbeit: Ist bei Work & Travel schwer zu finden. Geduld, Ausdauer, einen Lebenslauf und Arbeitszeugnisse mitbringen. Auf den Internetseiten der Einwanderungsbehörden von Australien und Neuseeland finden sich auch gute Tipps zu Work & Travel im Land.

Betteln: Bettelnden Kindern auf keinen Fall Geld geben! Lieber Nahungsmittel. Ich führe zum Beispiel immer ein Paket Nüsse mit. Behinderten, armen oder alten Menschen kann man ruhig etwas geben, da oft ein Sozialsystem in armen Ländern fehlt. Nicht zu viel Geld verschenken (am örtlichen Durchschnittseinkommen messen), da sonst ein falsches Bild von dem „unermesslichen Reichtum der Weißen" entsteht!

Diebstahl: Sperrnummern für Kreditkarten etc. mitführen. Immer einen Notfallgroschen separat halten, grundsätzlich alle wichtigen Dokumente nicht an einem Ort aufbewahren. Empfohlen werden Brustbeutel oder Bauchgurte. In Ländern von besonders hoher Kriminalität kann man auch ein „Dummy-Portemonnaie" bei sich tragen. Einfach alte Kreditkarten und ein paar Scheine in einem zweiten Portemonnaie einstecken, das man im Falle eines Überfalls herausrücken kann. Immer gilt: Nicht wehren! Die eigene Sicherheit geht vor. Zusätzlich lassen sich auch Schlösser am Gepäck befestigen. Einfach immer auf alles (selber!!) aufpassen.

Elektronik: Ans Aufladekabel denken. Nur das Wichtigste mitnehmen – es kann schließlich alles geklaut werden! Statt Laptop lieber ein kleineres und leichteres Netbook mitnehmen, mit einem iPhone oder iPod Touch kann man zum Beispiel auch skypen. Unbedingt vorher ausprobieren! Eine externe Festplatte und DVDs, die man in Internetcafés brennen kann, bieten sich zur Sicherung der Fotos an. Die DVDs kann man auch stückchenweise nach Hause schicken, falls das Gepäck verloren geht. Je nach Reiseziel wasserdichte Behälter für die Geräte einpacken.

Flüge: Manche Fluggesellschaften bieten „Around the World"-Tickets an. Bei mir war es schwierig, eine zu finden, die meine gesamten Ziele angeflogen hätte, so dass ich oneway-Tickets per Internet (www.swoodoo.com) oder sta-travel gebucht hatte.

Freiwilligenarbeit: Immer gut, aber man sollte sich vorher über den Träger schlau machen. Handel und Geschäfte mit Waisen sind leider keine Seltenheit. Spenden sinnvoll einbringen und den Begebenheiten anpassen: Waschmaschinen und Kühlschränke stehen oft nur rum und fressen Strom. Fragen, was gebraucht wird: Manchmal ist es halt leider auch „nur" Geld, was dringend benötigt wird, für Ausbildung, Essen, Strom etc.

Geld: Eine internationale Kreditkarte ist für Buchungen über das Internet und Reservierungen für Hotels/ Hostels unentbehrlich! Master und Visa Card bieten sich an. Unbedingt die Auslandsgebühren beachten. Die Deutsche Bank hat Partnerbanken in Nordamerika und in Australien, wo zum Beispiel keine Abhebegebühren fällig werden. In fast jedem Land sind ausreichend Geldautomaten vorhanden, hierbei aber aufpassen, ob der Automat nicht manipuliert ist. Zur Sicherheit eine zweite Kreditkarte bzw. EC-Karte mitnehmen! Das Sperrlimit der Konten beachten und der Bank mitteilen, dass eine Auslandreise anstehe, damit übereilige Kreditinstitute das Konto nicht sperren. Reiseschecks sind veraltet, für Notfälle lieber ein paar Dollar-Scheine mitnehmen.

Gepäck: Nur das Nötigste einpacken! Keine teuren oder lieben Klamotten einpacken, die werden eh nur dreckig oder gehen entzwei. Man braucht wirklich nicht viel; in zahlreichen Entwicklungsländern sind T-Shirts etc. spottbillig. Nicht vergessen: Taschenlampe und Taschenmesser. Zum Platzsparen gibt es auch Trekking-Handtücher. Ansonsten kann man noch einen dünnen Seidenschlafsack oder einen Bettbezug mitnehmen, als Mittel gegen Bettwanzen oder unbeliebte Mitbewohner im Bett.

Beliebte Packmethoden: Die Kleidungsstücke nach „Thema" (z.B. T-Shirts) in Plastiktüten packen oder jedes Einzelteil einrollen. Das Schwerste kommt in die Mitte nahe am Rücken, der Rucksack sollte ein Dritte des Körpergewichtes und 23 kg nicht überschreiten. Ins Handgepäck bzw. den Tagesrucksack die wichtigen Sachen packen; immer bedenken, dass das Gepäck schlimmstenfalls auch verschütt gehen kann!

Gesundheit: Bei komplizierten Krankheiten in das nächstgrößere Krankenhaus anfliegen, in Asien ist das z.B. oft Bangkok. Manche Länder haben aber auch schon international anerkannte Krankenhäuser. Siehe Reiseapotheke

Handy: Nicht unbedingt das teure iPhone mitnehmen. Ein Handy mitnehmen, das in allen Netzen funktioniert. Große Anbieter wie Vodafone und Telekom haben Abkommen mit anderen Gesellschaften im Ausland, mit denen man dann auch im Ausland für höhere Gebühren telefonieren kann. Oft gibt es billige Prepaid-Karten, auch mit günstigen Telefontarifen nach Europa, zu kaufen. Einfach umhören und nach den besten Angeboten fragen.

Hygiene / Essen: Nicht grundlos Sorgen machen! Man sollte nicht unbedingt überall Leitungswasser trinken, braucht aber auch nicht alles mit Desinfektionsmitteln abwischen. In belebten Restaurants und Straßenküchen essen, evtl. das Besteck kurz abputzen und darauf achten, dass die Getränke erst am Tisch geöffnet werden. Kein ungeschältes Obst, oder wenn, dann nur gekocht, verzehren. Für Notfälle waren immer Müsliriegel, Nüsse und genügend Wasser dabei.

Fotografie: Da ist Vorsicht geboten. In manchen Kulturen verliert man durch Fotos Teile seiner Seele. Auch in Kulturen, wo das nicht so ist, sollte man nicht einfach respektlos von allem und jedem ein Foto schießen. Immer besser freundlich nachfragen, auch Kinder sind keine Ausstellungsstücke.

Führerschein: Besser man hat einen als keinen. Zwar kann man in manchen Ländern Roller und Autos auch ohne Führschein melden, aber sicher ist sicher. Einfach internationalen Führerschein beim Amt beantragen, Kosten rund ca. 20€.

Impfungen: Beim Tropenarzt nachfragen oder im Internet, www.auswaertiges-amt.de oder www.fit-for-travel.de. Rechtzeitig die Impfungen auffrischen, manche benötigen mehrere „Impfgänge"!

Infrastruktur: Irgendwie kommt man (fast) überall hin. Deswegen nicht zu viel im Voraus planen, sondern auch im Land die diversen Möglichkeiten untersuchen. Eine Vorausplanung kann manchmal ungemein nützlich sein, aber auch Spontaneität auch töten.

Internet: Kostenloses Wi-Fi gibt es, besonders in Asien, fast überall. Ansonsten Internet-Cafés oder über Surfsticks.

Jetlag: Unbedingt versuchen, am ersten Tag zu einer „normalen" Uhrzeit ins Bett zu gehen, am nächsten Morgen nicht zu lange ausschlafen. Ausreichend Wasser trinken.

Klima: Die beste Reisezeit, also Regen- und Trockenzeit der Länder beachten. Die Hitze kann auch für den Körper höchst anstrengend sein, also während der ersten Tagen nicht zu zu doll anstrengen, aber viel trinken.

Kritik: Mit Kritik am Land äußerst vorsichtig umgehen. Viele Leute sind äußerst patriotisch und dulden keine Kritik Fremder an ihrem Land.

Kulturschock: Als Regel gilt: In den ersten drei Tagen wird nicht gemeckert! Der Körper braucht ein paar Tage, um sich an das Klima und die veränderten Bedingungen zu gewöhnen. Die Andersartigkeit respektieren und versuchen, sie zu verstehen. Deren Leben hat schließlich auch schon einige Jahre so funktioniert. Andere Länder, andere Sitten!

Natur: Auch wenn andere Länder es mit dem Umweltschutz nicht ernst nehmen, keinen Müll hinterlassen. Auch beim Campen alles ordentlich aufräumen. Daran denken, dass es in anderen Ländern auch gefährliche Tierarten gibt, als vorher erkundigen! Manchmal sind auch Meeresbuchten und andere Gewässer mit Strömungen nicht so harmlos, wie sie aussehen.

Notfall: Immer Kontaktadresse der eigenen Botschaft im jeweiligen Land parat haben. Es gibt auch international gültige Notfallnummern des Auswärtigen Amtes. Auskunft über Namen und Kontakt immer nah am Körper bei sich tragen.

Polizei und Militär: Unauffällig blieben, Gesetze und Beamte respektieren. In anderen Ländern verhält sich mitunter auch die Polizei anders. Schließlich will ja niemand in einem Gefängnis in Timbuktu landen!

Reiseapotheke: Sie darf nicht fehlen: Schmerzmittel (Paracetamol, in Tropengebieten kein Aspirin nehmen!), Standby-Malaria-Mittel, Mittel gegen Wundentzündungen, Erste Hilfe Set mit Desinfektionsmittel, evtl. Antibiotika, Mittel gegen Übelkeit und Durchfall. Ansonsten noch Sonnencreme, Mückenschutz, Kondome bzw. die Pille. Wer misstrauisch ist, nimmt noch saubere Spritzen mit.

Reiseführer: Braucht man sich nicht unbedingt für jedes Land vorher zuzulegen. Oft legen in Hostels welche aus oder man kann sie auf den örtlichen

Märkten erstehen. In vielen Ländern existieren „Second Hand" Buchläden, wo sich gebrauchte Reiseführer erstehen oder eintauschen lassen.

Reisepass: Unbedingt darauf achten, dass der Reisepass während der gesamten Reisedauer gültig ist.

Religion: Nicht darüber streiten, auch hier gilt Respekt. Frauen sollten zum Beispiel keine buddhistische Mönche berühren, Tempel nur mit bedeckten Schultern und Knien betreten, Betende nicht stören.

Respekt: Für jedes Land nachlesen: Was geht, was geht nicht. Oft gilt: Schultern und Knie bedecken, Frauen sollten kein zu tiefes Dekolleté zeigen. In Vietnam ist es zum Beispiel auch anstößig, Stäbchen senkrecht in einer Schüssel lassen, dies gilt als Omen des Todes. Andere Kulturen nicht belächeln oder kritisieren, sondern akzeptieren. Man ist schließlich Gast in einem fremden Land und sollte sich dementsprechend verhalten.

Sicherheit: Reise- und Sicherheitshinweise auf der Seite des Auswärtigen Amtes nachlesen. Auf den Instinkt verlassen! Besonders als Frau nicht alleine im Dunkeln unterweg sein, verlassene Gegenden und Demonstrationen / Streiks unbedingt vermeiden. Keinsfalls den eigenen „Reichtum" zur Schau stellen. Immer jemanden über den Aufenthaltsort und Pläne unterrichten. Asien, Nordamerika und Australien gelten als „sichere" Länder, während Afrika und Südamerika als relativ „unsicher" gelten. Daher sollte man die Ziele, die man bereist, mit Bedacht wählen!

Souvenirs: Immer an das begrenzte Gepäckvolumen denken, das rasch ausgeschöpft sein kann. Auf die Einfuhrbestimmungen der Länder achten.

Tagebuch: Ein Muss für jeden Reisenden! Man will ja schließlich alle Erinnerungen behalten.

Trinkgeld: Wie auch beim Betteln gilt, am Durchschnittseinkommen orientieren. Oft stehen auch Tipps für die einzelnen Länder in Reiseführern. Kleine Scheine griffbereit und separat vom eigentlichen Portemonnaie aufbewahren, damit man dessen Aufbewahrungsort nicht verrät bzw. seinen „Reichtum" nicht zeigt.

Versicherung: Eine günstige Auslandsversicherungen gibt es über interconnections, info@interconnection Betreff: Versicherung, oder eventuell auch der eigenen Versicherung. Darauf achten, ob Beförderungskosten inas nächstgrößere Krankenhaus übernommen werden.

Der ADAC bietet zum Beispiel auch günstige Autoversicherungen im Ausland an.

Visum: Visa gibt es oft „On Arrival", also bei der Ankunft. Man lassen sich oft aber auch schon im Internet beantragen. Auch Reiseagenturen im Ausland können Visa organisieren. Eventuell im Internet, www.auswaertiges-amt.de, nachlesen.

Generell unbedingt einige Passfotos mitbringen!

Wichtige Dokumente: Einscannen und dann per E-Mail an sich selbst schicken, so hat man sie immer dabei. Ansonsten nah am Körper tragen oder an einem sicheren Ort aufbewahren.

Zu guter Letzt

Ganz zu Ende würde ich noch gerne über ein Thema sprechen, das mir wirklich arg am Herzen liegt: Das Kinderheim in Nepal.
Im Nachhinein stelle ich fest, dass dort mein beeindruckendstes Erlebnis war. Immer wieder gucke ich mir die Videos der Kinder an, die fröhlich im Bett herumhopsen oder zu viert auf mir herumturnen. In meinen Träumen kehre ich immer wieder nach Nepal zurück. In meinem Zimmer hängen zwei große Fotos, die mich immer daran erinnen: Eins von Shristi, meinem kleinen Liebling, und das Andere von vier „meiner" Mädels. Ich habe den brennenden Wunsch, etwas zu bewegen und den Kindern in diesem faszinierenden, aber auch sehr rückständigen Land zu helfen. Wie schon in meinem Blog berichtet, arbeiten Kira und Sarada im Moment daran, ein neues Kinderheim mit integriertem Gemeinschaftszentrum zu errichten – eins von zahlreichen tollen Projekten der Organisation. Und hierbei bitte ich um Eure Hilfe. Vielleicht gibt es ja ein paar, die sich mal die Homepage von „Hands with Hands" angucken und eventuell sogar helfen möchten – ob durch Freiwilligenarbeit, Spenden oder einfach Weitererzählen.
Vielen, vielen Dank für eure Hilfe, und von Sarada und den ganzen Kindern im Heim ein kräftiges „Dhanyabaad"!
www.handswithhands.com

Und für alle, die sich für Freiwilligenarbeit in Kambodscha interessieren:
www.savechildreninasia.org

In Nepal:
Das bei YouTube eingeben:
„Annapurna Self-Sustaining Orphan Children Home"

Auslandsaufenthalte und Auswanderungen

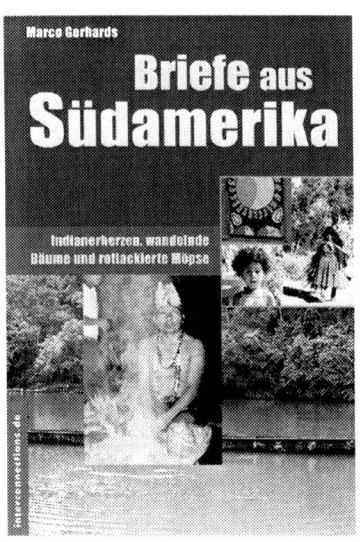

Briefe aus Südamerika

Unverstellter Blick und frischer Schreibstil. Kultur, Geschichte .. Kultur, Geschichte, Flora und Fauna.
ISBN: 978-3-86040-143-9
192 S. 18,90 €

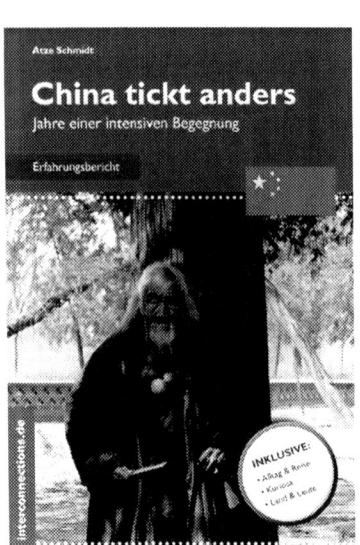

China tickt anders

Jahre einer intensiven Begegnung Berichte aus erster Hand.
Der Autor schöpft aus 17 Jahren Erfahrung im Land der Mitte.
ISBN: 978-3-86040-190-3
Ca. 200 S. 15,90 €

... und viele weitere Titel

Reisen und Erlebnisse

Abenteuer Afrika

Eine junge Frau macht sich
auf die Socken und lernt Afrika lieben.
ISBN: 978-3-86040-180-4
Ca. 188 S. 15,90 €

Unbekanntes Vietnam

Pauschalreise durch Vietnam
Unbekanntes Vietnam
Hondas, Hühner,
Heiligtümer, Wasserpuppen,
Nudelsuppen
ISBN: 978-3-86040- 181-1
Ca. 128 S. 16,90 €

... und viele weitere Titel

interconnections.de

JOBS, REISEN, AUSLANDSAUFENTHALTE

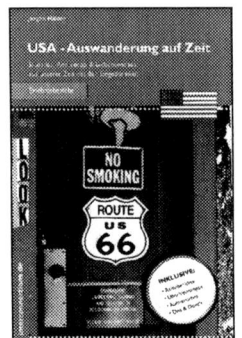

USA - Auswanderung auf Zeit

Skurriles, Amüsantes und Liebenswertes aus
unserer Zeit mit den Eingeborenen

Ein junges Ehepaar schildert seine Erfahrungen
aus dem Leben mit Amerikanern.
ISBN: 978-3-86040-189-7
Ca. 200 S.
15,90 €

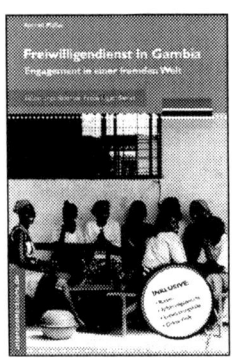

Freiwilligendienst in Gambia
Engagement in einer fremden Welt

Ein Student engagiert sich auf eigene Faust
und packt dort mit an, wo es Not tut.

ISBN: 978-3-86040-188-0
144 S.
15,90 €

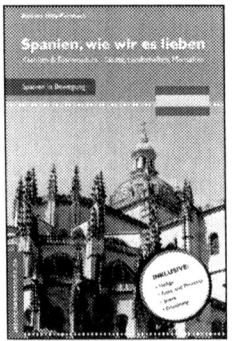

Spanien, wie wir es lieben
**Kastilien und Estremadura - Städte und
Landschaften**

Sehenswertes, Skurriles und immer
wieder Staunen über Land und Leute

ISBN: 978-3-86040-194-1
148 S., vierfarbig
16,90 €

www.interconnections.de, > Shop

interconnections.de

Auslandaufenthalt und Interrail

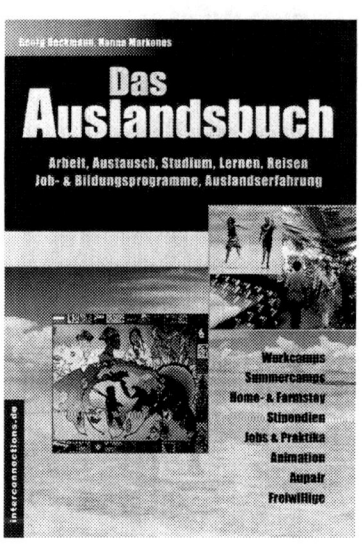

Das Auslandbuch

Was darf´s sein? Ein Sprachkurs, ein Studium oder auch ein Praktikum? Oder besser Geld verdienen, wie durch eine Aupair-Stelle, einen Working Holiday-Aufenthalt, ein bezahltes Praktikum oder dem Wwoofen, also z.B. Jobmöglichkeiten auf Farmen in Australien. Daneben gibt´s gute Adressen zu Freiwilligendiensten, Workcamps, und, und, und ...

320 S. 15,90 €

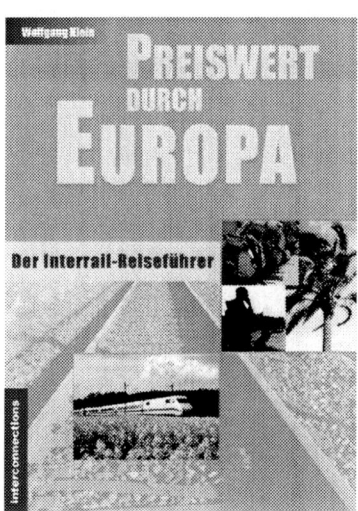

Preiswert durch Europa – Interrail, Bahnreisen

Seit Jahrzehnten ist das Interrailticket ein Dauerbrenner bei jungen Leuten. Reisen entlang der schönsten Bahnstrecken durch Europa, vom Nordkap bis Gibralta, von Schottland bis Istanbul. Spaß ist garantiert!

384 S. 17,90 €

Hier alles für den Interrailer:
www.interrailers.net

... und viele weitere Titel

Auslandaufenthalt und Reise

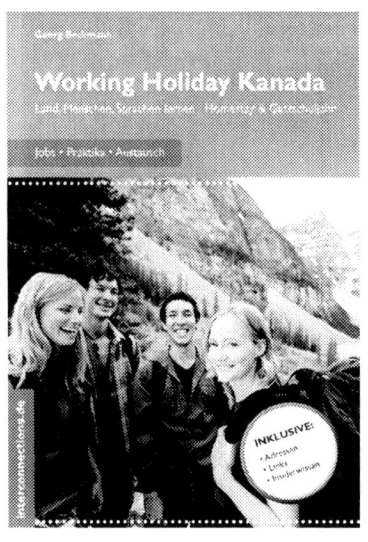

Working Holiday Kanada

Mit dem Working Holiday Visum ein Jahr lang unterwegs zum Reisen und Jobben. Gastronomie und Hotellerie, Landwirtschaft, Service aller Art, Tourismus und Industrie.
ISBN: 978-3-86040-179-8
320 S. 15,90 €

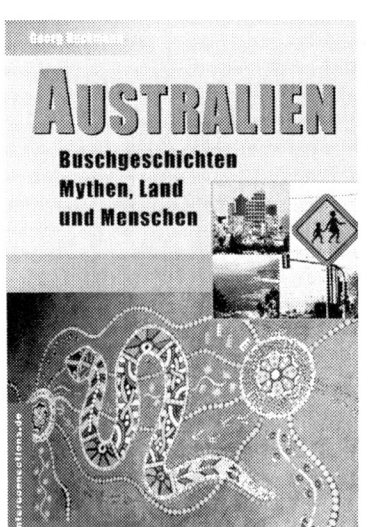

Erzählungen und spannende Berichte

aus den letzten 30 Jahren der australischen Gesellschaft.
Reise, Kultur, Geschichte.
Mit Reportagen und Interviews.
ISBN: 978-3-86040-170-5
160 S. 18 €

Hier alles für den Interrailer:
www.interrailers.net

... und viele weitere Titel